国家出版基金项目
NATIONAL PUBLICATION FOUNDATION

“十二五”国家重点出版物出版规划项目
人才强国研究出版工程·人才计划(工程)实施成效丛书

北京海外人才聚集工程实施成效

BEIJING HAIWAI RENCAI JUJI GONGCHENG SHISHI CHENGXIAO

中国人事科学研究院　编
北京市海外学人工作联席会办公室　编著

党建读物出版社

《北京海外人才聚集工程实施成效》课　题　组

编著机构　北京市海外学人工作联席会办公室

组　　长　闫　成

副 组 长　袁　方　王　禹　刘敏华　卢长江

组　　员　（按姓氏拼音排序）

崔巍微　方友刚　李　辉　李　萌

娜　琳　任　慧　王　勇　徐晓雨

赵占杰

目　录

中篇　实践篇

下篇　案例篇

序　言

人才是兴国之本、富民之基、发展之源。21世纪以来，随着经济全球化的深入发展，科技创新的地位逐渐突出，人才的重要性更是日益凸显。为了在激烈的国际竞争中取得优势地位，我国实施了建设创新型国家战略和人才强国战略，大力引进海外高层次人才是其中的一项重大决策。2008年，国家出台了“千人计划”，成为短时间内聚集高端领军人才的现实、快捷、有效途径，在聚集人才、带动创新创业等方面发挥了高端引领的积极作用。

在此背景下，北京市于2009年在全国率先发布了地方层面的海外引才政策，即《关于实施北京海外人才聚集工程的意见》和《北京市鼓励海外高层次人才来京创业和工作暂行办法》《北京市促进留学人员来京创业和工作暂行办法》，启动了北京海外人才聚集工程（以下简称“海聚工程”）。自实施以来，“海聚工程”取得了一系列可喜的成就，截至2015年底共完成11批海外高层次人才的评价认定，入选总人数达765人，含国家“千人计划”专家206名。海外高层次人才的快速聚集，为北京市经济社会发展作出了巨大贡献，带动了学科建设，提升了自主创新能力，促进了战略性新兴产业发展，推动了经济转型升级，促进了人才体制机制创新和人才环境建设，提高了首都的核心竞争力。

“海聚工程”的实施，符合首都“四个中心”的功能定位，符合构建北京“高精尖”经济结构的需要，符合首都经济和社会发展的整体需要。新时期、新形势下，深刻认识北京人才工作的特殊重要性，立足北京特殊的城市战略定位，继续吸引和聚集国际高端人才，是探索人才体制改革和人才管理改革的战略选择，也是实现人才强国战略和创新驱动发展战略的重要举措。在这承前启后的阶段，对“海聚工程”实施成效进行总结，是为了在新的起点和更高层次上，进一步增强北京的综合竞争力和国际竞争力。因此，在很欣慰地看到“海聚工程”取得辉煌成果的同时，我们也期待能“百尺竿头、更进一步”，期待看到北京人才工作实现新突破，为北京聚集更多的海外高层次人才，助力北京经济和社会转型发展，助力京津冀一体化的实现，为北京打造全国科创中心、建设世界城市作出贡献。

北京市海外学人工作联席会办公室

北京海外学人中心

上篇　政策篇

第一章
“海聚工程”实施背景

进入21世纪，随着经济全球化的深入发展和新一轮科技革命及产业变革的到来，以经济实力和综合国力为核心的新一轮国际竞争已经展开。这种竞争所依托的主要是科技优势和人才优势。由此，人才竞争成为当今世界综合国力竞争的核心，一场争夺高层次人才的没有硝烟的战争已经打响。

第一节　国际人才竞争环境驱动

当今世界，科学发展突飞猛进，技术进步日新月异，科技创新能力在综合国力竞争中的地位日益突出，全球进入空前的创新密集和产业振兴时期，知识创造和技术创新的速度明显加快，以技术突破为基础的产业变革呈现出加速发展的态势，新一轮科技革命和产业变革正在全球孕育兴起。为应对全球化竞争、走出经济衰退困境、促进本国经济增长，发达国家纷纷将创新发展提升为国家核心发展战略，加快调整和优化产业布局，积极抢占创新发展的制高点。作为经济增长的核心要素，人才已成为发达国家争抢的第一资源，特别是美国次贷危机爆发以来，世界经济政治格局深刻调整，全球人才加速流动，各国把高层次人才作为战略资源实施重点开发，对高层次顶尖人才的争夺更是愈演愈烈。

一、世界主要国家吸引国际人才的重要举措及特点

面对国际人才竞争的新态势和人才流动新趋向，美国、德国、英国、法国等发达国家纷纷推出了开发和吸引国际人才的新战略，极力争夺国外

人才，力图保持吸引国际人才的优势地位。比如，美国以未来国家发展安全为出发点，通过吸引国际留学生强化国际人才培养和储备，通过完善移民制度层层筛选优秀国际人才，通过优化创新创业软环境等手段构筑世界一流人才高地；德国不断调整本国的人才战略，通过放宽技术移民及国籍制度、加大经费支持、增设科研奖项和人才引进平台等吸引海外德裔人才；① 英国政府为保持和增强英国的科研基础，并保证英国科学家、工程师和技术人员所具备的世界领先的知识和技能能够为社会的经济发展和改革作出贡献，除政策和经费支持外，还注重科研考核评价的公正性，加强对高技能人才的引进，赋予大公司、科研机构评定人才的权力；法国政府修改了移民法，推出"法国科研创新人才计划"以吸引海外科研人才，并推出了近30项具体措施，以吸引外国投资者、留学人员、研究人员和移居国外的法国人回国投资创业。②

综观发达国家吸引人才的经验、举措和做法，主要呈现出以下特点：一是把吸引海外人才摆到国家战略的重要地位来研究和落实，通过制定和实施强大的政策措施来支撑海外人才战略；二是重视移民作用，调整并充分运用移民制度，通过发放绿卡等措施来吸引海外人才；三是构建多元化引才网络，将国际猎头、海外引才机构和跨国企业作为吸引海外人才的重要载体；四是通过科技合作等措施促进人才环流共享；五是通过发展风险投资改善人才发展环境，促进人才成长；六是加大力度吸引国际学生，留住优秀留学人才。③

（一）充分发挥国家战略作用，出台竞争性计划吸引人才集聚和回流

面对日益激烈的人才竞争，世界各国立足战略性发展需要，纷纷制订具有竞争性的人才计划。德国设立保罗奖，资助世界最著名的学者

① 王辉耀：《国际人才竞争战略》，党建读物出版社2014年版，第188—189页。

② 高峰等：《21世纪初主要发达国家科技人才政策新动向》，《世界科技研究与发展》2011年第2期。

③ 王辉耀：《国际人才竞争战略》，党建读物出版社2014年版，第22—23页。

到德国最好的研究机构进行为期3年的自由研究，努力“吸引全世界最好的头脑”，获奖者最高可获230万欧元，目前有14个获奖者被评为全球最优秀的研究人员，其中4人原籍为德国。日本制定“创新25战略”，通过创造研究基础项目吸引世界级高层次人才、促进日本科学家参与国际项目研究等措施，力争在2025年前使日本成为世界先进创新国家。加拿大实施全球创新伙伴项目，政府拨款9亿元设立专项基金，将一批科研及实验发展项目、工业研究资助项目和奖学金项目等向世界各地优秀的创新型人才开放，吸引卓越首席科学家。截至2014年，加拿大的首席科学家约有1/3来自国外，加拿大大学聘用的博士数量也位居世界高校之首。以色列实施“卓越研究中心计划”，为科学家提供最尖端的研究环境和30个新的研究中心，共引进2400余名犹太裔知名科学家。①

为应对全球化和发达国家的人才竞争战略，发展中国家也纷纷出台了相应的人才吸引政策。印度实施“印度裔卡”和“印度海外公民证”制度，对等承认双重国籍，推动旅居国外的印度人才回流。根据印度大使馆的统计，截至2010年3月，印度已经发放了400万张“印度海外公民证”和700万张“印度裔卡”，促进了旅居国外的印度人才的回流与环流。②印度人力资源部还启动了“国家人才搜寻计划”。2013年印度中央政府发布的《2013科学、技术与创新政策》指出要注重四类人才的培育和引进，2017年前将全国研发人员全时当量提升66%，主要从培育和引进四类人才着手：青年人才、女性人才、理工科人才以及海外印度裔人才。③ 俄罗斯则启动“追逐大脑”行动，在全球范围内猎取人才，出台《建设和培养管理干部后备队纲要》，将最优秀的管理人才纳入“总统千人计划”，建立俄罗斯人才资料库，汇集各领域最出色的专家。

---

① 王辉耀：《国际人才竞争战略》，党建读物出版社2014年版，第16页。

② 王辉耀：《海外公民证与国际人才竞争》，《中国教育报》2011年2月16日。

③ 封颖等：《新兴经济体中长期科技创新政策研究——以印度为例》，《中国软科学》2014年第9期。

（二）调整优化移民政策，吸纳全球人才为我所用

美国长期以来通过移民制度吸引世界各国优秀人才。美国移民法规定，杰出人才、优秀人才、高技能人才、投资移民为优先对象，让移民制度为国家人才竞争服务。从 1990 年开始实施 H—1B 签证计划，吸纳国内最紧缺的技术人才。2014 年又出台最大规模移民改革法案，增加创业类签证类别，将 H—1B 签证数量的上限从 6.5 万个提高到 11 万个，所增加工作签证名额将签发给美国学校毕业的“STEM”（科学、技术、工程及数学）专业学生，取消对杰出人才的限额，增发 2.5 万个 STEM 领域的高学历人才签证。① 据统计，在美国重要大学和科研机构中，60% 以上的学术带头人是非美国出生的专家。近年来，欧洲发达国家不断调整技术移民和绿卡政策，吸纳国际优秀创新型人才。英国推行“高技能移民计划”（HSMP），放宽对国外人才及其家属永久居留权的条件限制。德国从 2000 年起实施“绿卡计划”，2004 年 7 月又通过了新移民法，以吸引更多的技术移民和投资移民。欧盟 2008 年实施“蓝卡计划”，希望在未来 20 年内吸引至少 2000 万技术人才。②

（三）强化国家猎头战略，靶向式争夺国际尖端人才

国家猎头是以国家为主体，搜寻、甄别、吸纳高层次人才的实践过程。国家猎头是人才争夺的一种隐秘战略。目前，政府设立猎头已经成为趋势，有时也会以基金会、研究机构等形式出现。各种类型的人才中介及职业介绍公司逾两万家，全世界最有实力的人才中介公司及猎头公司近 80% 集中在美国。据英国广播公司（BBC）援引经合组织（OECD）的报告，全世界 62% 的顶尖科学家都“被猎头”到了美国，俄罗斯数十万计的科学家和工程师“被猎头”到美国与欧洲。新西兰设立特别工作小组，

---

① 美国白宫政府网，http：//www.whitehouse.gov/the－press－office/2014/12/16/fact－sheet－president－s－immigration－accountability－executive－actions－thei。

② 王辉耀：《国际人才竞争战略》，党建读物出版社 2014 年版，第 17 页。

专门在欧美、中国和印度搜索高层次人才。韩国建立各类国际人才联络站，并建立海外人才数据库。新加坡在海外设立12个“联系新加坡”联络处，专门从事海外人才招聘工作。我国台湾地区也在美国建有“海外华人专家学者档案”，存储上万名科技人才的档案。英国每年出资400万英镑作为启动资金，通过与沃尔夫森基金会以及皇家学会合作，共同发起一个通过研究机构来聘请世界顶尖级科研人才的高级人才招聘计划，以帮助英国在世界人才市场上争夺最优秀的科技人才。①

（四）建立国际人才合作机制，促进人才环流共享

通过国际科技合作实现国际人才共享及国际人才培养，是人才发展的另一趋势。英国政府科学办公室创立“全球科学与创新网络”（UK Global Science and Innovation Network，简称GSIN），由分布在39个英国驻外使馆和咨询机构里的100多名员工组成，其主要职能是为英国大学和实验室同世界上顶尖的公私科研机构建立合作关系。

欧盟致力于在27个成员国间建立整体科技项目与人才自由流动，目的就是通过分工协作与智力共享，使各国能以最小的成本获得最大的成果。一般而言，发达国家经常借学术交流、人才培训、科技合作等方式建立专业人才信息数据库，进而挖取人才。许多科技上不处于最先进水平的新兴国家，也经常不惜重金与科技领先的国家合作，以“不求所有，但求所用”的方式共享外国科学家智力，或借此培育本土科研人才。欧洲实施的尤里卡计划、欧洲空间局和欧洲分子生物学实验室、创新联盟（Innovation Union）、欧盟—美国特别小组（EU－US Task Force）以及协调和资助欧洲科研合作的欧洲研究区域计划网络（ERA－NET）等合作框架，推动欧洲成为世界上科研合作最为活跃的地区之一和科研人才交流合作最活跃的地方。欧盟的居民数量比中国少40%，但科研人员比中国多36%。欧盟一份报告显示，欧盟地区核心科研人员在欧盟区域内非本国国家进行研究活动的人数从2000年的22.9万人上升到2006年的37.6万

① 王辉耀：《国际人才竞争战略》，党建读物出版社2014年版，第22—23页。

人，年增长率为8.6%；这些人员占欧盟所有跨国研究的核心科研人员的比例从2000年的2.2%上升到2006年的2.9%。欧盟作为一个整体区域，与世界其他国家间的科研人员流动也更加频繁，拥有非欧盟国家国籍的科研人员数量从2000年的16.7万上升到2006年的31.8万，年增长率11.3%。科研人员的流动，促进了人才共享，加速了科研成果的流动。①

（五）完善人才成长环境，提升人才发展空间

人才、企业、产业能够产生巨大的聚集效应已经成为国际共识。美国在政策支持和市场机制的运作下，硅谷风险投资有效促进人才科技成果转化，苹果、英特尔、太阳、网景、思科、恒星等一批名闻遐迩的信息企业都得益于风险投资才一举成名。今天的硅谷，50%以上的中小型高新技术企业在成长过程中都得到过风险投资的帮助。加拿大联邦政府专门拨出2.5亿加元的财政预算给加拿大商业发展银行，加强其风险投资，并要求银行实施种子基金和风险投资运作，支持创新型人才进行科技创新研发。印度国家科技部与全印金融组织共同实施长期的科技创业人才开发计划，分别承担科技创业项目的部分费用，并为他们提供与各类企业家、银行家接触与交流的机会，以使创业过程更顺利。

许多国家还非常注意通过创建科技园、产业园、创业园区，给予优惠政策，使科技园区成为人才吸聚中心。例如日本政府从1963年开始一共花了近20年时间、超过100亿美元建成筑波科学城，使之成为日本高端科研人才集聚地。韩国的大德研究城于1992年建成，当时有14328名研究人员，其中从国外回来的博士就有2615名，成为韩国吸引国外科技人才的中心。我国台湾地区也建立了新竹科技园，到2004年，该园区已有384家企业，上市企业97家，其中台湾留学人员创办的企业有116家，占全部企业的30.2%。②

俄罗斯通过加大科研投入、改善人才发展环境，遏制青年科技人才和

① 王辉耀：《国际人才竞争战略》，党建读物出版社2014年版，第78—79页。
② 王辉耀：《国际人才竞争战略》，党建读物出版社2014年版，第26—27页。

高端技术人才流失：第一，大幅增加政府的科技及教育投入，在俄罗斯联邦创新发展战略中提出，2020 年前将科研、教育与创新的财政预算投入占 GDP 的比重提高至经合组织（OECD）国家水平；第二，大幅提升科研人员薪酬待遇；第三，扩大对科研项目的资助及科技人才的储备；第四，改善研究、就业及投资环境，吸引国外人才；第五，完善研究项目的竞争机制和科研机构的评估机制；第六，重塑并提升俄罗斯基础研究的国际竞争力。①

（六）积极吸纳国际留学生，注重人才储备

留学生作为最主要的“潜人才”，吸引留学生被称为开发国际人才“一本万利”的做法，已在多国人才发展战略中占有一席之地。外国留学生不仅能够带来教育创汇，而且比直接引进的外籍人才更熟悉国情，与本土人才相比节省了义务教育阶段的培养成本，还可以根据本国需求进行筛选。正因为如此，发达国家纷纷将放宽对优秀留学生的签证和移民政策、有条件地提供奖学金或助学金、扩大国际学生规模等，作为补充国际人才的重要手段。美国为了吸引全球最优秀的青年，把科学与工程博士学位名额中的 1/3 给了外国留学生，并提供丰厚的奖学金，将其中优秀人才挽留成为“新美国人”。2012 年 5 月，加拿大调整留学生在加拿大工作的相关政策，如公立大学和学院留学生可在校园外打工；留学生在加拿大大学完成学位后，可在加拿大合法工作两年。澳大利亚不但给留学生毕业后 18 个月的临时签证，还对国际著名大学（中国有 12 所）毕业、符合澳大利亚紧缺技术需求的学生，给予留学生待遇，能直接获得临时签证，在澳大利亚境内工作不受限制。2004 年，韩国制定了“学习在韩国”项目，通过提高留学生的奖学金和提供其他帮助、建立海外招生网络、宣传韩国的学习机会、改善生活环境、增加韩国语言及文化项目等多方面措施吸引留学生。

---

① 张树良等：《主要新兴经济体国家人才战略浅析》，《科技管理研究》2012 年第 7 期。

二、国际引才经验对我国的启示

从世界上一些主要国家争取国际人才的经验做法中，可以得到以下启示。

一是要把吸引海外留学人才回归纳入国家或地区战略规划，实施国家人才行动计划，施行具有普惠性的人才政策，在全球范围内招揽人才。二是要切实加大人才引进投入力度，建立和完善有竞争力的薪酬激励机制，努力为人才创造良好的居住环境和创新创业环境。三是要指定专门部门负责人才引进工作，如设立“国家猎头”机构，积极主动吸引优秀人才。国家猎头机构一方面及时观察海外人才的信息，为引进工作作准备；另一方面为海外人才了解国内工作供给情况和国家的优惠政策提供便利。国家猎头通常建有海外人才信息库，熟悉海外人才的分布、动向和需求。一旦发现国内工作与海外人才需求符合，就立即对人才展开联系工作，使人才及时了解国家信息。四是要改善国内科研评价机制，营造有利于创新创业人才发展的软环境，如出台扶持产业发展的计划，加大政府对产业发展的引导和对产业环境的改善力度，通过对新兴产业和中小企业的扶持，改善人才发展的环境，提升吸引并留住产业前沿的顶尖人才和创业团队的能力。①

中国作为发展中国家，目前正处于经济社会深刻转型的关键时期，站在世界科技前沿和产业高端的海外高层次人才越来越成为我国参与国际竞争、实现经济社会全面协调可持续发展的关键资源。国际人才竞争态势日趋激烈，全球经济一体化和国内经济社会发展都要求我们必须积极参与国际人才竞争，抢占全球人才高地。

第二节　国内改革与发展需求推动

改革开放30多年来，中国的经济、社会取得了迅速且长足的发展。

① 王辉耀：《国家战略——人才改变世界》，人民出版社2010年版，第97—103页。

在经济、社会深刻转型的今天，中国面临着更加严峻的形势，想要在全球化的背景下，在知识经济时代再现中国发展奇迹，就需要在经济和社会结构调整、产业升级上下功夫，而无论哪一项都需要人才，尤其需要高层次人才的参与助力。

一、深化改革发展面临人口老龄化、高层次人才不足等问题

（一）人口老龄化社会提前到来

根据联合国有关统计标准，一个国家60岁及以上的老年人口占比超过10%，或65岁及以上的老年人口占比高于7%，就进入老龄化社会。截至2014年年底，中国60岁及以上老年人口已达2.12亿，占总人口比例达15.5%，表明中国已进入老龄化社会。联合国人口基金驻华代表认为，中国的老龄化是一个规模大且发展迅速的过程，比其他国家都要更快。法国老年人口比例从7%翻倍到14%经历了115年，瑞典用了85年，而中国只用了27年。到2050年，中国将有3.32亿老年人，届时每四个人中就有一人是老年人。

根据第六次人口普查的数据，中国的人口年龄构成已经变成纺锤形（见图1—1），15岁到59岁的劳动人口从2010年以后开始绝对下降，我国的劳动力供给出现了负增长，人口抚养比开始提高。这意味着人口红利在减弱，不断升高的老龄人口数量和比重将成为我国社会未来发展面临的一大难题，对我国的经济持续增长也提出了巨大的挑战。

（二）高层次人才相对缺乏

自1977年我国恢复高考制度以来，高等教育水平不断提高，但是，与世界发达国家相比，差距仍然很大。根据英国《泰晤士报》发布的全球大学排名榜，中国大陆地区大学能进入世界前五十名的只有清华大学和北京大学，甚至不如香港一个城市。2010年我国主要劳动年龄人口受过高等教育的比例为12.5%，还不到2005年美国、日本的1/4。（见表1—1）

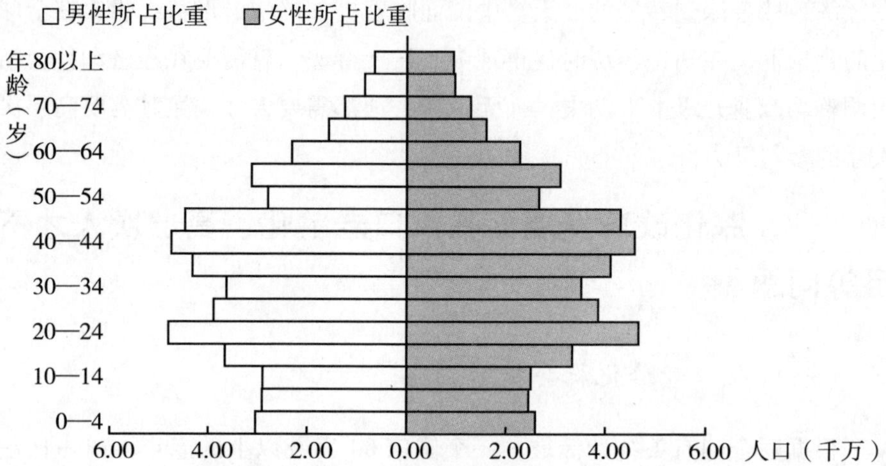

图 1—1 2011 年中国人口结构

数据来源：国家统计局。

表 1—1 我国主要劳动年龄人口受过高等教育的比例与其他国家对比

国家	人口受过高等教育的比例（%）	对应年份
中国	12.5	2010 年
美国	55.8	2005 年
日本	54.9	
加拿大	54.0	
英国	38.2	
澳大利亚	37.5	
法国	35.7	
德国	33.9	
意大利	32.6	
韩国	27.6	

资料来源：桂昭明，《人才贡献率：衡量人才发展水平的核心指标》，《中国组织人事报》2012 年 05 月 18 日。

我国科技人才总量虽然丰富，但高层次人才资源依然极为缺乏。中国每年毕业的博士生数量已经超过美国，成为世界第一“博士大国”。根据 2011 年全国科技工作会议公布的数据，截至 2009 年，我国科技人才总量达到5100万人，居世界第一位。[①] 然而，国际知名咨询公司麦肯锡的调查报告指出，在中国大约160万名年轻工程师中，只有约16万名具备为跨国公司工作所需的实用技能和语言技能；在未来5—10年，中国需要7.5万具备全球领导能力的管理者，能满足要求的仅有5000—6000人。[②]

近年来，中国企业海外并购屡遭挫折，最重要的原因是缺乏高层次国际人才。2008年博鳌论坛上，麦肯锡公布了一份针对中国企业海外并购的调查，结果显示，88%的企业高管认为缺乏人才是海外并购难以成功的首要原因。

（三）高层次人才流失严重

在激烈的国际人才竞争背景下，我国大批高层次人才纷纷外流。根据美国橡树岭联合大学的统计，2001—2009年，在科学与工程领域的外国留学博士毕业5年后仍然选择留在美国的，中国博士生滞留率最高，最高时达98%。（见表1—2）

表1—2　在美获得科学与工程的中国博士5年后仍然留住美国的比例

年份	2001	2003	2005	2007	2009
比例（%）	98	93	95	94	89

资料来源：Oak Ridge Associated Universities。

与此同时，大量创业人才移居国外。近五年，中国一直是美国、加拿大、澳大利亚三个世界主要移民接纳国名列前三的移民来源国，每年移民到这三个国家的中国人都达到12万以上。

招商银行联合贝恩资本发布的《2011私人财富报告》称，2010年中国可投资资产在1000万元人民币以上的人群数量达50万人，共持有可投资资产15万亿元人民币。其中，接受调研的高净值人群中近60%的人士表示，已经完成投资移民或有相关考虑。个人资产超过一亿元人民币的企

① 余晓洁：《中国科技人力资源总量世界第一》，人民网，http://news.ifeng.com/mainland/detail_2011_02/19/4754379_0.shtml，2011/02/19。

② 麦肯锡公司：《2005年度中国职业经理人现状及发展调查报告》，2005年。

业主中，27%已经移民，47%正在考虑移民。在高科技产业化人才方面，在世界高科技产业中心硅谷，软件公司的技术主管和实验室主任中有35%是华人，20万名工程技术人员中有6万多名中国人。根据营业额评选出的2005年度150家硅谷上市公司名单当中，有18家华裔企业。甚至有研究认为，仅在美国太空、军事等敏感部门工作的中国专家就有2万多人。①

二、实施人才强国战略和实现创新驱动发展，需要集聚海外高层次人才

人才是兴国之本、富民之基、发展之源。历史经验和发展实践表明，人才是社会文明进步、人民幸福富裕、国家繁荣昌盛的重要推动力量，是经济社会发展的第一资源。建设一支宏大的高素质人才队伍，关系到全面建成小康社会的奋斗目标和中华民族伟大复兴中国梦的顺利实现。我们党历来高度重视人才工作，特别是进入新世纪新阶段以来，中央作出了实施人才强国战略的重大决策，党的十八大对党管人才工作进行了深刻阐述和全面部署。十八大报告中提出的许多重要论断，对推进实施人才强国战略、实现我国由人才大国向人才强国迈进、夺取中国特色社会主义事业的新胜利，具有重大而深远的意义。

中央抓住有利契机启动实施了引进海外高层次人才的“千人计划”，敞开大门，广招四方之才，掀起了一股海外人才回归的热潮。这是中央为更好地实施人才强国战略、实现创新驱动发展和建设创新型国家作出的一项重大战略决策，也是在短时间内解决我国科技领军人才匮乏的现实、快捷、有效的途径。实践表明，国家“千人计划”自2008年实施以来，截至2015年底已引进各类海外高层次人才5208人，各类人才在科技创新、带动创业等方面真正发挥了高端引领、带动全局的积极作用。②“千人计

① 黄海振：《美国各界赞中国人才贡献大》，《文汇报》2008年7月26日。

② 罗旭：《中国“千人计划”已引进5208名海外高层次人才》，《光明日报》2016年1月7日。

划”的开展，为北京市组织实施海外高层次人才引进和聚集工程起到了很好的示范作用。

同时，吸引和聚集海外人才也是探索人才体制机制改革和人才管理改革的战略选择。2010 年颁布的《国家中长期人才发展规划纲要（2010—2020 年)》明确提出鼓励地方和行业结合自身实际建立人才管理改革试验区，目的是依托人才管理改革试验区积累经验，以改进人才管理方式，逐步与国际人才管理体系接轨。党的十八届三中全会进一步指出，全面深化改革必须建立集聚人才的体制机制，给各类人才创新创业开辟广阔天地。海外人才的引进和集聚，为建立具有国际竞争力的人才制度奠定实践基础。

第三节 首都发展需求拉动

作为国家首都以及全国政治、文化、国际交往、科技创新中心，北京聚集了各个领域的大量人才；北京作为首善之区，吸引和汇聚国内外高层次人才，发挥人才集聚效应，率先通过人才管理改革试验区建设，推动人才管理体制机制改革、走出一条创新驱动发展之路，是实现北京转型发展的重大决策，也是推动创新型国家建设、推动京津冀协同发展的重大战略部署。

（一）实施海外人才战略是北京市对中央人才工作的积极响应

党的十六大提出，要“大力引进海外各类专业人才和智力”。2003 年，胡锦涛同志在会见全国留学回国人员先进个人和先进工作单位表彰大会代表时强调，要把吸引和用好留学人员作为实施人才战略的一项重要任务抓紧抓好。2010 年召开的全国人才工作会议强调，要“坚持以我为主、按需引进、突出重点、讲求实效的方针，积极引进海外人才和智力”。这些论述，为北京吸引海外人才工作指明了方向、提出了要求。改革开放以来，特别是进入 21 世纪以来，北京市委、市政府高度重视人才工作，大力实施以构建现代化人才资源开发与管理体制为核心的首都人才发展战略，取得了显著成效。与首都特点相适应的首都人才发展观初步确立，与社会主义市场经济相适应的人才发展体制机制基本形成，与人才发展需要相适应的引才聚才环境不断优化，与建设现代国际城市需要相适应的人才队伍不断壮大，人才在首都经济和社会发展中的战略支撑和引领作用日益突出。

（二）实施海外人才战略是北京市应对人才竞争严峻态势的战略选择

人才是经济社会发展的第一资源。当前世界多极化、经济全球化深入发展，科技进步日新月异，知识经济方兴未艾，人才在经济社会发展中的基础性、战略性、决定性作用更加凸显，人才的竞争已经成为国家、地区间竞争的焦点。知识经济的发展使人才短缺问题在世界各国越来越突出，未来人才竞争将成为国家竞争和区域发展的核心。为争夺高层次人才，西方国家纷纷出台相关吸引留学生政策和技术移民政策，国内部分地区也加快招揽人才的步伐。

自“千人计划”实施、《国家中长期人才发展规划纲要（2010—2020年）》颁布以来，我国各地方以吸引高端人才、海外人才、创新创业人才等各类人才为目标，纷纷出台人才政策，在国内形成了“人才战争”的格局。各地都确立了吸引海外人才的目标体系，并通过一系列的配套保障措施；坚持高投资、高待遇，不断优化吸引海外人才的环境；努力构建并不断完善海外人才和用人单位交流合作的平台，切实为海外人才提供优质服务；实施人才计划，努力打破对海外人才的各种限制，大力延揽海外人才；等等。这些措施有效地吸引了大量海外人才回流；同时，面对这些优惠措施，国内北方地区不少人才选择“孔雀东南飞”，也引发了首都地区一些人才的流失。

面对国际和国内人才竞争形势，北京要想实现新世纪的宏伟目标，必须积极健全完善人才引进的体制机制，大力吸引海外人才，努力提高城市的综合竞争力和国际竞争力。这是北京迎接知识经济的必然选择，也是北京实现战略定位、谋求自身发展的必然选择。

（三）实施海外人才战略是推动首都持续发展的历史使命

第一，首都的功能定位决定了吸引和汇聚高层次人才是北京创新发展的必然选择。北京作为首都，是全国政治中心、文化中心、国际交往中心、科技创新中心，人才发展不仅是北京提高核心竞争力、加快建设“人文北京、科技北京、绿色北京”、推动世界城市建设的关键，而且关系到全国实施人才强国战略、建设创新型国家的大局。首都发展的阶段性特征和首都的功能定位都要求北京大力开发人才资源存量优势，同时利用首都的区位优势吸引和汇聚全球顶尖人才为北京发展提供支持，大力发展知识经济，依靠人才红利和科技创新，率先在全国走出一条创新驱动、绿色发展的道路。

第二，北京实施吸引海外人才战略是提高城市竞争力、加快首都经济和社会发展的迫切需要。在影响城市竞争力的诸多要素中，科技、人力、资本三要素居于核心地位，支配着其他要素，而人力资本的相对短缺已成为制约区域竞争和区域经济发展优势的瓶颈。北京要实现新世纪“三步走”发展战略目标，在全国率先基本实现现代化，关键在人才。从这个意义上讲，北京实施海外人才战略吸引和聚集高层次人才、提升区域人力资本、创造人才红利，是提高城市竞争力、加快首都经济和社会发展的迫切需要。

第三，北京实施吸引海外人才战略是实施首都人才战略、建设“人才之都”的重要内容。一个城市、一个地区乃至一个国家对人才的吸引力主要体现在其综合竞争力上，而考察综合竞争力最重要的因素则是人才资源的开发和利用状况。作为我国的首都和充满活力的城市，北京适时作出了实施首都人才战略、建设“人才之都”的重大决策。而实施吸引海外人才战略，大力引进海外人才和智力，充分发挥高层次人才的集聚效应，则是实施首都人才战略、建设“人才之都”的重要内容。因此，必须在新的起点和更高的层次上大力实施吸引海外人才战略，研究和制定富有竞争力的政策和措施，加大吸引海外人才的力度，切实提高北京的综合竞争力，为首都北京实现新世纪的宏伟目标奠定坚实的人才基础。

（四）北京实施海外人才战略具有先天优势

北京在海外高层次人才引进工作中具有独特的先天优势。作为国家首都和政治、文化中心，北京市科教资源丰富、高等院校和科研院所云集，总部经济特征明显、全球顶尖机构总部和研发中心密集，产学研用结合紧密，科技创新和成果转化水平领先，国际化程度较高，国际学术交流和国际交往广泛。据统计，北京市拥有以北京大学、清华大学为代表的高等院校 80 多所，以中国科学院、中国工程院所属院所为代表的国家（市）科研院所 200 多所；《中国总部经济发展报告 2013—2014》指出，北京的总部经济优势仍然非常明显，聚集了一大批跨国公司地区总部和国内大型企业集团总部，位列全国 35 个城市总部经济发展能力综合得分排名第一。[①] 综合观察，北京市具备吸引海外高层次人才回国（来华）创新创业的良好环境。

另外，国家“千人计划”的实施起到了很好的示范作用，北京市在参与实施过程中积累了经验，北京市委、市政府对人才工作的高度重视和统筹指导，都为北京市组织开展海外高层次人才引进和聚集工程提供了有力保障和坚实基础。

为贯彻落实中央部署，发挥北京地区资源优势，吸引更多居于国际科技前沿和产业高端的海外高层次人才来京创新创业，2009 年 4 月，北京市率先在全国启动实施地方引才专项计划——“北京海外人才聚集工程”。实施北京海外人才聚集工程，加大海外高层次人才引进力度，着力解决突出问题，切实发挥好人才作用，是贯彻落实人才强国战略、建设创新型国家的要求，是落实国务院关于建设中关村国家自主创新示范区批复精神和支持建设中关村人才特区的重要举措，是建设人才管理改革试验区、探索人才管理体制机制改革的需要，也是北京利用好战略机遇期、增强自主创新能力、在全国率先走出一条创新驱动发展之路从而实现转型发展的重要举措，是时代赋予北京的重大历史使命。

---

① 赵宏：《中国总部经济发展报告 2013—2014》，中国社会科学文献出版社 2014 年版。

第二章
“海聚工程”主要内容

2009年4月，为贯彻落实国家“千人计划”，北京市制定了《关于实施北京海外人才聚集工程的意见》，简称“海聚工程”。目前，“海聚工程”围绕“一个意见、两个办法”① 出台了一系列配套实施细则，并在市委、市政府领导下，由北京海外学人中心具体组织实施，已形成涵盖8个项目类别的成熟的海外引才计划。

第一节 “海聚工程”目标定位

“海聚工程”的目标定位是围绕北京市重点发展的产业、行业、学科的建设目标和建设中关村国家自主创新示范区的重大任务，重点聚集一批具备较高专业素养、具有丰富海外工作经验，掌握先进科学技术、了解国际政治经济、熟悉国际市场运作、具有广泛的国际联系，能够突破关键技术、发展高新产业、带动新兴学科的战略科学家、科技创新人才和产业领军人才；着力研发和转化国际领先的科技成果，做强做大一批具有全球竞争力的创新型企业；培育一批国际知名品牌，全面提高首都自主创新能力。概括起来，“海聚工程”的目标主要表现在两方面，一是聚集海外高层次人才，二是提升首都自主创新能力。

“海聚工程”最直接的目标就是从海外吸引高层次人才来北京从事

① 中共北京市委办公厅：《关于实施北京海外人才聚集工程的意见》；北京市人民政府：《北京市鼓励海外高层次人才来京创业和工作暂行办法》、《北京市促进留学人员来京创业和工作暂行办法》。

创新创业活动。《关于实施北京海外人才聚集工程的意见》提出，从2009年开始，用5—10年时间，在市级重点创新项目、重点学科和重点实验室、市属高等院校、科研院所、医院、国有企业和商业金融机构及中关村科技园区、北京经济技术开发区等高新技术产业开发区，聚集10个由战略科学家领衔的研发团队，聚集50个左右由科技领军人才领衔的高科技创业团队，引进并有重点地支持1000名左右海外高层次人才来京创新创业，建立10个海外高层次人才创新创业基地，推进产学研用紧密结合，探索实行国际通行的科学研究和技术开发、创业机制；推进建设市级和国家级企业技术中心，鼓励和吸引更多的跨国公司来京设立地区总部和研发中心，聚集一大批海外高层次创新创业人才和团队；鼓励和吸引上千名具有真才实学和发展潜力的优秀留学人员来京创新创业。

吸引海外高层次人才是“海聚工程”的过程和手段，发挥人才的第一资源作用，增强科研创新能力，提高科技支撑水平，促进北京市的经济发展与社会进步，才是根本的目标。通过实施“海聚工程”，承接国家在京重大科技基础设施和科技重大专项建设，支持中央企业在京设立研发机构，做好相关人才引进的协调服务、配套落实工作；支持、鼓励非公有制企业和民办非企业单位开展引进海外高层次人才工作；着力研发和转化国际领先的科技成果，做强做大一批具有全球竞争力的创新型企业；培育一批国际知名品牌，全面提高首都自主创新能力。通过这一系列的措施，进而把北京打造成为亚洲乃至全球创新创业最为活跃、高层次人才向往并主动汇聚的“人才之都”。

第二节 “海聚工程”入选条件及项目类别

《关于实施北京海外人才聚集工程的意见》从北京市的发展需求，人才涉足的行业和具备的能力等方面入手对北京市引进的海外高层次人才进行了概括性描述，但对入选条件和高层次人才的分类并没有详细地展开。

2009年5月，北京市随后出台了《北京市鼓励海外高层次人才来京创业和工作暂行办法》（以下简称为《暂行办法》），进一步从学历、年龄、经历等方面对海外高层次人才作了比较明确的界定：引进人才一般应在海外取得博士学位，不超过55岁，引进后每年在京工作不少于6个月，并具备以下条件之一：

——在国外著名高校、研究机构担任相当于副教授、副研究员及以上职务的专家、学者；

——在国际知名企业、金融机构、知名律师（会计、审计）事务所担任高级技术职务，熟悉相关领域业务和国际规则，具有丰富实践经验的管理人才或研发技术人才；

——在国际组织、国外政府机构、著名非政府组织中担任中高层管理职务的专家、学者；

——主持过国际大型科研或工程项目，具有丰富的科研、工程技术经验的专家、学者和工程技术人员；

——拥有符合北京市重点发展产业、行业、领域自主知识产权或掌握核心技术的专业技术人员；

——首都文化创意产业发展需要的优秀人才；

——发展潜力大、专业水平高的优秀出站博士后。

《暂行办法》还提出，其他紧缺和急需的海外高层次人才可采取个案研究的办法引进。

自2009年6月“海聚工程”启动首批海外高层次人才认定工作以来，根据首都发展需求和工作实际需要，借鉴国家“千人计划”的有关做法，北京市不断丰富引才方式，在最初的全职工作类和创业类2个项目基础上，于2011年第五批海外高层次人才评审认定中增设了青年项目和短期项目，2012年增设了外国专家长期项目、外国专家短期项目、创业类、创业团队项目，2013年增设了战略科学家项目。

目前，“海聚工程”已拓展为全职工作类、创业类、青年项目、短期项目、战略科学家项目、创业团队项目、外国专家长期项目、外国专家短期项目等8个组成部分，初步形成了覆盖不同领域、不同年龄和梯次配置的引才计划（见表2—1）。

表 2—1 “海聚工程”项目类别及引进要求

序号	项目类别	引进要求
1	全职工作类	①符合《北京市鼓励海外高层次人才来京创业和工作暂行办法》规定海外高层次人才的基本条件。申报人在年龄、学历、职务、职称等方面需破格的,请提交书面说明。 ②已与用人单位签订正式劳动合同或意向性工作合同,引进后每年在京工作不少于 6 个月,至少连续工作 3 年,且于近期回国。
2	创业类	①一般应在海外取得学位。 ②拥有的自主知识产权或技术成果国际领先,具有产业化开发潜力。 ③有海外创业经验或国际知名企业的工作经历,有较强的经营管理能力。 ④申报人为所创办企业的主要创办人,且为第一大自然人股东,所占股权一般不低于 30%。一家企业只能申报 1 名创业类人才。 ⑤截至申报通知下发之日,申报人回国时间不超过 6 年,所创办的企业成立时间在 1 年以上、5 年以下,且其拥有核心技术的产品已经产业化或处于中试阶段。
3	青年项目	①属于自然科学或工程技术领域。截至申报通知下发之日,年龄一般不超过 40 周岁。 ②在海外取得博士学位,并有 3 年以上的海外科研工作经历。 ③申报前曾在海外著名高校、科研机构或知名企业研发机构有正式教学或科研职位。 ④已与用人单位签订正式劳动合同或意向性工作合同,引进后每年在京工作不少于 6 个月,至少连续工作 3 年,且于近期回国。 ⑤为所从事科研领域同龄人中的优秀人才,有成为北京市该领域学术或技术带头人的发展潜力。对博士在读期间已取得突出研究成果的应届毕业生,或其他有突出成绩的,可破格申报。

续表

序号	项目类别	引进要求
4	短期项目	①系北京市科技、产业发展和学科建设急需、紧缺领域的战略科学家或学术技术带头人，符合《北京市鼓励海外高层次人才来京创业和工作暂行办法》规定海外高层次人才的基本条件。 ②在北京有固定的工作单位，有明确具体的工作目标任务，能够突破关键技术、带动高新产业和新兴学科的发展。 ③已与用人单位签订至少连续 3 年、每年在京工作不少于 2 个月的正式劳动合同或意向性工作合同，并明确合同期内工作成果知识产权的归属，且于近期回国。
5	战略科学家项目	战略科学家项目旨在引进从事自然科学研究或工程技术的国际顶尖专家。在符合以下条件的人选中，确定“海聚工程”战略科学家名单： ①诺贝尔奖、图灵奖、菲尔兹奖等国际大奖获得者； ②美国、英国、加拿大、澳大利亚等发达国家科学院院士、工程院院士； ③在世界一流大学、科研机构任职的国际著名学者； ④北京市急需紧缺的其他战略科学家。
6	创业团队项目	①创业团队成员一般应在海外取得学位；有海外创业经验或国际知名企业的工作经历，有较强的经营管理能力；拥有的自主知识产权或技术成果国际领先，具有产业化开发潜力。 ②创业团队成员应为公司的主要股东，成员间的专业结构合理，具有关联性和互补性。 ③截至申报通知下发之日，团队成员回国时间不超过 6 年，创业团队所创办的企业须成立 1 年以上、5 年以下。

续表

序号	项目类别	引进要求
7	外国专家长期项目	①申报人选为非华裔外国专家，截至申报通知下发之日，年龄不超过65周岁。 ②须符合《北京市鼓励海外高层次人才来京创业和工作暂行办法》规定海外高层次人才的基本条件。 ③已与用人单位签订正式劳动合同或意向性工作合同，引进后至少连续来京工作3年、每年不少于6个月，且于近期来华。
8	外国专家短期项目	①申报人选为非华裔外国专家，截至申报通知下发之日，年龄不超过65周岁。 ②须符合《北京市鼓励海外高层次人才来京创业和工作暂行办法》规定海外高层次人才的基本条件。 ③在北京有固定的工作单位，有明确具体的工作目标任务，能够突破关键技术、带动高新产业和新兴学科的发展。 ④已与用人单位签订正式劳动合同或意向性工作合同，并明确合同期内工作成果知识产权的归属。引进后至少连续来京工作3年、每年不少于2个月，且于近期来华。

第三节　“海聚工程”认定程序

《北京市鼓励海外高层次人才来京创业和工作暂行办法》中，明确了北京市海外高层次人才引进的方式与程序，规定符合引进条件的高层次人才可以自荐、互荐或通过驻外使领馆、华人华侨社团、留学生组织、大学、专业团体协会、各类园区（包括科技企业孵化器、留学人员创业园、大学科技园和工业园等）以及国内外专家学者推荐等方式向北京海外学人中心申报，由北京海外学人中心会同市有关部门向用人单位进行推荐。

文件提出，积极发挥好市政府外办、市政府侨办等部门在海外的联络、宣传、推介作用，北京海外学人中心可通过驻外使领馆、华人华侨社团、留学生组织、海外联络处、国外大学及各专业团体协会等渠道积极寻访海外高层次人才，并会同市有关部门向用人单位进行推荐。用人单位根据需要物色拟引进人选，经接洽达成初步引进意向后，向北京海外学人中心申报。北京海外学人中心对申报拟引进的海外高层次人才进行评估并提出认定意见后，报北京市海外学人工作联席会审批。经北京市海外学人工作联席会审批同意后，由北京海外学人中心通知用人单位并向海外高层次人才颁发《北京市海外高层次人才工作居住证》，提供专业配套服务。用人单位根据北京海外学人中心的意见，对经过认定、审批的海外高层次人才，积极落实相关配套政策，依法与其签订聘用（劳动）合同，由市人力资源和社会保障局办理引进手续（见表2—2）。

表2—2 “海聚工程”认定主要环节、涉及的部门及主要工作

主要环节	涉及的部门	主要工作
申报环节	北京海外学人中心	发出申报通知,明确申报的要求
	各相关单位	收到申报通知后组织本地区、本系统、本单位的推荐申报工作
评审环节	北京海外学人中心	评审工作的具体组织实施和专家评委邀请
	北京市委组织部人才处、北京市人力资源和社会保障局流动调配处	集中审核申报材料
	专家评审会	对评选对象进行答辩评审
认定环节	北京市公安、安全、工商、税务等部门	背景核查
	北京海外学人中心	对入围人选的申报材料及个人信息进行复核
	海外学人工作联席会	对背景核查及材料复核合格人员进行审批

申报环节，“海聚工程”的申报工作由各人才工作领导小组协调各区委组织部、海外学人工作联席会各成员单位及相关单位组织开展。北京市

海外学人工作联席会办公室发出申报通知，明确申报类别、申报单位范围、申报条件、申报程序，对申报材料提出规范性要求，并提出申报截止时间。各相关单位收到申报通知后组织本地区、本系统、本单位的推荐申报工作。

评审环节，海外学人中心负责评审工作的具体组织实施和专家评委邀请工作。北京市委组织部人才处、北京市人力资源和社会保障局流动调配处、北京海外学人中心人才开发部根据申报条件，对申报材料进行集中审核，将符合条件的申报人和申报团队的材料提交专家评审会进行评审。评审通常采用答辩评审方式。评委根据申报材料和答辩情况，对申报人和申报团队进行评价和评分，对于工作类人才，主要评价申报人的海外教育工作经历、工作业绩、预期贡献、综合能力、紧缺程度；对于创业类人才，主要从其海外教育工作经历、创业业绩发展潜力、风险投资与国家和北京市重点支持的产业关联程度等要素进行评价；对于创业团队项目人才，则在创业类人才基础上，增加对其团队状况的评价。

认定环节，将专家评审会提出的推荐入围人选名单交北京市公安、安全、工商、税务等部门，进行背景核查，由海外学人中心对入围人选的申报材料及个人信息进行复核。背景核查和材料复核结束后，召开海外学人工作联席会会议，对背景核查及材料复核合格人员进行审批。对批准入选的海外高层次人才颁发北京市海外高层次人才认定证书、《北京市海外高层次人才工作居住证》和市政府奖励资金，并征集服务需求，做好相关政策的兑现工作。

第四节 “海聚工程”扶持政策

北京市“海聚工程”的政策框架（即“一个意见，两个办法”），根据首都经济社会发展的实际情况和海外人才的具体特点，结合多年来鼓励和吸引海外人才的成功经验，借鉴其他省市的有关做法，在多项规定上实现了重大突破，解决了海外人才特别是高层次人才来京创新创业面临的各类问题。“两个办法”从事业发展和生活待遇两方面入手，制定了一系列优惠政策，涉及企业上市、税收优惠、专利补贴、工作条件和平台支持，薪酬待遇、出入境、户口、医疗、社会保险、购房、配偶工作和子女入学等多项内容。

一、在创业扶持方面，强调整合资源

“一个意见，两个办法”在扶持海外人才创业方面，按照转变政府职能、整合社会资源、调动各方参与、提高办事效率的原则，在加大政府直接扶持留学人员企业力度的同时，积极鼓励各类机构承担有关社会服务工作，调动各类社会资源参与到海外人才工作当中，形成社会各方共同推进北京市吸引海外人才工作的良好局面。在扶持海外人才创业的具体规定上，除了对企业登记注册、税收减免、创业基地等方面做进一步明确规定外，在大量内容和规定上都实现了突破（见表2—3）。

表2—3 “海聚工程”创业扶持政策

序号	政策维度	具体内容
1	加大政府直接资助	海外高层次人才来京创业，通过北京海外学人中心评估的，北京市将给予一次性资助；对于创业的留学人员，给予10万元开办费；通过投资与担保绿色通道，提供担保费补助和担保贷款贴息支持；市政府各类创业投资引导基金给予优先支持。
2	鼓励社会各界参与	鼓励各类机构建设海外高层次人才创业孵化基地；整合现有资源，引导社会资源形成多元化投融资平台；支持各类园区建立创业种子资金和信用担保资金；鼓励各类金融机构、境内外风险投资基金、民间资本等按照国家及本市有关规定，设立留学人员风险投资基金；鼓励市属高等院校及科研机构实验室向留学人员创办的企业开放。
3	支持企业做强做大	支持海外高层次人才创业企业在境内外资本市场上市，给予一定补助资金，用于补贴企业在改制上市中发生的相关费用。

续表

序号	政策维度	具体内容
4	强调知识产权保护	鼓励企业申请国内外专利、取得国内外专利授权、登记软件著作权、注册商标和争创驰名商标等活动;开展技术标准制(修)订工作的,按照《北京市技术标准制(修)订专项补助资金管理办法》规定给予资金支持。
5	加强人才资源支持	留学人员企业发展方向符合首都产业发展定位且近三年平均年纳税额达到100万元以上,需引进外埠技术研发和管理骨干的,在科研孵化、资金支持、人才引进等方面给予倾斜。

二、在工作条件方面，强调国际接轨

“一个意见，两个办法”在吸引海外人才来京工作方面，将“引得进”“留得住”“用得好”作为基本目标，积极建立符合国情并与国际接轨的科研和管理机制，努力做到让海外人才来京有舞台、有前途、有发展。在扶持海外人才工作条件的具体规定上，来京后的薪酬管理、职称评定、工龄计算、人员编制等方面延续了以往的办法，在人才使用、职务职权、考核激励等方面的规定超越了传统做法（见表2—4）。

表2—4　“海聚工程”扶持海外人才工作条件

序号	政策特点	具体规定
1	储备实现手段灵活	结合实际建立战略研究部、规划发展委员会等过渡性机构,作为人才“蓄水池”,帮助新引进人才尽快适应国内环境、熟悉单位工作,为量才使用创造条件。
2	任职实现一视同仁	海外高层次人才可担任市属高等院校、科研院所、国有企业和国有金融机构中级以上领导职务或高级专业技术职务;可参加北京市重点科研项目并担任重大科学研究计划负责人;可聘为政府专家顾问组成员,参与政府政策咨询、制定与实施。

续表

序号	政策特点	具体规定
3	职权实现独立自主	担任项目或计划负责人的,在规定职责范围内,可决定科研经费使用,包括用于人力成本投入;按照有关规定对项目研究内容或技术路线进行调整;决定团队成员的聘任,所聘人员可采取协议工资制,不受本单位现有编制和科研经费成本比例限制。
4	考核实现国际接轨	按照国际惯例考核和评价引进人才的工作绩效,可采取弹性考核和评价等方式,避免多头评价、重复评价和频繁考核。
5	薪酬待遇与贡献挂钩	海外高层次人才薪酬待遇由用人单位参考引进人才来京前的收入水平,一并考虑应为其支付的住房(租房)补贴、子女教育补贴、配偶生活补贴等,协商确定合理薪酬,并与本人能力和贡献挂钩。受聘中关村科技园区的高等院校、科研院所、国有高新技术企业并做出突出贡献的海外高层次人才,可按照财政部、科技部有关规定实施期权、技术入股、股权奖励、分红权等多种形式的激励。
6	聘用方式创新突破	海外高层次人才来京工作,可不受用人单位的编制和专业技术职务结构比例限制,编制已满的,可经编制部门同意后,先接收再消化。海外高层次人才提出评聘专业技术职务需要的,用人单位可根据其自身条件和岗位需要自主聘任。

三、在生活待遇方面，强调以人为本

创造更加和谐便利的生活环境，解除海外人才的后顾之忧，是吸引更多海外人才来京创新创业的重要条件。在海外人才来京生活待遇的具体规定上，“海聚工程”突出解决了近年来海外人才来京普遍面临的落户、居留、社会保险、就医、住房、子女教育等问题，在多项规定内容上作出了一定创新（见表2—5）。

表 2—5 “海聚工程”生活服务政策

序号	政策维度	具体内容
1	设立奖励资金	市政府给予引进的海外高层次人才每人 100 万元或 50 万元人民币的一次性奖励;用人单位、有关部门和区县负责配套必要资金,用于改善引进人才的工作、生活条件。
2	保障医疗服务	确定有条件的公立医院作为海外高层次人才的定点医疗机构,为海外高层次人才提供优质医疗服务;鼓励有条件的医院与境内外保险公司开展商业医疗保险合作,方便海外高层次人才在京就医。
3	提供周转住房	留学人员可申请按照优惠价格租住北京海外学人中心提供的短期周转性住所,也可由用人单位以合约形式提供住房;引进人才未购买自用住房的,在聘用(劳动)合同期内,用人单位要为其租用便于其生活、工作的住房或提供相应的租房补贴。
4	解决子女教育问题	海外高层次人才来京创业和工作,子女无论是否拥有中国国籍,均可申请到本市公立学校就读,教育行政部门负责优先协调办理入学手续;选择国际学校或当地公办学校国际班就读的,教育行政部门协调解决入学问题。其中国籍子女参加普通高校招生入学考试并报考市属高等院校的,同等条件下优先录取;其外国籍子女按照招收外国留学生的有关规定报考高等院校。
5	奖励所作贡献	海外高层次人才来京创业和工作,在用人单位聘用期内,按其对地方财政收入作出的贡献,以市政府名义予以奖励;海外高层次人才为首都作出突出贡献并符合评选条件者,可申报“首都杰出人才奖”和“北京市有突出贡献的科学、技术、管理人才”等表彰奖项。
6	安置随行配偶	海外高层次人才配偶一同来京并愿意在本市就业的,由用人单位妥善安排工作;暂时无法安排的,用人单位可参照本单位人员平均工资水平,以适当方式为其发放生活补贴。

第五节 “海聚工程”组织实施

北京市不仅制定了各项制度措施为“海聚工程”人才提供相关帮助，还认真地抓好落实，从组织领导、职能部门协调参与到设立专门机构等方面入手，将政策落实到实处，让“海聚工程”人才切实地享受到政策规定的扶持和待遇。

一、加强组织领导建设

为保证“海聚工程”的有效落实，2009年，在北京市人才工作领导小组指导下，北京市成立由28个部门组成的北京市海外学人工作联席会，并进一步明确了各组成部门职责，确保“一个意见，两个办法”政策措施的有效落实。海外学人工作联席会主要负责审定海外高层次人才引进人选、引才目录、年度引才计划、海外学人工作的有关政策，研究解决海外学人工作的重大事项。联席会办公室设在市委组织部，作为日常办事机构，负责北京海外人才聚集工程的具体实施，指导各区县、各部门、各单位的海外高层次人才引进工作。

二、职能部门积极参与

政府职能部门主要通过统筹、吸引和服务三个方面落实“海聚工程”，执行海外高层次人才政策。

在统筹方面，北京市委组织部负责“海聚工程”的具体实施，指导各区县、各部门、各单位的海外高层次人才引进工作；市人力资源和社会保障局负责研究提出海外学人工作的有关政策，汇总提出海外高层次人才引进人选、引才目录和年度引才计划，对北京海外学人中心进行业务指导，牵头负责留学人员创业园的人才引进工作。

在吸引方面，市教委负责重点学科人才引进工作；市科委牵头重点创新项目和重点实验室人才引进工作；市卫生计生委、市国资委、中关村管委会、经济技术开发区与各区县负责本系统、本区域的人才引进工作。

在服务方面，市财政局负责海外高层次人才政府一次性奖励资金保障；市公安局负责海外高层次人才与其配偶、子女的落户或长期居留权的办理以及《北京市海外高层次人才工作居住证》的办理；市卫生计生委为海外高层次人才确定了5家定点医疗机构，负责海外高层次人才优质医疗服务；市教委负责落实海外高层次人才子女入学政策，尽可能满足海外高层次人才提出的子女入学需求；市外国专家局为外籍海外高层次人才简化手续办理《外国专家证》。

三、设立专门服务机构

在北京市吸引海外高层次人才政策的酝酿期间，北京市于2008年12月先行设立了北京海外学人中心，搭建起了北京市统一的对外服务平台，针对海外人才提供全方位的服务。

北京海外学人中心以“海纳百川，汇聚才智，搭建平台，创造价值”为宗旨，作为面向全球吸引优秀人才的服务平台，是连接海外优秀人才与北京的纽带，是首都海外学人服务之家（见表2—6）。

表2—6　北京海外学人中心主要职能

序号	具体职能
1	宣传国家和北京市关于海外人才的工作政策及北京的经济社会发展情况、重大科技项目、重要产业发展信息和人才需求。
2	研究提出北京市海外人才开发工作的中长期规划和政策措施建议。
3	负责收集、发布重大项目信息、海外学人信息和海外高层次人才政策信息。
4	负责北京市引进海外高层次人才的认定评估工作。
5	广泛联系驻外使领馆、海外专家组织、海外人才交流机构、留学生组织、海外人才和国内相关组织，代表市委市政府多渠道寻访海外高层次人才，组织实施海外人才培训、联谊和交流等活动。

续表

序号	具体职能
6	为北京市重大科技项目、重点学科建设和重要产业发展提供引进海外高层次人才和智力的有关支持,为在北京创新创业的海外人才提供事业发展和生活条件等综合配备服务。
7	为中央实施海外高层次人才开发工作服务,联系和指导海外学人分中心工作。

北京海外学人中心通过在北京市吸引海外高层次人才的重点区域设立“海外学人分中心”，搭建政策执行网络。2008 年年底，北京经济技术开发区成立海外学人开发区分中心，之后，CBD 分中心、金融街分中心和中关村分中心、丰台分中心、顺义工作站先后成立。各分中心按照全市统一协调，根据本区域特点，因地制宜地开展各类活动，为北京市“海聚工程”的实施提供了有力支撑。

第三章
“海聚工程”主要举措

“海聚工程”启动实施以来，在北京市人才工作领导小组指导下，北京市海外学人工作联席会不断健全工作机制、完善政策措施、搭建事业平台、提升服务水平，着力营造促进海外人才发展的良好环境，在吸引海外高层次人才回国工作方面进行了一些有益的探索与尝试，取得了一定的成效，吸引了一大批海外高层次人才来京发展。目前“海聚工程”已经成为具有一定影响力和知名度的地方引才工程，有效提升了北京市海外引才工作的品牌效应。

第一节　完善政策体系，强化引才工作顶层设计

抓好人才工作，必须通盘考虑，强调连续性、系统性、科学性，坚持统筹谋划，加强顶层设计，既要注重规划好人才工作的长期路线图，又要注意实现目标的阶段性时间表。在顶层设计方面，为贯彻落实人才强国战略，服务首都经济社会发展，根据《国家中长期人才发展规划纲要（2010—2020 年）》《北京城市总体规划（2004—2020 年）》，按照建设“人文北京、科技北京、绿色北京”要求，北京市颁布了《首都中长期人才发展规划纲要（2010—2020 年）》，对首都人才队伍建设作出了总体部署和具体安排，对深化改革、创新机制等提出了一系列措施。这些顶层设计为首都开展创新性人才工作指明了方向，为首都开创人才工作新局面绘制了蓝图，也激发了各类人才汇聚北京创新创业的激情和活力。随着改革不断深入，各种新情况、新问题涌现，要求我们进一步在规划部署的深

化、细化、具体化上下功夫，在政策化、工程化、项目化上做文章，在实践中总结经验教训、把握发展规律，以完善顶层设计，落实目标任务。

一、健全政策体系

在北京市人才工作的整体框架下，各有关单位根据各自系统、地区的特点，制定出台了吸引海外高层次人才的相关政策。市教委、市国资委、中关村管委会、经济技术开发区等部门，以及朝阳区、海淀区、丰台区、昌平区、大兴区等区县，有的制定了专门的海外人才政策，有的则在相关的人才政策、科技政策与产业政策中，将海外高层次人才作为重点群体特殊对待。这些政策、计划的出台很好地丰富了“海聚工程”的内容，进一步促进了北京市吸引海外高层次人才政策体系不断完善。

（一）朝阳区实施“凤凰计划”

为落实中央、北京市关于大力引进海外人才的有关精神，朝阳区于2009年制定了《朝阳区关于大力推进海外学人工作的实施意见》《朝阳区鼓励海外高层次人才创业和工作暂行办法》，并实施以“1+1”政策体系为核心的引进、服务海外高层次人才的“凤凰计划”。朝阳区于2013年对《朝阳区鼓励海外高层次人才创业和工作暂行办法》进行了修订，制定了《优秀海外人才引进资助暂行办法》，形成了朝阳区贯彻落实国家“千人计划”、北京市“海聚工程”的海外高层次人才引进、服务政策体系。

“凤凰计划”提出，从2009年开始，用5—10年时间，在CBD、电子城、奥体中心等重点功能区和储备区，聚集一批由科技领军人才领衔的高科技创业团队；引进并有重点地支持100名左右海外高层次人才来朝阳创新创业；鼓励和吸引上千名具有真才实学和发展潜力的优秀留学人员来朝阳创新创业；支持、鼓励非公有制企业和民办非企业单位开展引进海外高层次人才工作。

“凤凰计划”每年认定一次，目前有6个奖励资助项目。认定的海外高层次人才分为创业类和工作类，资助形式主要包括创业团队资助、初创企业资助、单位引进人才资助和引进高层次人才资助等。“凤凰计划”在人员选择、工作方法、优化人才发展环境、完善人才生活配套服务上主动配合、主动服务于“千人计划”“海聚工程”。对符合“凤凰计划”基本条件的已入选“千人计划”“海聚工程”的海外高层次人才直接授予“凤凰计划”荣誉称号，并享受相关政策和服务。同时，朝阳区鼓励、推荐海外高层次人才参加“海聚工程”“千人计划”评选，进一步加大对已入选“凤凰计划”的高层次人才申报“海聚工程”“千人计划”的支持力度，对入选“海聚工程”“千人计划”的高层次人才再给予个人 30 万元配套奖励资金。

（二）海淀区实施“海英计划”

2012 年，海淀区启动实施了高层次人才聚集和培养计划（简称“海英计划”），配套 8000 万元人才发展专项资金，重点引进一批高端创新创业领军人才，培养一批青年英才，打造人才品牌。“海英计划”与“千人计划”“海聚工程”等人才工程相衔接，区内入选高科技企业“海聚工程”人才自动入选“海英计划”，构建了区域性的立体化、梯队式的人才培养政策体系。

“海英计划”重点在战略性新兴产业领域引进一批高端创新创业领军人才，加快培养一批青年英才，从项目、资金、生活等多个方面对入选人才给予有力的支持，打造海淀人才品牌。根据《海淀区促进人才创新创业发展支持办法》，入选“海英计划”的“领军人才”可享受最高 30 万元奖励、房租补贴、子女教育等支持；“青年英才”可获得 30 万元创业资金、股权投资等支持；“人才引进及服务平台”也可获得多项资金奖励。“海英计划”的实施坚持三个原则，一是明确重点对象、聚焦重点领域，通过人才队伍建设提升海淀战略性新兴产业的竞争优势；二是注重环境营造、优化服务，以人才成长最为关注的要素为切入点，全面优化人才创新创业环境，提升人才服务水平，为人才发展营造良好环境；三是创新机制，发挥政策引导作用，充分调动市场力量，借助社会专业机构和产业专家对重点人才进行筛选、评估和培养，提高政策成效。

（三）中关村实施“高聚工程”

2008年，北京市制定了《中关村高端领军人才聚集工程方案》，目标是从2009年开始，用2—3年时间，聚集3—5个由战略科学家领衔的研发团队，分别建成具有国际一流水平的科学研究所（研究中心）；聚集50个左右由高端领军科技创新创业人才领衔的高科技创业团队；聚集20个左右由高端领军创业投资家和科技中介人才领衔的创业服务团队。2015年年初，市委组织部等五部门修订了《中关村高端领军人才聚集工程实施细则》，明确“高聚工程”主要支持5类人才，即创新领军人才、创业领军人才、领军企业家、投资家、创新创业服务领军人才。细则规定：

——对创新领军人才，将给予100万元的一次性补助；开通教授级高级工程师职称评审直通车，提供申报和参评便利；发放医疗证，按照“就近就便”原则，在全市相关三级甲等医院，开设绿色就诊通道；根据中关村人才公共租赁住房有关政策，优先提供入住支持。

——对创业领军人才，将给予100万元的一次性补助；海外初次归国创业，或具有海外留学背景从京外地区来中关村创业的人才，优先协调海外人才创业园提供人才落地、项目孵化等支持与服务；优先推荐创业领军人才参评国家和北京市重点人才工程、计划。

——对领军企业家，所在企业的国际合作项目给予相关资金支持；在非公有制经济领域，允许领军企业家持有境外关联公司的股权；推荐领军企业家参选北京市、区（县）人大代表。对投资家所在机构投资的初创企业，提供一定的配套资金支持；给予被投创业企业的项目优先支持；根据北京市在中关村示范区开展新技术新产品推广应用相关政策，给予被投创业企业相应支持措施。

——对创新创业服务领军人才，为外籍创新创业服务领军人才及其配偶和未满18周岁的未婚子女，协调办理2—5年多次入境有效的签证，办理工作许可和工作类居留证件，办理《外国人永久居留证》。

实施细则明确，国家“千人计划”、北京“海聚工程”入选者，按照视同原则，纳入“高聚工程”支持政策的范围，但不重复补助资金。同时，将依托“高聚工程”，建设中关村人才圈，搭建高端领军人才交流合作平台。

（四）经济技术开发区推动“人才雁阵”形成

北京市经济技术开发区（以下简称“开发区”）为了优化区内人才发展环境，落实人才强区战略，提高区域自主创新能力，建设面向国际市场的高端产业园区，吸引和支持高层次人才来开发区创业和就业，根据中央和北京市的有关政策，结合自身实际，先后颁布了《关于鼓励和吸引海外高层次人才来北京经济技术开发区创业和工作的意见（试行）》《关于为高层次人才提供专项服务工作的意见》等各项奖励和鼓励政策，以及在社保、体检、住房、配偶就业、子女教育等方面的20多项配套政策。开发区每年设立1亿元海外高层次人才发展专项资金，形成了具有竞争力和吸引力的高层次人才资金保障体系。同时，意见规定，只要符合要求的海外高层次人才来开发区创业，就可获得10万元的创业资助，还可享受一次性房租补贴5万元。3年内引进海外高层次人才3人以上并稳定工作，或一次引进海外高层次人才创新创业团队3人以上的，给予引进单位最高50万元的奖励。

《关于鼓励和吸引海外高层次人才来北京经济技术开发区创业和工作的意见（试行）》提出，各单位要高度重视海外高层次人才工作，坚持以科学发展观为指导，坚持党管人才原则，大力营造“尊重劳动、尊重知识、尊重人才、尊重创造”的氛围，为海外高层次人才来开发区创业和工作创造有利条件，不断提高为海外高层次人才服务的质量和水平。在开发区人才工作领导小组领导下，成立开发区海外学人工作联席会，由北京海外学人中心开发区分中心搭建为海外高层次人才服务的专业化、信息化、国际化平台，创造鼓励海外高层次人才来开发区干事业、支持干成事业、帮助干好事业的良好环境。

二、拓展项目内容

继印发“一个意见、两个办法”之后，北京又相继制定了《“海聚工程”短期项目实施细则》《“海聚工程”青年项目工作细则》《北京市建设海外高层次人才创新创业基地暂行办法》等配套文件，还出台了《北京市面向海外高层次人才设立政府特聘岗位暂行办法》，对接特殊人才的需求。根据北京市引才工作实际需求，“海聚工程”在原有创新类、创业类人才引进项目的基础上，新增加实施了“海聚工程”青年项目、短期项目、战略科学家项目、创业团队项目和外国专家长期项目、外国专家短期项目，项目数量达到 8 个，有效对接了“千人计划”项目体系，进一步拓展了引才视野，切实增强了引才效果。

（一）灵活引进，完善结构，新增多个人才项目

2011 年，为健全政策体系，深入贯彻落实“一个意见、两个办法”，鼓励海外高层次人才来北京创新创业，坚持引才和引智并举，北京市海外学人工作联席会经研究决定实施青年项目、短期项目、战略科学家项目、创业团队项目和外国专家长期项目、外国专家短期项目等。

青年项目申报主体为市属高校、医疗机构、国有企业、科研院所，各区县、中关村科技园区、北京经济技术开发区等高新技术产业开发区内的非公有制企业或民办非企业单位，侧重面向 40 岁以下的优秀人才，鼓励高校、科研机构推荐“千人计划”“海聚工程”入选者的科技创新团队成员进行申报。青年项目入选者可获得每人 50 万元的市政府奖励，其他工作条件和生活待遇，参照“海聚工程”青年项目现有政策执行。

短期项目申报主体为市属高校、医疗机构、国有企业、科研院所，各区县、中关村科技园区、北京经济技术开发区等高新技术产业开发区内的非公有制企业或民办非企业单位。短期项目对申报者在京内单位每年工作时间做出灵活要求，即已与用人单位签订至少连续 3 年、每年在国内工作不少于 2 个月的工作合同。短期项目的入选者可获得每人 50 万元的市政府奖励，其他工作条件和生活待遇，参照“海聚工程”短期项目现有政策执行。

创业团队项目要求创业团队成员为公司的主要股东，成员间的专业结构合理，具有关联性和互补性。入选者的工作条件和生活待遇，参照

“海聚工程”创业团队项目现有政策执行。

外国专家长期项目和外国专家短期项目要求申报人选为非华裔外国专家，入选者的工作条件和生活待遇，参照“海聚工程”外国专家项目现有政策执行。

（二）每年制订专项计划重点引进海外人才

为落实“一个意见，两个办法”文件要求，进一步加大海外高层次人才引进力度，突出“高精尖缺”导向，提高引才工作针对性，促进人才供需信息对接，推动北京市人才结构战略性调整，自2010年开始，北京市海外学人工作联席会结合国家和北京市重大科技专项、重点科研项目、市属重要科研院所、重点实验室与工程技术中心、高校重点学科、大型国有企业、重点金融机构、高端产业功能区与战略性新兴产业项目等的发展特点，重点围绕新一代信息技术、生物、节能环保、新材料、新能源汽车、新能源、航空航天、高端装备制造等产业开展岗位申报工作，发布北京市海外高层次人才引进专项计划（以下简称“专项计划”）。

专项计划申报遵循以下原则：

——突出重点。专项计划申报工作应适应首都城市功能定位、“四个中心”建设以及构建“高精尖”经济结构对领军人才的需求，密切围绕首都重大项目、重大改革、重点产业和中关村国家自主创新示范区建设的重大任务展开。

——立足高端。专项计划引才岗位应为高层管理或核心技术岗位，拟引进人才应基本符合“海聚工程”引才条件，为北京市经济社会发展需要的海外人才，经验丰富，业绩突出。

——公开公平。科学合理设置专项计划岗位，严格规范申报流程，确保海外高层次人才引进工作公开、公平、公正有序开展。

——专项计划引才岗位中的高层管理岗位须为部门总监、副总经理以上职位，核心技术岗位须为技术专家、科技带头人、首席技师等职位。引才岗位应明确支持条件、福利待遇等配套政策。

围绕北京市发展方式转变和产业结构升级需要，汇总全市各高校、科研院所和企业的海外人才岗位需求，研究制订年度海外引才专项计划，明确引才方向和条件，动态调控引才结构；并通过北京海外学人网、北京市人力资源和社会保障局官方网站、驻外人才联络机构等广泛发布岗位需求，促进人才智力信息对接和共享。2010—2014 年人才引进专项计划见表 3—1：

表 3—1 北京市人才引进专项计划岗位需求类型和数目

岗位类型 / 年份	工作类海外高层次人才	工作类海外专业技术人才	创业类海外高层次人才
2010	215 个	314 个	100 个左右
2011	303 个	303 个	100 个左右
2012	226 个	325 个	135 个
2013	207 个	445 个	60 个左右
2014	280 个	397 个	60 个左右

数据来源：根据北京市海外学人中心有关工作资料整理。

三、落实配套政策

第一，出台了《北京市面向海外高层次人才设立政府特聘岗位暂行办法》，进一步拓宽了海外高层次人才引进和发挥作用的途径。

为深入实施“海聚工程”，提高政府公共行政管理水平和科学决策能力，北京市面向海外高级专业人才及高级管理人才设立政府特聘岗位。根据《北京市面向海外高层次人才设立政府特聘岗位暂行办法》，政府特聘岗位一般为市政府工作部门或区（县）政府的重大项目负责人。政府特聘岗位不对应行政级别和专业技术职务，实行“协议工资制”。承担政府特聘岗位职责的海外高层次人才，经北京市海外学人工作联席会批准，可直接入选“海聚工程”，享受相关政策待遇，并优先推荐参评国家“千人计划”。

第二，印发了《关于事业单位聘用海外高层次人才有关工资问题的通知》，明确市属事业单位聘用海外高层次人才可单独申报工资总额，支持市属高校、科研院所和医疗卫生机构等事业单位引进海外高层次人才。

为更好支持市属高校、科研院所和医疗卫生机构等事业单位吸引海外高层次人才，市财政局、市人力资源和社会保障局印发了《关于事业单位聘用海外高层次人才有关工资问题的通知》，明确了市属事业单位聘用海外高层次人才单独申报工资总额及相关申报审批程序；市属事业单位聘用海外高层次人才增加的工资额度，在单位当年的工资总额外单列；涉及财政补助的部门，通过调整部门预算中内部资金结构解决经费等。

第三，印发了《关于进一步加强北京市留学人员就业创业服务有关工作的通知》，努力提高对在京工作、创业海外高层次人才和留学人员的服务水平。

为鼓励留学人员回国（境）返京创新创业，营造良好的政策服务环境，北京市人力资源和社会保障局围绕留学人员关心的问题出台了相关举措，包括：留学期间及留学返京后的档案存放，留学前尚未建立个人档案、学成返京后的档案建立，留学人员学成返京到北京市各类用人单位就业招录手续的办理，自谋职业（自主创业）、灵活就业留学人员的档案存放，户籍保留在本市、在京外地区各类企业及非公有制经济组织等单位初次就业留学人员的档案转回，京津冀地区留学人员就业岗位定期通报，留学人员申请本市小额担保贷款和财政贴息，留学人员创业启动支持和科技项目择优资助，留学人员创办企业引进应届毕业生和优秀人才，留学人员首次申报参加北京市专业技术职称评定，参加北京市留学人员创新创业特别贡献奖评选等。①

第二节　构建运行机制，保障引才工作高效开展

“建立集聚人才体制机制，择天下英才而用之”，党的十八届三中全

① 北京市人力资源和社会保障局：《关于进一步加强我市留学人员就业创业服务有关工作问答》，http://www.bjld.gov.cn/wsbs/201501/t20150106_38165.htm2015/01/06。

会对人才工作作出新部署，提出新要求，为进一步做好人才工作指明了方向。近年来，北京市围绕深入实施首都人才发展战略，坚持党管人才原则，以海外人才聚集工程为抓手，以创新机制为动力，全面带动海外人才队伍建设，大力建设全国科技创新中心，致力于把首都建设成为各类人才充分迸发创新活力、创造智慧和创业激情的热土。

一、建立工作机制

由北京市委组织部牵头，全市28个相关部门、产业功能区共同组建了北京市海外学人工作联席会，负责协调解决海外学人工作中的重大事项，加强组织领导，形成资源共享、优势互补的引才工作格局。

2008年北京海外学人中心的成立，搭建了全市统一的海外高层次人才服务平台，以全程代理方式提供政策咨询和生活待遇落实服务，并设立了CBD、经济技术开发区、金融街、中关村和丰台5个海外学人分中心，拓展了业务网络，初步构筑了全市海外人才服务工作网络。为加大服务海外留学人员的力度，提供更方便、便捷的服务，北京海外学人中心专门设立“北京海外学人中心服务大厅”，为留学人员提供包括办理《北京市留学人员身份认定》《北京市（留学人员）工作居住证》、留学人员人才引进、档案管理等相关服务。北京市海外学人中心设立了第一资源研究院，建立了海外人才数据库，开展海外引才研究，为北京集聚海外人才工作提供决策参考。

二、拓宽联络渠道

通过驻外联络处“知才”。先后组建了驻硅谷、华盛顿、伦敦、多伦多、东京、慕尼黑、悉尼、布鲁塞尔、赫尔辛基、中国香港、中国台北11个海外（境外）人才联络机构，以驻香港人才联络处为枢纽，协调其他各联络处，通过加强与驻外使领馆、华人社团组织等的联系，收集人才信息，宣传引才政策，提供咨询服务，基本形成了辐射北美、欧洲、东北亚、大洋洲等国家和地区的人才联络网络。聘请了19名高端人才担任市政府“海外人才工作顾问”，为海外人才来京创新创业提供指导，对首都经济社会发展和引才工作提出意见建议。

利用侨务资源“荐才”。侨办利用重大节庆、重要时点，邀请海外学人来京考察创新创业环境；发挥海外社团组织联络优势，与全澳华人专家学者联合会等40多个海外华人社团组织签约；2009年，组织召开了庆祝新中国成立60周年海外华侨华人座谈会并开展相关考察活动；举办“华侨华人专业人士回国创业研习班”，邀请来自美国、德国等国家和地区的知名科技社团负责人和专业人士参加，积极深化与广大海外学人的联系，让海外学人了解北京、关注北京、参与北京的发展建设。

借力知名猎头机构“寻才”。如朝阳区海外学人中心与该区内知名猎头机构合作成立了知名人才顾问机构——朝阳联盟。该联盟自2013年成立以来，吸引了罗盛、光辉国际、海德思哲、史宾沙、科锐国际、中智公司、北京外企（FESCO）等国内外知名人力资源中介机构加入，并在海外人才政策咨询、海外人才引进评审、交流培训等方面积极开展工作，探索建立人才、市场、政府之间资源信息的共享机制，促进人才资源中介机构在经济社会各领域人才需求的沟通合作，充分开发利用国内国际优质的人才资源，为北京市重点行业和跨国公司吸引、配置更多海外高层次人才。依托校友会人才联盟“引才”。通过参加欧美同学会、境内外校友会的活动等形式，沟通联络海外知名高校校友，在对海归人才进行政策宣传的同时，也使海外学人能够结识许多志同道合的良师益友，吸引更多优秀人才回国工作创业。

通过海外学人俱乐部“聚才”。2010年，“朝阳海外学人俱乐部”成立，通过“对话朝阳”“走进朝阳”“融入朝阳”等系列沙龙、论坛活动，邀请有关政府部门与创业者面对面交流，讲解相关创业、产业政策，同时也促进海外学人之间的交流与合作，提升了区域内海外学人的凝聚力和向心力，为会员之间搭建了一个交流互动、理念共享和互助服务的平台。2011年12月12日，北京海外高层次人才协会成立，这是由在北京创新创业的海外高层次人才及机构、单位自愿发起成立的非营利性社会团体法人，协会秘书处设在北京海外学人中心宣传联络部。作为北京海外高层次人才联谊交流的桥梁和纽带，协会促进了科技与产业资源整合的人才集群的形成，进一步推动了北京及其周边地区高端人才一体化发展。协会旨在搭建海外高层次人才交流平台，团结、凝聚和服务在京地区创新创业的优秀海外高层次人才，促进海外人才的聚集和发展，充分发挥海外高层次人才的作用，为北京建设有中国特色的世界城市提供人才支持和保障。

三、丰富引才活动

近年来，北京市 4 次组团赴美国、德国、澳大利亚、新加坡等国家延揽海外高端人才，通过组织群英会、聚贤会、人才峰会等系列活动，多维度提供政策信息，充分激发海外人才来京发展的积极性。在“走出去”的同时，积极打造京港人才合作专题活动、海外赤子北京行等品牌活动，开展人才引进和项目接洽，搭建人才交流合作平台，切实将海外人才“引进来”。

（一）“海外赤子北京行”成为引进海外高层次人才的品牌活动

为紧密联系海外高层次人才，增强他们回国创新创业的决心，营造良好的引才氛围，自 2010 年起，北京市委组织部、北京市人力资源和社会保障局、北京海外学人中心每年共同举办“海外赤子北京行活动”。该活动分为工作类与创业类两个板块，工作类针对北京市市属医院、高校、国有企业、科研机构的高端职位吸纳海外高层次贤才；创业类则聚焦生物医药、电子信息、金融管理、文化创意、汽车、新能源和新材料等北京市部署重点发展的领域，邀请有相关创业意向的海外高层次人才参会。在参会人员的报名渠道与筛选上，海外赤子北京行活动有着较为固定与严格的标准。为保证报名人员的质量，主办方在活动前期通过联络渠道发出邀请函，请市外办、市投资促进局、市科协、各市属医院、留创园、驻外人才联络处，海外人才社团及高校校友会等相关单位协助推荐人员。

赤子行活动于 2010 年首次举办，五年间已成功举办了 4 届，共计吸引近400名有意到北京创新创业的海外高层次人才参加。参加活动的海外代表来自美国、加拿大、英国、德国、法国和日本等国，大多从事于生物医药、电子信息、汽车、新能源和环保等工作领域。在活动过程中，通过政策说明会、报告会、论坛、职位介绍会、项目融资洽谈会、参观座谈等多种形式，让海外高层次人才全面感受首都经济发展和社会进步取得的成绩以及引进海外高层次人才的支持力度，为广大海外人才和北京搭建了一条联系和沟通的桥梁，有效地使海外人才全面、深入地了解首都创新创业环境，增强他们来京创新创业的决心（见表3—2）。

表3—2　历年海外赤子北京行活动

年份	内　容
2010	2010年海外赤子北京行活动期间，来自美国、加拿大等7个国家的95名海外高层次人才参加了为期三天的活动，通过政策说明会、时势报告会、发展论坛、职位交流会、项目交流会、参观座谈等多种形式的活动全面感受了首都创新创业环境。
2012	2012年海外赤子北京行活动共有来自美国、加拿大、澳大利亚、英国、德国、俄罗斯、日本、新加坡等10个国家的约60名海外人才参加，他们大多从事生物医药、电子信息、金融管理、新能源新材料和汽车等领域，50%以上拥有博士学历。在为期两天的活动中，他们通过参加创新创业发展论坛、欢迎晚宴，参观中关村展示中心、北京经济技术开发区、望京留学人员创业园等多种形式的活动全面感受了首都创新创业环境，增强了来京创业工作的决心。
2013	2013年海外赤子北京行活动报名人数260多人，人数远超上届。最终有来自美国、加拿大、澳大利亚、英国、德国、法国、日本和新加坡等12个国家的100名海外高层次人才受邀来京参加此次活动。此次来京海外学人中，拥有博士学位的有79人，博士后6人，双硕士3人、硕士12人；40%的人员有在世界或本行业500强企业工作的经验；70%的人员携带了具体项目来京参会，项目涉及生物医药、电子信息、金融管理、文化创意、汽车、新能源和新材料等10余个领域。此次来京人员中，最小年龄为25岁，最大年龄为62岁，35岁以上人员占70%，参加人员几乎都正处于事业和人生的上升期，都有着较强的来京创业工作的意向。

续表

年份	内 容
2014	2014年海外赤子北京行活动首次将引才与活动紧密结合,通过与北京市医院管理局合作,在活动前期,针对市属医院临床、科研高端人才紧缺的现状,由市属22家医院提供62个岗位、引进80名海外人才的定向需求,开展工作类人才的定向邀请、专场招聘。首次以创业大赛和项目对接相结合的形式举办,邀请知名海外人才工作专家、"千人计划"专家和风险投资人对来京创业海外学人的项目进行点评和指导。在京津冀区域人才、项目、城市发展一体化大背景下,为促进京津冀协同发展,密切京津两地在引进高层次留学人员领域的合作,首次与天津市人力资源和社会保障局、市外国专家局共同合作,组织赴天津参观考察。

(二)借助北京科博会平台引进海外高层次人才

依托北京国际科技产业博览会(科博会)等平台,举办海外学人科技创新成果展等活动,宣传推介北京市海外人才的科技创新成果,扩大影响力。

2011年,海外高层次人才创新成果首次亮相北京科博会,是首个以在京海归科技创新成果为核心的主题展览。期间"北京海外学人创新创业活动周"和北京"海聚工程"年度人物评选活动同时举办,在展会现场,以展板宣传、实物显示、互动演示、重点推介等多种形式,全方位、多角度地展现海外高层次人才在京创新创业的科技成果。

北京科博会通过举办海外人才交流、成果展示等系列活动,搭建海外人才回国创业或回国工作平台,促进海外人才项目与国内各类企业对接、留学回国人才与国内用人单位对接,为北京引进一批具有较高专业素养和丰富海外工作经验的海外高层次留学人才和符合首都经济社会发展的优秀高科技项目,为建设人才之都作出了重要贡献。

(三)借助京港洽谈会人才专场活动引进海外高层次人才

自2011年起,借助北京—香港经济贸易洽谈会(京港洽谈会)的平台,组织人才专场活动,推动京港人才合作,进一步实现两地人才交流融合(见表3—3)。

表3—3 历年京港洽谈会人才专场活动

年份	内容
2011	作为第15届京港洽谈会的重要内容之一，人才专场活动以“人才引领发展·创新开拓未来”为主题，探讨两地共同促进人才国际化发展，积极推动高端人才引进合作，依托北京“海聚工程”和香港“优才计划”，扩大两地高端人才总量；不断拓宽人才培养合作领域，巩固公务员挂职交流合作成果，积极推行“人才＋项目”的合作模式，支持香港投资机构在京投资项目的同时，向北京输送一批高级金融人才、管理人才和科技创新人才；北京将创造有利于香港在京高端人才干事业的良好环境，支持两地高端人才开展课题联合攻关、项目联手共建；着力优化两地人才发展环境。
2012	在第16届京港洽谈会期间，举办了主题为“深化人才合作·促进共同发展”的人才专场活动，围绕北京建设中国特色世界城市、香港建设亚洲国际都会的战略任务，总结两地在人才合作、人才集聚及培养等方面的成果，交流有益经验，拓展合作领域。活动内容包括举办圆桌会议、会见香港工商界和企业界知名人士，到香港相关机构调研考察，促成青年人才、物流人才共建合作等。
2013	第17届京港洽谈会人才专场活动的主题是京港创新型人才培养交流会，通过本次活动，进一步增进了双方的沟通和交流，密切了双方在基础教育创新人才培养方面的合作。会议期间，活动方组织了京港两地与会嘉宾到史家胡同小学观摩，并举办京港创新人才培养交流座谈会，充分了解北京市“雏鹰建言行动”的实施成果等。

四、改进评价体系

经过几年的探索与实践，北京市在海外高层次人才评审认定方面已形成了一套较为完整的体系。

一是推动评审专业化。邀请国内相关领域“两院”院士、“千人计划”入选者、知名专家学者等高端专业人才担任评委；专家评审环节不设入围比例，坚持以水平能力为依据。同时，细化专家分类，建立专家库动态维护和电子化随机抽取相制约的管理机制，加强对专家的业务培训，在规范管理的同时，加大对专家的培训力度、考核力度及责任追究力度。

二是推动评审社会化。邀请著名企业家、知名风险投资人等参与评审，在充分发挥市场筛选和甄别作用的同时，提高通过评审者获得市场支持的能力。在评审专业设置方面，主动贴近首都经济社会发展需求，注重提升评价工作的透明度和公平公正性，评价内容做到面向社会公开。真正落实“以人为本”的发展理念，放宽申报人员范围，打破体制内外限制，促进人才在各种经济组织中发挥作用。

三是推动评审科学化。根据创业类和工作类人才的不同特点，以“能力、贡献、潜力”等作为指标，科学、合理地分配分值权重，确定相关评价要素。同时，在原有基础上，逐步扩大答辩范围，将自荐申报人员、企业申报的短期项目、外专项目纳入，增强了评价的客观性与准确度。在评审工作中从多方面考察申报人员的能力、业绩和贡献，努力实现评价指标体系更科学合理，评价要素更突出，评价标准更客观公正，评价过程更规范有序。

第三节 搭建发展平台，释放海外人才创造活力

北京市推动建设了人才管理改革试验区、未来科技城、海外高层次人才创新创业基地、留学人员创业园和北京市海外高层次人才协会等平台，重点抓好创新领军人才和创新团队建设，努力创造条件，让人才在实践中实现自身价值。这些平台成为海外高层次人才施展才能、创新创业的舞台，有力地助推了海外人才事业发展，充分发挥了高层次人才的创新能力，有效激发了海外高层次人才的创业活力。

一、拓展人才管理改革试验区，为人才发挥才能“松绑”

2011 年，中央组织部等 15 个中央单位与北京市联合印发《关于中关村国家自主创新示范区建设人才特区的若干意见》，通过实行科技经费使用等 13 项特殊政策，构建特殊机制，打造特殊平台，引进特需人才，建设国家级人才管理改革试验区。启动中关村人才特区建设，开辟了全国人才工作改革创新的一块试验田。几年来，北京市充分发挥“先行先试”

优势，加快推动人才发展体制机制改革及政策创新。截至2014年底，中关村人才管理改革试验区已引进874名“千人计划”入选者、368名“海聚工程”入选者，约占北京地区海外高层次人才总量的70%。北京正依托中关村，全力打造人才管理改革试验区，进一步探索与国情相符与国际接轨的人才体制机制，加快形成具有国际竞争力的人才制度优势。① 为探索人才管理体制改革，北京市重点推动中关村、东城区、金融街、北京中心商务区、经济技术开发区等建设市级人才管理改革试验区，依托产业优势，集聚海外人才，带动现代产业体系建设。②

自2009年实施国家“千人计划”、北京市实施“海聚工程”以及中关村实施“高聚工程”后，中关村人才特区的创新成果不断增加，质量不断提高。其中，国际化成果增长显著。2010—2013年，中关村拥有境外授权专利数占拥有的授权专利数比重从2.48%提高至2.76%，拥有的欧、美、日专利年授权比重从1.87%提高到1.91%。2011—2013年，中关村拥有的欧、美、日专利申请数占全部申请数的比重从2.32%提高至4.36%；专利领域的一项国际合作条约——专利合作协定（PCT）专利申请比重也从2012年的4.35%提高至2013年的4.87%。③

目前，北京市和中关村人才特区正积极争取相关中央单位支持，制定实施中关村人才管理改革试验区政策创新和体制机制改革方案，一方面，健全人才资源开发机制，提高政策开放程度，丰富引才方式，建立系统化人才培养体系，促进人才合理流动，优化人才评价机制；另一方面，加大人才创新创业扶持力度，推动科技、教育、财税金融等关联领域政策创新。④

---

① 北京市委组织部：《北京打造中关村人才管理改革试验区升级版》，《中国人才》2014年第3期。

② 北京市委组织部：《北京打造中关村人才管理改革试验区升级版》，《中国人才》2014年第3期。

③ 中关村科技园区管理委员会：《中关村国家自主创新示范区人才特区发展报告(2014)》，第38页。

④ 北京市委组织部：《北京打造中关村人才管理改革试验区升级版》，《中国人才》2014年第3期。

二、注重创新创业基地和留创园建设，为人才发光发热夯实基础

2011年3月，北京市出台《北京市建设海外高层次人才创新创业基地暂行办法》，鼓励和支持有条件的企业、高校和科研机构以及经济开发区或高新技术产业园区建立10个海外高层次人才创新创业基地。同时，探索市、区联动工作机制，聚焦符合首都城市战略定位的产业，重点引进和支持能够突破关键技术、带动新兴产业发展的海外人才，推动人才和产业、项目、科技、资本等关联领域实现互动式发展。

北京未来科技城是中央组织部、国资委深入实施人才强国战略和建设创新型国家而建设的央企研发机构集群，旨在建设符合国际惯例、具有中国特色、吸引国际一流人才的科研创新平台。自2009年奠基以来，北京市会同入驻央企高效率推进属地工程建设，高标准配置公共服务设施，高质量促进人才集聚，高起点培育创新成果，着力打造国家人才发展战略高地。截至2014年，入驻的15家央企共引进162名入选“千人计划”海外高层次人才，集聚3500余名科研人员。同时，根据央企发展需求，正着手制定集人才引进、科技研发、成果转化、产业配套、服务保障于一体的政策支持体系，支持央企人才基地引进、用好海外高层次人才。

北京市为未来科技城项目建设引进海外高层次人才制定专门办法，设立海外高层次人才政府特聘岗位，首批提出中关村管委会国际化业务总监、市医管局总药剂师等7个岗位，获聘的海外高层次人才可直接入选“海聚工程”，并优先推荐参评“千人计划”。

“海聚工程”入选者也为未来科技城的建设作出了贡献，如德威华泰（北京）科技有限公司董事长袁国文博士，于2009年入选第二批中央“千人计划”和第一批“海聚工程”。德威华泰自主研发的水循环代谢系统技术已进入北京市自主创新目录。

北京市还以留学人员创业园为平台，大力吸引包括留学人员在内的海外人才来京发展。目前，北京市已先后建成各类留学人员创业园37个，提供工商注册、税务登记等“一条龙”服务和法律咨询、专利信息、融

资贷款等“一站式”服务，初步形成了较为完善的留学人员创业服务体系。截至2013年年底，北京市各类留学人员创业园累计入园企业已超过8000家，毕业企业6000余家，在孵企业2000余家，其中高新技术企业近800家，在园累计挂牌上市企业27家。① 在园留学人员2201人，拥有硕士研究生及以上学历人员约占88%，入选“千人计划”148人、“海聚工程”156人。全市在园企业拥有发明专利1800多项，累计拥有知识产权7500余项，成功孵化出中星微、启明星辰等一批拥有自主知识产权的优势企业。

为支持海外高层次人才在京创新创业，北京市还设立了留学人员专项资金，2001年至今已累计资助了优秀留学人员科技项目873个，资助金额累计达5000万元。另外，北京市还开展了留学人员创业启动支持计划，联合风险投资、创业投资公司，为留学人员初创企业提供创业投资及人才政策支持，2009年至今累计已有25家留学人员初创企业获得资金支持共计635万元。自2010年起至今，北京市海外学人中心共组织了15批北京市留学人员创办企业开办费资助资金申报工作，872名留学人员通过答辩获得资助。②

三、发展人才协会，凝聚海外人才

北京海外高层次人才协会由在京的优秀海外高层次人才于2011年年底共同发起成立。自成立以来，北京海外高层次人才协会秉持团结、凝聚、服务在京地区创新创业优秀海外人才的宗旨，促进海外人才聚集和发展，已经成为北京海外高层次人才联谊交流的桥梁和纽带，目前协会中的大部分会员都是入选“海聚工程”的特聘专家。北京海外高层次人才协会在人才工作部门的领导和指导下，统筹规划，通过搭建平台、拓展渠道、整合资源、加强合作等工作，认真做好对会员的各项服务，促进海外

① 王海磬：《北京市各类留学生创业园孵化企业达6000多家》，《光明日报》2014年10月25日。

② 此部分数据根据北京市海外学人中心工作资料整理。

高层次人才尤其是海聚人才释放创新创业活力，服务北京的创新发展，切实发挥了高层次人才平台的作用。协会主要功能包括借外力、整合资源、服务会员创新创业事业和展示形象、拓宽渠道、搭建会员合作交流平台（见表3—4）。

表3—4 北京海外高层次人才协会主要功能

功能	活动	内容
借外力、整合资源、服务会员创新创业事业	“‘科技北京’十二五规划”报告会	2012年4月，邀请北京市科学技术委员会负责人为会员作“‘科技北京’十二五规划”的主题报告，使会员们系统地了解了“十二五”期间北京在科技领域实施地相关政策和未来产业发展方向。
	2013中国宏观经济形势报告会	2013年5月，邀请“千人计划”专家为会员作了“2013中国宏观经济形势”主题报告，就2013年的中国宏观经济形势进行了全面细致的分析。
	与招商银行合作提供面向中小企业的贷款服务咨询	2013年12月，与招商银行北京分行联手举办了中小企业贷款主题沙龙，请招行负责人为会员介绍了有关帮扶创新型成长企业有关计划，帮助会员企业解决银行贷款融资问题。
	北京市全面深化改革情况海外人才专场交流座谈会	2014年4月，联合北京海外学人中心举办北京市全面深化改革情况海外人才专场交流座谈会，邀请北京市有关领导与海外高层次人才共同畅谈创新创业的经历、感受，并对北京发展建言献策。
	联手北京某知名律师事务所为会员提供法务咨询服务	2014年，聘请北京某知名律师事务所为常年的法律顾问，为会员提供包括合同修改、审查和起草，法律咨询等在内的法律服务。

续表

功能	活动	内容
展示形象、拓宽渠道、搭建会员合作交流平台	宣传科技创新成果，搭建推介平台	在第十五届中国北京国际科技产业博览会上，组织“2012 北京海外学人科技创新成果展”，为会员提供展示自身产品的机会。
	组织实施京外考察，搭建项目平台	组织会员赴南京、内蒙古、天津等地考察，部分考察团员在活动中与当地机构达成合作协议，实现了成果对接。
	开展各界别组专业探讨，搭建交流平台	协会多次组织专业沙龙活动，邀请业界专家或政府部门负责人为会员做主题演讲或与会员展开对话，促进了会员与社会各界的交流。
	充分挖掘会员自身资源，搭建合作平台	组织举办“走进海聚”系列活动，帮助会员进行技术推广，达成项目合作。
	邀请会员担任“海外赤子北京行”活动嘉宾	邀请会员参加“2013 年海外赤子北京行”和“2014 年海外赤子北京行”活动，与参加活动的海外人才沟通交流在京工作、创业的经历和感悟，为他们提供经验借鉴。

第四节　提升服务质量，解除引进人才后顾之忧

北京市通过搭建专业化、网络化的公共基础服务平台，采用“专员制”服务，力求为海外人才提供全方位的周到服务，为海外人才提供促进事业发展和保证生活质量的优质服务。

北京市海外学人中心制定了海外高层次人才服务标准，明确服务职责，确定服务流程，按照“一门受理、转告相关、全程代理”的服务模

式，为每一名海外高层次人才配置服务专员。同时，设立专门的服务窗口和热线电话，开辟绿色通道，搭建统一优质服务平台，开拓渠道，积极协调，尽力为海外高层次人才解决实际问题。出台了《关于落实海外高层次人才有关政策待遇的工作程序》，进一步明确北京市海外学人工作联席会各成员单位工作职责，加强沟通协作。通过简化工作程序、建立“绿色通道”、特事特办等方式，有力地推动了各项政策待遇的落实，加大了北京市海外引才工作的力度。

根据人才实际需要，北京市海外学人中心在出入境和居留、进京落户、子女入学、优质医疗、社会保险、免税进境物品、短期周转性住房等方面，为引进人才及其家属提供全方位、多层次、立体化的服务。在人才落户方面，凡持有中国护照的海外高层次人才及其家属，可不受出国前户籍地的限制，优先办理落户手续。截至 2013 年年底，共办理北京市工作居住证 486 人次，为 218 名外籍人才办理了外国专家证，为 181 人办理 2—5 年多次往返签证或外国人居留许可，提供短期周转性住房 58 套，并为 11 人办理免税携运物品。在国内率先开通社会保险“绿色通道”，解决了引进人才外籍无业配偶和子女的基本医疗保险问题。在住房保障方面，严格落实有关政策，凡持有外国人永久居留证的外籍人才，可随时按规定购买自用、自住商品房；在交通保障方面，凡持有北京市工作居住证并满足基本条件的海外高层次人才，可直接申请摇号。

北京市还积极为高层次人才提供资金扶持。自 2010 年起北京市海外学人中心共组织了 15 批北京市留学人员创办企业开办费资助资金申报工作，872 名留学人员通过答辩获得资助。该资助资金项目为北京市留学人员艰难的创业之初提供了必要的扶持，起到了“雪中送炭”的作用，得到了创办企业的留学人员的积极响应和充分肯定，为提升北京市海外学人创新创业服务工作发挥了积极的作用。其中，自 2009 年第五批评审开始，共有 615 人通过评审，按照申报人员的专业领域、留学国别和最高学历分类统计见表 3—5、表 3—6、表 3—7。

表 3—5　2009—2014 年北京市留学人员创办企业开办费资助人专业分布情况

专业领域	数目(人)	专业领域	数目(人)
信息	284	文化创意	34
能源环保和新材料	85	科技服务	22
金融	68	汽车和装备制造	7
生物医药	51	现代农业	3
光机电一体化	34	其他	27
总数		615	

数据来源：根据北京市海外学人中心工作资料整理。

表 3—6　2009—2014 年北京市留学人员创办企业开办费资助人留学国家分布情况

留学国别	数目(人)	留学国别	数目(人)
美国	210	西班牙	4
英国	133	新西兰	4
日本	63	以色列	3
法国	33	意大利	3
澳大利亚	26	中国香港	3
德国	26	比利时	2
加拿大	26	泰国	2
韩国	18	奥地利	1
俄罗斯	10	朝鲜	1
瑞典	8	菲律宾	1
马来西亚	7	芬兰	1
新加坡	7	蒙古	1
丹麦	5	挪威	1
荷兰	5	塞尔维亚	1
爱尔兰	4	乌克兰	1
瑞士	4	印度	1
总数		615	

数据来源：根据北京市海外学人中心工作资料整理。

表 3—7 2009—2014 年北京市留学人员创办企业开办费资助人学历分布情况

学历	数目(人)	占比(%)
博士后	60	9.76
博士研究生	117	19.02
硕士研究生	415	67.48
本科	23	3.74
总数	615	100.00

数据来源：根据北京市海外学人中心工作资料整理。

第五节 营造良好环境，促进海外人才加快集聚

北京市充分整合资源，通过优化创新创业环境、引进各类科技服务机构、建设科研共享的技术服务平台、整合产业上下游资源等促进产学研协同创新，促进科技成果转化，推进形成公共金融服务平台。

在优化科技创新创业环境方面，北京市不断完善政策措施，支持海内外人才开展科技创新，出台《加快推进高等学校科技成果转化和科技协同创新若干意见（试行）》《加快推进科研机构科技成果转化和产业化的若干意见（试行）》，发布《北京技术创新行动计划（2014—2017 年）》，加大政府经费支持力度，支持高等院校、科研机构开展协同创新，明确可将 70% 及以上的成果转化收益奖励相关人员，强化人才激励，促进成果转化及产业化。实施高新技术企业研究开发费用税前加计扣除优惠政策，强化企业技术创新主体地位，提升企业创新能力。同时，加快首都科技条件平台建设，支持行业龙头企业牵头构建产业技术创新联盟，深化校企、院企人才联合培养，促进各类创新要素聚集，助力海内外人才开展科研创新。此外，加大对海外人才科研创新和成果转化的资金支持力度。据不完全统计，北京市已对生物医药、节能环保等战略性新兴产业领域的“海聚工程”入选者给予了约 2 亿元科研项目资金支持。

为了解决中小企业融资难的问题，北京市努力改善金融服务环境，印发《关于促进首都金融人才发展的意见》，支持、吸引具有金融管理和资本运作经验的海外高层次管理人才，积极营造支持创新创业的社会氛围。完成以市中小企业投融资服务平台为核心，16 个区县投融资服务平台为支撑，100 家金融服务机构参与的北京市中小企业投融资服务平台建设。积极发挥中小企业创业投资引导基金作用，支持海内外人才初创期企业发展。同时，相关产业功能区和区县也采取有效措施，加大对海内外人才创新创业的金融支持力度，如经济技术开发区新设立 1 亿元创新创业扶持专项资金，引导社会资本和国际风险资本聚集，提升园区整体金融服务水平。

北京市在人才培养上下功夫，充分发挥首都教育资源集中优势，支持市属学校通过中外合作办学，引进优质教育资源。2013 年，北京市中外合作办学机构和项目达到 139 个。设立北京市政府外国留学生奖学金，吸引优秀学生来京学习，自 2006 年至今已有近 3 万名外国留学生通过奖学金资助来京留学，目前在市属高校学习工作的留学生达到 9 万人。实施“国际交流合作深化计划”，出台《留学北京行动计划》，提高首都教育的国际化水平。推动市属高校开设英文授课项目 400 个，提升教育国际化氛围。

北京市在人力资源领域充分发挥市场的作用，印发《关于加快发展人力资源服务业的意见》，实施更加开放的市场准入制度，引进一批具有国际先进水平的人力资源跨国公司，放宽中外合资人力资源服务机构外资比例；支持北京市人力资源服务机构走向世界，开展国际人才交流与合作，承接国际服务外包业务，发展服务贸易和外向型服务。同时，搭建国际人才交流公共服务平台，促进人力资源服务产业与国际人力资源市场有效对接，贯通国际化人才市场配置渠道，加大海外顶尖人才吸引力度。为了充分调动人力资源服务机构引才的积极性，《意见》规定：通过人力资源服务机构选聘的高端人才入选“千人计划”“海聚工程”等国家和本市高层次人才引进项目的，将给予选聘单位和人力资源服务机构奖励。《意见》还“鼓励中关村国家自主创新示范区、北京经济技术开发区和其他各类产业园区，通过功能叠加，建立人力资源服务产业园区或人力资源服务支撑体系”。目前，北京市相关职能部门正会同中关村国家自主创新示范区管委会和海淀区政府等单位，推动北京国家人力资源服务产业园建设项目落地。海淀区人民政府在 2015 年政府工作报告中，提出“加快北京人力资源服务产业园建设”。预计到2020 年，北京的人力资源服务机构总数将达到 1600 家，其中人力资源服务企业总数达到 1200 家；行业年营业总收入突破 1800 亿元，年均增长不低于 10% 。

中篇　实践篇

第四章

“海聚工程”引才情况

2009年，北京市实施“海聚工程”之初，仅设置了全职工作类和创业类两个项目。之后，根据海外高层次人才特点和实际引才工作发展需要，北京市又对“海聚工程”的引才项目做了调整，分别于2011年第五批海外高层次人才评审认定中增设了青年项目和短期项目，于2012年第八批海外高层次人才评审认定中增设了外专长期项目、外专短期项目、创业团队项目。

截至2014年年底，北京市已完成10批海外高层次人才评价认定，“海聚工程”入选人才总数已达612人，其中，有171名入选国家“千人计划”。北京市“海聚工程”入选人才以工作类人才为主体，达到438人，占整体的71.6%；创业类人才172人，创业团队项目1个（2人）。工作类人才中，全职工作类282人，青年项目59人，短期项目78人，外专长期项目11人，外专短期项目8人（见表4—1）。

表4—1　各批次海聚人才所属项目类别详细情况

人数 类别 / 批次	全职工作类	青年项目	短期项目	外专长期项目	外专短期项目	创业类	创业团队项目
第一批	18	—	—	—	—	32	—
第二批	18	—	—	—	—	17	—
第三批	21	—	—	—	—	11	—
第四批	32	—	—	—	—	13	—
第五批	30	5	13	—	—	16	—
第六批	33	10	8	—	—	24	—

续表

批次＼人数＼类别	全职工作类	青年项目	短期项目	外专长期项目	外专短期项目	创业类	创业团队项目
第七批	38	8	8	—	—	13	—
第八批	18	8	16	8	3	16	0
第九批	32	8	15	1	2	19	0
第十批	42	20	18	2	3	11	2
合　计	282	59	78	11	8	172	2

数据来源：根据北京市海外学人中心工作资料整理。

第一节　“海聚工程”人才特点

对“海聚工程”引进的人才进行分析，可以总结出一些规律性的特点，分析这些特点对于深入了解“海聚工程”人才和进一步推进人才引进工作都大有裨益。

一、“海聚工程”人才分布特点

（一）分布符合北京区县功能定位和产业布局

截至2014年年底，根据北京市区县功能定位划分，海聚人才在首都功能核心区、城市功能拓展区、城市发展新区和生态涵养发展区的分布数量分别为54人、385人、171人和2人，占全部入选人数的8.8%、62.9%、27.9%和0.3%，海聚人才为首都各个功能区的发展发挥了重要作用。

在全市16个区县中，海淀区聚集了236名海聚人才，人数最多，占全部入选人数的38.6%；朝阳区聚集了103名海聚人才，占全部入选人数的16.8%；昌平区聚集了63名海聚人才，占全部入选人数的10.3%。海聚人才为首都各区县的发展也发挥了重要作用（见表4—2）。

表4—2 海聚人才所属功能区分布

区域	数量(人)	占比(%)
全　市	612	100.0
首都功能核心区总数	54	8.8
东城区	27	4.4
西城区	27	4.4
城市功能拓展区总数	385	62.9
朝阳区	103	16.8
丰台区	36	5.9
石景山区	10	1.6
海淀区	236	38.6
城市发展新区总数	171	27.9
房山区	0	0.0
通州区	3	0.5
顺义区	9	1.5
昌平区	63	10.3
大兴区	8	1.3
北京经济技术开发区	88	14.4
生态涵养发展区总数	2	0.3
门头沟区	0	0.0
怀柔区	0	0.0
平谷区	1	0.2
密云县	1	0.2
延庆县	0	0.0

数据来源：根据北京市海外学人中心工作资料整理。

“十二五”期间，北京市进一步明确了打造北部国家战略性新兴产业策源地和南部高端制造业与战略性新兴产业发展新区的产业布局战略。

地处北京市北部海淀区的中关村科技园区作为中国第一个国家级高新技术产业开发区、第一个国家自主创新示范区和第一个国家级“人才特区”，经过20多年的发展建设，形成了以下一代互联网、移动互联网和新一代移动通信、卫星应用、生物和健康、节能环保以及轨道交通等六大优势产业集群以及集成电路、新材料、高端装备与通用航空、新能源和新能源汽车等四大潜力产业集群为代表的高新技术产业集群和高端发展的现代服务业，构建了“一区多园”各具特色的发展格局，成为首都跨行政区的高端产业功能区。近年来，中关村科技园区遵循“创新驱动本质上是人才驱动”的规律，充分发挥人才在自主创新和构建“高精尖”经济结构中的作用，对海外高层次人才的吸引力持续提升。截至2014年6月底，中关村科技园区共有368人入选北京市“海聚工程”，占全部入选人数的70.8%。①

北京经济技术开发区于1994年8月被国务院批准为国家级经济技术开发区，由科学规划的产业区、高配置的商务区及高品质的生活区构成，是北京重点发展的三个新城之一，承担疏解中心城人口、聚集新的产业、带动区域发展的重任，被定位为京津城际发展走廊上的高新技术产业和先进制造业基地。近年来，北京经济技术开发区紧紧围绕“战略产业新区、区域发展支点、创新驱动前沿、低碳绿色家园”的总体定位，已初步形成了电子信息通信、生物工程与新医药、汽车、装备制造四大主导产业。2011年，北京经济技术开发区获中央组织部批准建设国家级“海外高层次人才创新创业基地”后，不断加大人才工作力度，每年设立1亿元“人才发展专项资金”，支持各类人才创新创业。据统计，截至目前，北京经济技术开发区已经集聚了“海聚工程”入选者88人，占全部入选人数的14.4%。

（二）专业领域符合首都发展和条块建设需要

2011年，为全面贯彻落实《国务院关于加快培育和发展战略性新兴产业的决定》和《北京市国民经济和社会发展第十二个五年规划纲要》，根据国家确定的战略性新兴产业发展重点，立足首都产业基础，北京市按照“创新驱动、高端发展、重点跨越、引领示范”的发展方向，构建以新一代信息技术为引擎，以生物、节能环保、新材料、新能源汽车为突

① 中关村科技园区管理委员会、北京市统计局、北京市创新发展研究院：《中关村指数2014》，2014年。

破，以新能源、航空航天、高端装备制造为先导的战略性新兴产业格局，深度推进产业结构优化升级，努力建设成为具有全球影响力的科技创新中心和国家战略性新兴产业策源地。

北京市在实施“海聚工程”过程中，围绕战略性新兴产业领域发展，在信息技术、生物、节能环保、新能源、新材料等领域，重点引进了一批具备较高专业素养和丰富海外工作经验，掌握先进科学技术、了解国际政治经济、熟悉国际市场运作，具有广泛的国际联系，能够突破关键技术、发展高新产业、带动新兴学科的战略科学家、科技创新人才和产业领军人才。

据统计，截至2014年底“海聚工程”入选人才中有539人所学专业属于战略性新兴产业领域，占整体的88.1%。从事生物医药、电子信息两个专业领域的更为集中，达到250人和168人，分别占整体的40.8%和27.5%，从事节能环保、新材料、新能源和高端装备制造领域也占有较大比例。此外，还有部分“海聚工程”入选人才从事建筑规划、财务金融、文化创意等首都经济重点发展领域（见表4—3）。

表4—3 海聚人才专业领域

专业领域	数量(人)	占比(%)
生物医药	250	40.8
电子信息	168	27.5
新材料	33	5.4
光机电一体化	26	4.2
能源环境	23	3.8
节能与新能源	16	2.6
汽车研发	16	2.6
现代农业	12	2.0
财务金融	10	1.6
建筑规划	7	1.1
文化创意	6	1.0
其他领域	45	7.4

数据来源：根据北京市海外学人中心工作资料整理。

目前，北京市重点产业功能区和教育、医疗等重点建设领域已成为“海聚工程”入选人才的集聚地，其中，经中关村科技园区推荐入选183人，占整体的29.9%；经北京市教育委员会推荐入选118人，占整体的19.3%；经北京经济技术开发区推荐入选71人，占整体的11.5%；经北京市科学技术委员会推荐入选57人，占整体的9.3%；经北京市卫生和计划生育委员会推荐入选42人，占整体的6.9%（见表4—4）。

表4—4　北京市各系统、产业功能区推荐入选海聚工程人才情况

单位	数量(人)	占比(%)*
中关村科技园区	183	29.9
教委	118	19.3
经济技术开发区	71	11.5
科委	57	9.3
卫生计生委	42	6.9
国资委	39	6.4
经信委	13	2.1
金融局	9	1.5
科研院	4	0.7

数据来源：根据北京市海外学人中心工作资料整理。

*该占比指占前十批海聚工程入选人数612人的比例。

在“海聚工程”的推进过程中，北京市各区县也根据各自情况和需要，推荐了一定数量的海外高层次人才，发挥了重要承载作用（见表4—5）。

表4—5　北京市各区县推荐入选海聚人才情况

区域	数量(人)	区域	数量(人)
海淀区	35	大兴区	2
朝阳区	15	西城区	1
昌平区	7	丰台区	1
石景山区	4	通州区	1
东城区	2	平谷区	1
顺义区	2	密云县	1

数据来源：根据北京市海外学人中心工作资料整理。

（三）非公有制单位成为重要载体

各种形式的非公有制单位是社会主义市场经济的重要组成部分。随着国有经济布局调整的推进，以及国有资产管理体制改革的推进和国有企业改革的深化、财政体制向公共财政体系的转轨、对外开放的扩大和社会主义市场经济体制的不断完善，非公有制单位的地位将更加重要，将是我国经济中与公有制经济平等竞争、相互融合的成分，在促进经济增长、扩大就业和活跃市场等方面发挥了越来越重要的作用。“海聚工程”不但在一定程度上解决了国有单位在吸引、使用和留住海外高层次人才的体制缺陷，而且极大地提升了非公有制单位对海外高层次人才的吸引力。

前十批“海聚工程”入选人才分布在321个用人单位。其中，体制内单位（包括市属国有企业、高等院校、科研院所、医疗卫生机构等）有62家，占用人单位数的19.3%，共引进245名海聚人才，占前十批引进人才总量的40.0%。非公有制单位（包括海聚创业企业在内的民营企业和其他类型企业）有259家，占用人单位数的80.7%，共引进367名海聚人才，占前十批引进人才总量的60.0%。173家海聚创业企业引进海聚人才234名，占前十批引进人才总量的38.2%（见表4—6）。

表4—6 海聚人才工作单位情况

单位性质	数量(个)	占比(%)
国有企业	28	8.7
高等院校	7	2.2
医疗卫生机构	14	4.4
科研机构	12	3.7
政府部门	1	0.3
海聚创业企业	173	53.9
民营企业	86	26.8

数据来源：根据北京市海外学人中心工作资料整理。

（四）人才能力水平得到广泛认可

“海聚工程”入选人才普遍在知名高校、研究机构或知名企业担任中高层以上技术或管理职务，学术技术水平和管理能力得到业界的认同。其中，当选海内外院士的有6名（见表4—7），在海外高校、研究机构担任教授（研究员）职务的有113名，副教授职务50多名。

表4—7 海聚人才当选院士情况

姓名	工作单位	当选院士情况
邓兴旺	未名兴旺系统作物设计前沿实验室（北京）有限公司	美国科学院
王晓东	北京生命科学研究所	美国科学院
孙博华	水木智芯科技（北京）有限公司	南非科学院
李琳	北京工业大学	英国皇家工程院
邓中翰	北京中星微电子有限公司	中国工程院
程京	北京博奥生物有限公司	中国工程院

数据来源：根据北京市海外学人中心工作资料整理。

二、“海聚工程”人才来源分布特点

（一）近半数引进人才具有中国国籍

在“海聚工程”前十批引进的海外人才中，有295人具有中国国籍（包括中国香港、中国台湾），占整体的48.2%；227人具有美国国籍，占整体的37.0%；此外，加拿大籍32人、英国籍13人、德国籍12人、澳大利亚籍10人、瑞典籍6人、新加坡籍5人、日本籍3人、新西兰籍2人、芬兰籍2人、荷兰籍1人、丹麦籍1人、古巴籍1人、韩国籍1人、德国/比利时双国籍1人（见表4—8）。

表 4—8 海聚人才国籍情况

国籍	数量(人)	占比(%)
中国	295	48.2
美国	227	37.0
加拿大	32	5.2
英国	13	2.1
德国	12	2.0
澳大利亚	10	1.6
瑞典	6	1.0
新加坡	5	0.8
日本	3	0.5
新西兰	2	0.3
芬兰	2	0.3
荷兰	1	0.2
丹麦	1	0.2
古巴	1	0.2
韩国	1	0.2
德国/比利时	1	0.2

数据来源：根据北京市海外学人中心工作资料整理。

（二）三分之二的引进人才曾留学美国

2009—2010 年度，中国在美国高等教育机构中的留学生人数从 98235 人增至 127628 人，首次超过印度，成为美国大学第一大国际生源地。连续几年，中国学生一直位居留美国际学生之首。2014 年国内出国留学生中，赴美留学生占出国留学总人数的 37%，位居榜首；赴英留学生占出国留学总人数的 24%，赴加拿大留学生占出国留学总人数的 18%，分别位居第二和第三名。①

① 《2014 年留学女生比男生多 经济传媒等专业受捧》，人民网 2015 年 04 月 17 日，http：//edu. people. com. cn/n/2015/04/17/c1053 – 26859906. html。

从“海聚工程”入选人才的留学国家及地区来看，涉及国家及地区多达24个，地域分布较广。海聚人才留学美国的共有413人，占67.5%；留学英国的有43人，占7.0%；留学日本的有31人，占5.1%；留学加拿大、德国的均有27人，分别占4.4%。此外，瑞典、瑞士、澳大利亚、法国、丹麦等欧美国家也是海聚人才留学的重要国家，另外有少数在古巴、奥地利、菲律宾、南非、印度等国留学，在中国台湾和中国香港留学的共有9人，仅有2人无海外留学经历（见表4—9）。

表4—9　海聚人才留学国及地区情况

留学国及地区	数量(人)	占比(%)
美国	413	67.5
英国	43	7.0
日本	31	5.1
加拿大	27	4.4
德国	27	4.4
瑞典	11	1.8
瑞士	8	1.3
澳大利亚	8	1.3
法国	6	1.0
丹麦	5	0.8
新加坡	4	0.7
比利时	4	0.7
新西兰	2	0.3
芬兰	2	0.3
荷兰	2	0.3
印度	2	0.3
奥地利	1	0.2
以色列	1	0.2
南非	1	0.2

续表

留学国及地区	数量(人)	占比(%)
韩国	1	0.2
古巴	1	0.2
菲律宾	1	0.2
中国台湾	5	0.8
中国香港	4	0.7
无海外留学经历	2	0.3

数据来源：根据北京市海外学人中心工作资料整理。

（三）引进人才来京前多在发达国家

“海聚工程”入选人才绝大多数具有丰富的海外工作经历，来京前多在主要发达国家工作和生活。最大的来源国是美国，有428名海聚人才回国（来华）前在美国学习和工作，占70.0%；在英国的有29人，占4.7%；在日本的有28人，占4.6%；在加拿大的有23人，占3.8%；在德国的有22人，占3.6%。此外，“海聚工程”入选人才来自澳大利亚、新加坡、法国等16个国家，来自中国台湾和中国香港的各有9人（见表4—10）。

表4—10 海聚人才来源地情况

来源地	数量(人)	占比(%)
美国	428	70.0
英国	29	4.7
日本	28	4.6
加拿大	23	3.8
德国	22	3.6
澳大利亚	11	1.8
新加坡	10	1.6
法国	8	1.3

续表

来源地	数量(人)	占比(%)
瑞典	7	1.1
瑞士	6	1.0
韩国	5	0.8
比利时	4	0.7
丹麦	3	0.5
芬兰	2	0.3
爱尔兰	2	0.3
荷兰	1	0.2
新西兰	1	0.2
南非	1	0.2
古巴	1	0.2
阿联酋	1	0.2
哈萨克斯坦	1	0.2
中国台湾	9	1.5
中国香港	9	1.5

数据来源：根据北京市海外学人中心工作资料整理。

三、“海聚工程”人才年龄分布特点

“海聚工程”的入选者中以60后、70后为主，多处于施展才华的黄金年龄。根据北京市海外学人中心统计，在前10批612名“海聚工程”入选者中，1960—1969年出生的人员达297人，占整体的48.5%；1970—1979年出生的人员达180人，占整体的29.4%；两者加总数量为477人，占入选总人数的77.9%。

随着北京市“海聚工程”青年项目的不断推进，80后入选者的比重也不断增大。截至目前，1980年之后出生的“海聚工程”入选人才共有36人，占全部入选人数的5.9%（见表4—11）。

表 4—11 海聚人才出生年代分布情况

出生年份区间	数量(人)	占比(%)
1950 年之前	3	0.5
1950—1959 年	96	15.7
1960—1969 年	297	48.5
1970—1979 年	180	29.4
1980 年之后	36	5.9
合计	612	100

数据来源：根据北京市海外学人中心工作资料整理。

四、“海聚工程”人才到岗履职情况

（一）人才到岗及在岗率均超 90%，大多能够履行在京工作年限的承诺

2014 年，北京市组织开展了“海聚工程”评估工作，对前九批海聚人才进行了全面调查。前九批评价认定的 514 名海聚人才中，已有 504 名按照申报约定到岗工作，有 10 名未到岗，到岗率达 98.0%。掌握的在岗海聚人才 501 人中，全职工作类 233 人，青年项目 37 人，短期项目 58 人，外专长期项目 9 人，外专短期项目 5 人，创业类海聚人才 159 人（见表 4—12）。

表 4—12 海聚人才调查整体状况

项目	全职工作类	青年项目	短期项目	外专长期项目	外专短期项目	创业类	合计
总人数	240	39	60	9	5	161	514
到岗人数	233	38	58	9	5	161	504
掌握人数	233	37	58	9	5	159	501
在岗人数	192	36	57	9	5	153	452

数据来源：根据北京市海外学人中心工作资料整理。

前九批海聚人才目前仍在岗的人才为452人，占前九批入选总人数的90.2%；其中工作类299人，占66%，创业类153人，占34%（见图4—1）。

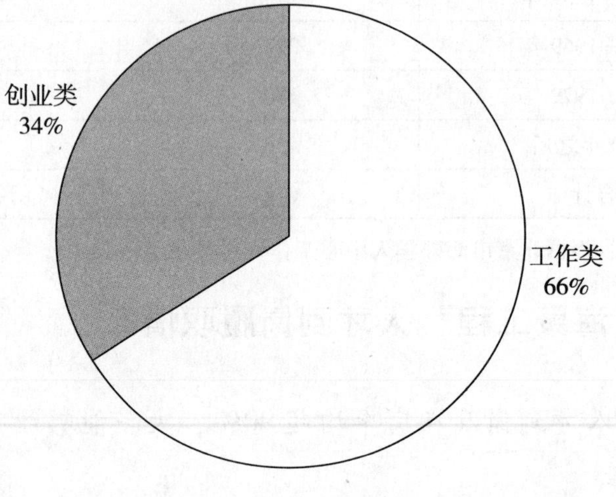

图4—1　在岗工作类和创业类还聚人才占比

数据来源：根据北京市海外学人中心工作资料整理。

调查显示，大多数海聚人才能够履行在京工作年限的承诺。截至目前，工作类海聚人才服务满3年仍在职的有64人，占在岗工作类总人数的21%；服务未满3年在职的海聚人才有235人，占在岗工作类总人数的79%（见图4—2）。

（二）人才离职率不到9%，经济技术开发区离职率偏高

在接受调查的前九批501名海聚人才中，已离职人才数为43人，占海聚人才总数的8.6%。已离职的43名人才中，全职工作类41人，青年项目1人，短期项目1人；企业外迁或创业失败的有6人，其中有3人将企业迁离北京，有3人创办的企业注销或清算。在已离职的43名工作类海聚人才中，离职率最高的为全职工作类，占全职工作类总人数的17.6%，外专长期项目与外专短期项目都没有离职人员；有18人属于服

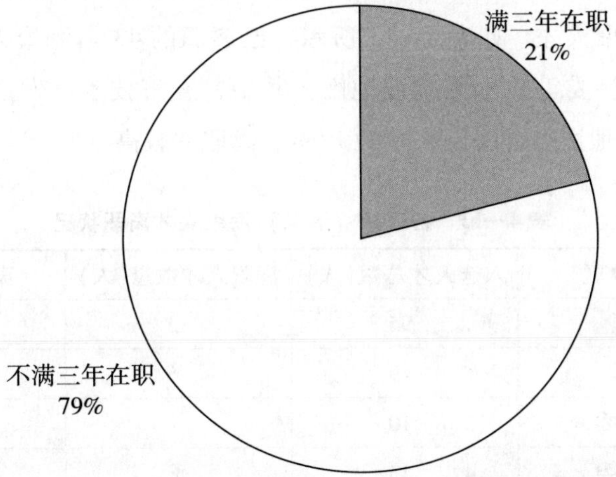

图 4—2 海聚人才履行在京工作年限承诺情况

数据来源：根据北京市海外学人中心工作资料整理。

务满 3 年后离职，占离职人数的 41.9%，其余 25 人为服务未满 3 年离职，占离职人数的 58.1%（见图 4—3）。

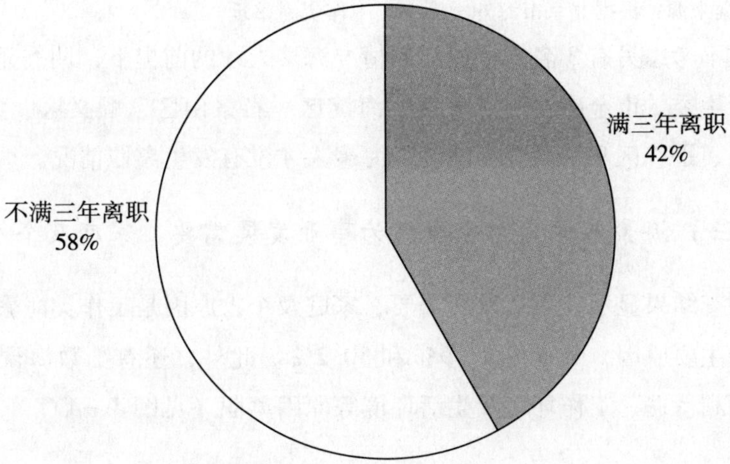

图 4—3 离职人才占海聚人才总量的比例

数据来源：根据北京市海外学人中心工作资料整理。

以海聚人才主管部门分析，前九批“海聚工程”共有18个部门或地区引进了海聚人才。如表4—13所示，已离职的43名海聚人才，分布在市教委、市科委等9个系统或地区。其中，经济技术开发区离职人员有10人，占本地区全部海聚人才的17%，离职率较高。

表4—13　各系统（区县）海聚人才离职状况

系统或地区	入选人才总数(人)	离职人才数量(人)	离职率(%)
市教委	95	2	2.1
市科委	49	6	12.2
市经信委	10	2	20.0
市国资委	33	8	24.2
中关村科技园	164	10	6.1
经济技术开发区	59	10	17.0
朝阳区	13	2	15.4
密云县	1	1	100.0
市科研院	4	2	50.0

数据来源：根据北京市海外学人中心工作资料整理。

在不考虑另有3名未掌握离职情况海聚人才的前提下，调查显示，市卫生计生委、市金融局、东城区、海淀区、石景山区、顺义区、大兴区、昌平区、平谷区9个系统或地区的海聚人才没有发生离职情况。

（三）海聚人才离职主要因为事业发展需要、家庭及个人原因

调查结果显示，事业发展需要、家庭及个人原因是工作类海聚人才离职的最主要原因，分别占41.9%和30.2%。此外，还有少数海聚人才因薪资福利待遇、工作环境及生活环境等原因离职（见图4—4）。

（四）多数离职后仍在国内工作，主要流向中央在京单位和外企

从海聚人才离职后的去向分析，除20名无法了解去向的海聚人才外，工作类海聚人才离职后，绝大多数选择继续留在国内工作。其中，海聚人

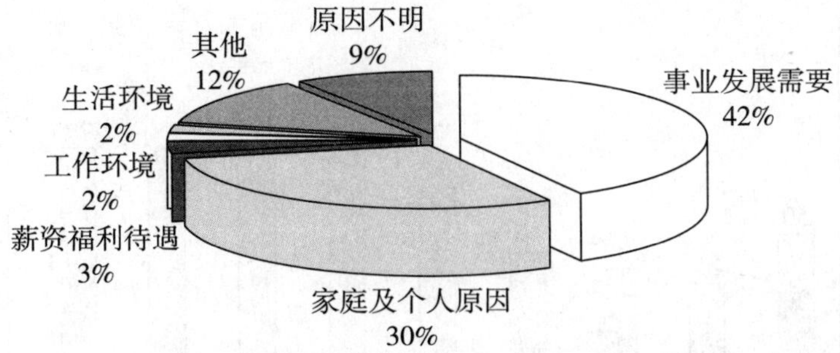

图 4—4 工作类海聚人才离职原因

数据来源：根据北京市海外学人中心工作资料整理。

才离职后留京工作的主要流向为中央在京单位和外企，有少数海聚人才则在北京市其他单位工作（见图 4—5）。

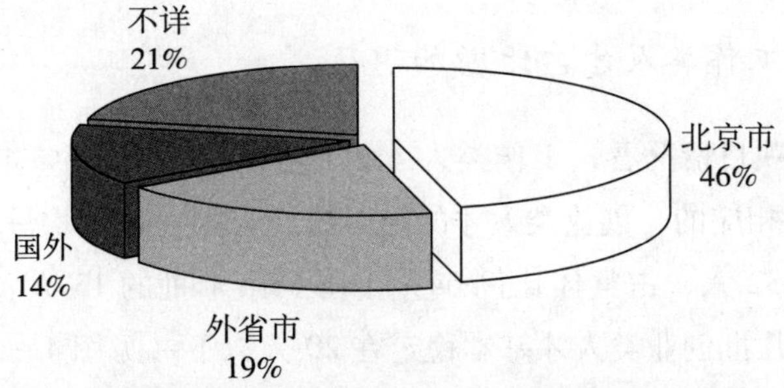

图 4—5 工作类海聚人才离职去向

数据来源：根据北京市海外学人中心工作资料整理。

第二节 “海聚工程”引进人才发展特征

（一）前十批入选人数稳步上升

从各批入选人数变化看，“海聚工程”的实施对吸引海外高层次人才产生了积极效应，第六批至第九批每批入选人数稳定在 70 人左右，第十批接近 98 人，入选人数整体上呈上升趋势（见图 4—6）。

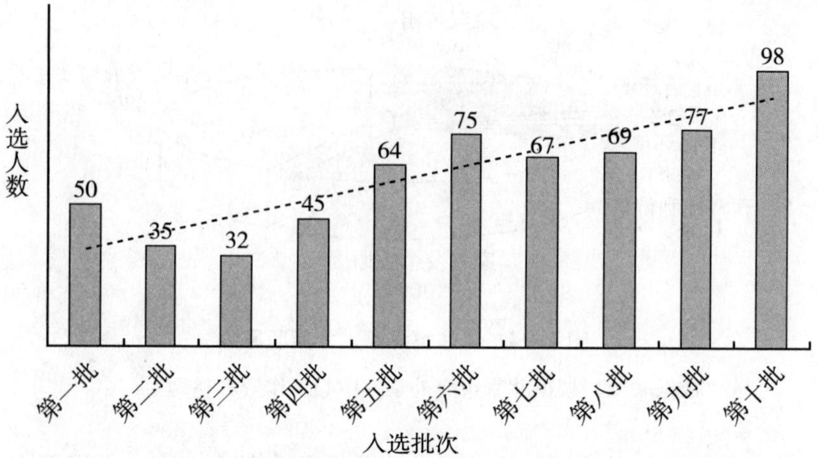

图 4—6　北京市“海聚工程”各批入选人数

数据来源：根据北京市海外学人中心工作资料整理。

（二）工作类人才占比增加明显

从入选项目情况看，工作类人才占比从第一批的 36% 增加到第十批的 86.7%。相应的，创业类人才的绝对数量与相对比重均呈现下降趋势，从第一批的 32 人、占整体比例 64% 下降到第十批的 13 人、占整体比例 13.3%；近几批创业类人才基本稳定在 20 人以下（见图 4—7）。

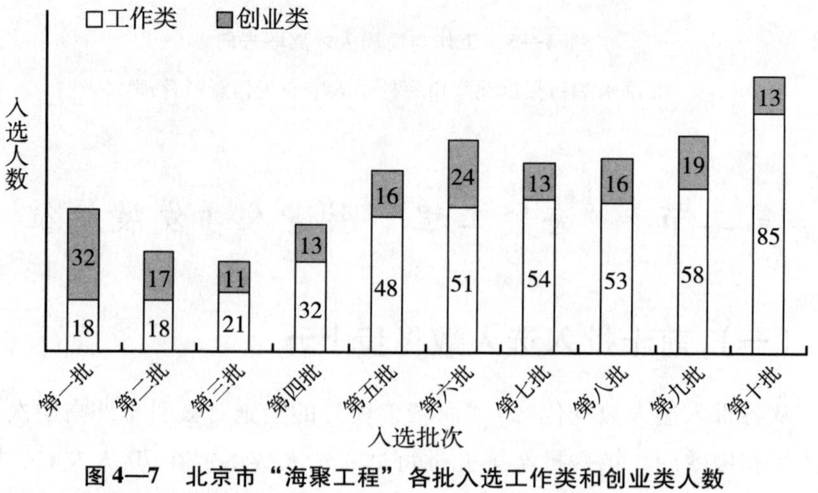

图 4—7　北京市“海聚工程”各批入选工作类和创业类人数

数据来源：根据北京市海外学人中心工作资料整理。

(三) 入选人才呈现出年轻化趋势

从入选时年龄看，海聚人才入选时的平均年龄为 44. 6 岁，各批平均年龄在 42. 5—48. 2 岁之间，考虑到第五批开始启动青年项目的影响，可看出平均年龄存在一定幅度的波动。整体上，海聚入选人才平均年龄呈现出下降趋势，换言之，海聚人才逐渐年轻化（见图 4—8）。

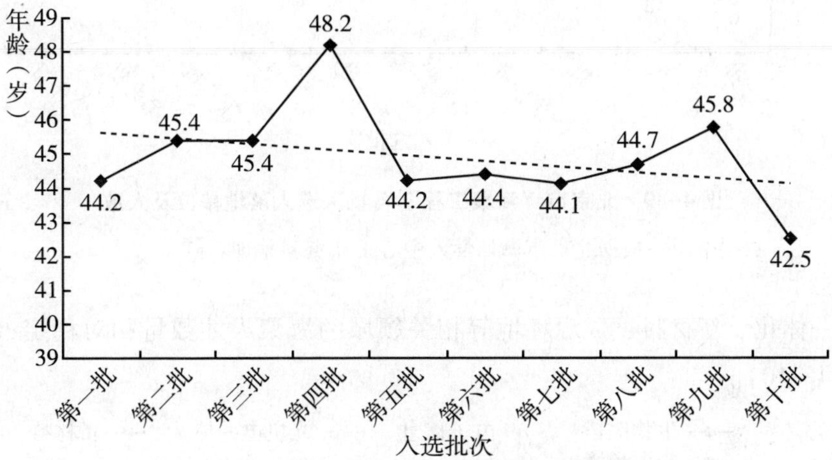

图 4—8 北京市“海聚工程”各批入选人平均年龄

数据来源：根据北京市海外学人中心工作资料整理。

(四) 体制内单位吸引力持续提高

从入选人才落地单位性质看，随着“海聚工程”深入推进和体制内单位加大对海外人才引进工作力度，市属国有企业、高等院校、科研院所、医疗卫生机构等体制内单位，对海外高层次人才的吸引力稳步增长，近五批“海聚工程”体制内单位入选人数均在 30 人以上。(见图 4—9)。

(五) 生物医药领域人才大幅增多

从专业领域看，生物医药相关领域的海聚人才数量逐步增加，六年内翻了一番多；电子信息相关领域的海聚人才数量在波动中有所增加，光机

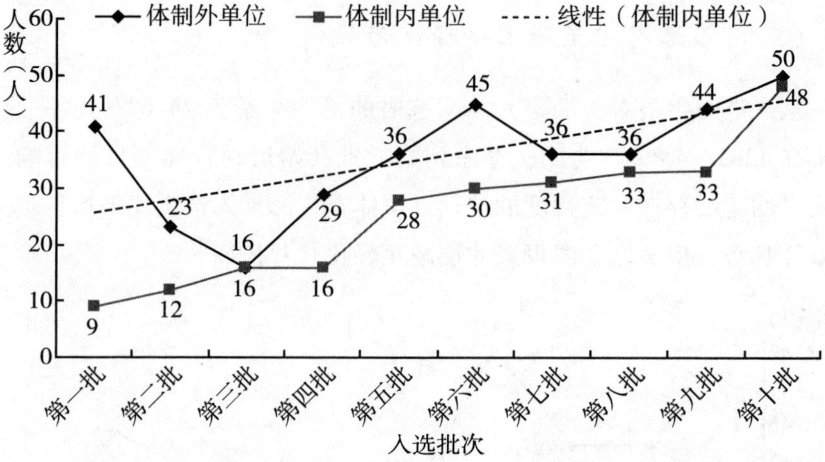

图 4—9　北京市“海聚工程”各批入选人落地单位及人数

数据来源：根据北京市海外学人中心工作资料整理。

电一体化、新材料、资源环境等相关领域的海聚人才数量相对稳定（见图 4—10）。

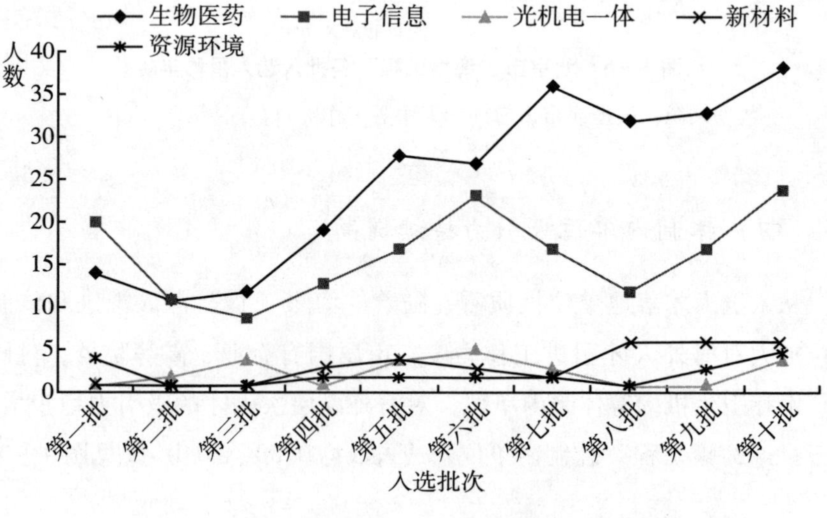

图 4—10　北京市“海聚工程”各批入选人专业领域及人数

数据来源：根据北京市海外学人中心工作资料整理。

第五章
“海聚工程”实施成效

“海聚工程”实施以来，北京市不断健全工作机制、完善政策措施、搭建事业平台、提升服务水平，着力营造良好的发展环境，加速高端人才聚集，促进北京市在短时间内聚集了一批海外高层次人才。这些引进的海外人才，在突破关键技术、引领新兴学科、带动新兴产业方面付出了极大的努力，作出了积极的贡献。他们取得了一批标志性的科技创新成果，攻克了一批提升产业发展的重大关键技术，推动了一批高新技术企业的发展壮大，培育和发展了战略性新兴产业，推动了北京区域经济转型升级。

第一节　人才聚集见成效

“海聚工程”引进的人才对北京市经济、社会的发展效应正在显现出来。对于国有单位来说，引进的高层次人才为本单位注入了新鲜的血液，不同教育背景和经历的冲击为引才单位带来了新的生机和活力。而对非公有制企业来说，“海聚工程”则为其打破了引才障碍，使用人单位与高层次人才能实现很好的对接。

一、创新国有单位用人机制，提升人才向心力

国有经济作为北京市社会经济的支柱和技术创新的主力军，其技术创新的能力和水平直接影响着北京建设全国科技创新中心的进程，因此，切实提升市属国有单位技术创新能力已成为首都建设全国科技创新中心的重要任务。人才是技术创新的决定性因素，如何发挥人才的聚集效应，对市属单位的快速发展至关重要。要夺得竞争的先机，必须达到同行业的领先

水平，必须依靠高层次人才特别是海外高层次人才不断带来新思维、新观念、新理论、新经验、新技术、新工艺等等。

“海聚工程”的实施，在一定程度上打破了市属单位传统的用人观念，创新了人才引进机制，坚持“不求所有、但求所用”的用人理念，鼓励市属单位采取项目合作、技术入股、聘请专家等多种方式积极引进海外高层次人才和紧缺人才。“海聚工程”实施以来，市属优势行业和重点单位备受海外高层次人才的青睐，成为吸纳海外高层次人才的主阵地，人才集聚效应明显，为北京经济社会的全面发展创造了积极的条件。北京工业大学、北京生命科学研究所、首都医科大学、首都师范大学、首都医科大学宣武医院、首都医科大学附属北京同仁医院、北京汽车股份有限公司、京东方科技集团股份有限公司、北汽福田汽车股份有限公司、北京北方微电子基地设备工艺研究中心有限责任公司等10家单位，占总单位数（前十批有321家单位引进海聚人才）的3%，引进海聚人才总数达到161人，占海聚人才入选总数的26%（见表5—1）。

表5—1　北京市属单位海聚人才分布情况

序号	单位名称	入选人数(人)
1	北京工业大学	57
2	北京生命科学研究所	24
3	首都医科大学	21
4	首都师范大学	12
5	首都医科大学宣武医院	10
6	首都医科大学附属北京同仁医院	10
7	北京汽车股份有限公司	9
8	京东方科技集团股份有限公司	7
9	北汽福田汽车股份有限公司	6
10	北京北方微电子基地设备工艺研究中心有限责任公司	5

数据来源：根据北京市海外学人中心工作资料整理。

海外高层次人才的集聚已产生了积极效应，为用人单位构筑了强大的人才和科技竞争优势，极大提升了市属重点单位的学科建设、科研创新、产品研发、成果转化的能力水平，缩短了与先进国家的差距。如北京工业大学是北京市“海聚工程”入选人员最多的单位，海聚人才带来了国外最先进的科研和教学经验。借助“海聚工程”，北京工业大学的教学水平和科研能力得到了实质性提升，为首都创新发展提供了强大的推动力。几年来，北京工业大学的海聚人才累计发表三大检索（科学引文索引、工程索引、科技会议录索引）收录水平的学术论文160余篇，出版学术著作5部；承担国家级项目18项，省部级项目10余项，课题（项目）到校科研经费1500余万元；指导硕士生、博士生、博士后研究人员近百人。其中，激光工程研究院王璞教授带领团队，在国际上首次发表了碳化硅外延石墨烯及氧化石墨烯被动锁模光纤激光器等先进科研成果；环境与能源工程学院汪夏燕教授首次提出运用流体动力色谱法获得DNA在二维受限的微纳毛细管通道内的运动数据，为“芯片实验室”研究发展提供了重要依据，其论文在全球化学领域中权威学术杂志——《美国化学会志》上发表，实现了北京工业大学在该杂志上作为第一发表单位发表论文零的突破。

二、打破非公有制企业引才障碍，增强人才吸引力

“海聚工程”不但促进了国有单位吸引、使用和留住海外高层次人才，而且极大地提升了非公有制企业对海外高层次人才的吸引力。从近年来的工作实践看来，北京市迫切需求海外高层次人才的企业全部属于技术密集型、知识密集型的高新技术企业。高新技术企业的知识型人才代表了高新科技企业拥有的专门知识、智能和技术的总和，是企业拥有创造性和独占性优势的基础，企业间的核心竞争已从对物质资本的竞争演化为对人力资源的竞争。

“海聚工程”从政策层面解决了非公有制经济引进海外高层次人才面临的各类问题。“两个办法”从海外人才事业发展和生活待遇两方面入手，制定了一系列优惠政策，涉及政府奖励、税收优惠、专利补贴、工作条件和平台支持、薪酬待遇、出入境、户口、医疗、社会保险、购房、配偶工作和子女入学等诸多方面。将各类非公有制企业作为北京市重要的引

才平台给予支持，提升了非公有制企业对高层次人才的吸引力。目前，北京市 6 家创新型非公有制企业，引进海聚人才都超过 5 名，引进海聚人才总数达到 51 人。

表 5—2　非公有制企业海聚人才集中情况

序号	单位名称	入选人数(人)
1	康龙化成(北京)新药技术有限公司	20
2	百度在线网络技术(北京)有限公司	8
3	北京蛋白质组研究中心	6
4	百济神州(北京)生物科技有限公司	6
5	北京大北农科技集团股份有限公司	6
6	北京赛林泰医药技术有限公司	5

数据来源：根据北京市海外学人中心工作资料整理。

集中的人才资源，为北京市非公有制经济构筑了强大的竞争优势，不仅提升了企业的市场竞争力，使其在日趋激烈的竞争中获得主动权，而且积极地推动了地区经济跨越式发展。如楼柏良博士创立的康龙化成（北京）新药技术有限公司已吸引汇聚了 100 余位海外专家，员工中博士、硕士比例超过 50%，建成了国际顶尖的科研管理团队。截至 2015 年，该公司已有 2 人入选国家“千人计划”，20 人入选北京市“海聚工程”。在海外高层次人才的带动下，公司已发展成为国内医药研发合同外包服务（CRO）行业北方地区规模最大的药物研发服务机构，研发领域涵盖新药研发临床前的各个环节，是我国目前为止唯一一家拥有从药物发现到可同时在美国食品药品管理局（FDA）和欧洲药品管理局（EMEA）备案的临床前医药研发企业，也是我国第一家拥有符合欧美药品非临床研究质量管理规范（GLP）临床前毒理学服务能力的 CRO 企业。企业的经济效益显著提高，年销售收入和利润连年快速增长，2013 年已分别达到 5. 9 亿元和 3200 万元。在京津冀协同发展这一机遇下，公司计划在天津空港经济区建设新药中试基地，投资总额 10 亿元，投产后人员规模将达 2000 人，产值将达 20 亿元。

第二节　关键技术大突破

“海聚工程”引进的人才均为在某些领域具有特殊才能的高层次人才，他们的加入提升了北京市的科技水平、学术水平和学术影响力，研发出了诸多达到国际水平的科研成果，发表科研论文的数量也在稳步增长。这无疑对北京市战略新兴产业的发展起到了很大的带动和促进作用，为实现关键技术的突破提供了智力支持。

一、重大项目课题成果突出

“海聚工程”入选人才根据国家和北京市战略新兴产业发展重大需求，围绕各级重大科技项目和重大创新工程，积极参与并组织开展技术攻关，突破了一批关键核心技术并得到应用示范，推动了北京市产业结构调整和转型升级。截至 2013 年年底，海聚人才共承担国家级项目课题 481 项，承担省部级项目 466 项，项目总金额数达 126. 24 亿元。表 5—3 是海聚人才承担国家级项目排名前 11 位的有关情况。

表 5—3　海聚人才承担国家级项目排名前 11 位名单

序号	姓名	工作单位	项目数量(个)
1	程京	博奥生物集团有限公司	47
2	李彦宏	百度在线网络技术(北京)有限公司	20
3	谢良志	神州细胞工程有限公司	15
4	徐平	北京蛋白质组研究中心	12
5	关鸿亮	北京天下图数据技术有限公司	10
6	邓中翰	北京中星微电子有限公司	8
7	余平	精进电动科技(北京)有限公司	8
8	杜杰	北京市心肺血管疾病研究所	7
9	罗敏敏	北京生命科学研究所	7
10	韩永飞	北京密安网络技术股份有限公司	7
11	黎志良	中美奥达生物技术(北京)有限公司	7

数据来源：根据北京市海外学人中心工作资料整理。

博奥生物集团有限公司暨生物芯片北京国家工程研究中心负责人程京院士，回国后在芯片设计原理、制作工艺、芯片实验室系统集成和配套仪器方面做了系统和深入的创新性研究，并针对基础和临床医学所需，开发出系列新技术和产品。近年来，程京累计承担国家级课题47项、省部级课题27项，项目总金额数达2.8亿元，先后获得10余项国家级奖励；获国内外发明专利84项；主持获批医疗器械注册证38项，欧盟CE认证证书27个；获批临床诊断类生物芯片行业标准6项、国家标准5项。目前，博奥生物已经研制开发出生物芯片及相关仪器设备、试剂耗材、软件数据库等四个系列的上百项有自主知识产权的产品，商业转化率近60%，其产品和服务出口北美、欧洲、中东等20余个国家和地区，其生产的诊断用生物芯片产品已进入英国、德国、瑞典、日本等国家的数百家医院。

另一个典型代表是北京北方微电子基地设备工艺研究中心有限责任公司副总裁、PVD装备事业部总经理丁培军。我国是全球LED装备市场增长最快的地区之一，但在这一领域高端国产工艺设备所占市场份额几乎为零，市场上采用的都是进口设备，一台设备少说也得几十亿甚至上百亿元。而PVD（Physical Vapor Deposition，物理气相沉积）设备是集成电路生产线互连工序的核心设备，该设备的成功研发直接关系到我国集成电路关键设备的技术和应用水平。丁培军担任国家“十一五”和“十二五”的02科技重大专项PVD项目的总工程师，承担的“65－45nmPVD设备研发”项目顺利通过了国家科技重大专项专家组的验收。项目在溅射源、等离子产生与控制、腔室设计与仿真模拟、软件算法和控制等多个关键技术领域取得了重大突破，实现了我国高端PVD设备研制领域零的突破，为我国高端PVD设备的产业化与集成电路制造装备技术的可持续性发展打下了坚实的基础，并将带动我国集成电路装备制造业、关键零部件配套行业乃至整个集成电路行业的发展，拉动我国相关科研技术水平的提升。

二、科研学术论文量多质优

“海聚工程”的实施带动了北京市科研领域投入持续增长，科研工作发展迅猛，海聚人才在京取得了一系列达到国际水平的科研成果，发表科研论文的数量在稳步增长，在国内外的学术影响力持续提升，首都的学术水平和整体质量得到了国内学术界的关注和认同。据调查统计，截至2013年年底，工作类海聚人才来京后共发表科研论文1784篇，其中，科学引文索引（SCI）收录1280篇，工程索引（EI）收录201篇，科技会议索引（ISTP）收录39篇，科学评论索引（ISR）收录8篇。

从调查的300位海聚人才来看，其中有47.3%的海聚人才没有发表科研论文，32.0%的海聚人才发表1—5篇科研论文，9.3%的海聚人才发表6—10篇科研论文；发表论文为11—20篇和20篇以上的海聚人才均为5.7%（见图5—1）。

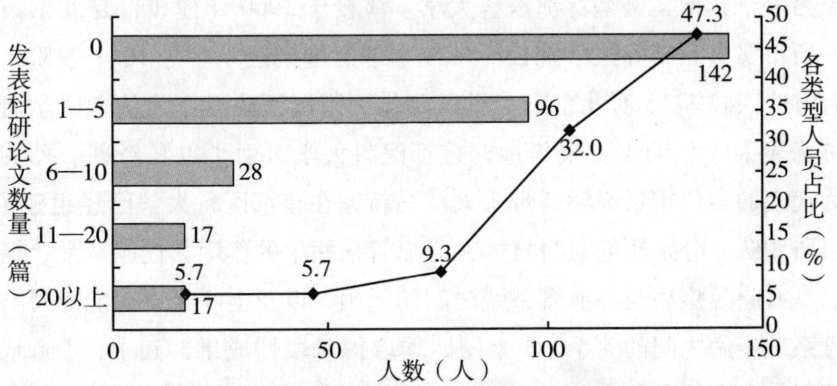

图5—1　海聚人才发表科研论文情况

数据来源：根据北京市海外学人中心工作资料整理。

北京生命科学研究所是其中的典型代表，近年来，发表在《自然》（*Nature*）、《科学》（*Science*）和《细胞》（*Cell*）等国际权威杂志上的论文数量和影响因子均居国内首位。生命所的20名海聚人才来京后，共发表科研论文233篇，SCI收录230篇，收录率高达98.7%。其中，邵峰在病原菌致病感染以及宿主天然免疫防御机制研究中，取得一系列原创性研究成果，包括鉴定出多个病原菌毒力蛋白具有全新酶学活性，并发现多个抗细菌天然免疫的重要受体分子，这些系统性原创发现为新型抗感染药物和疫苗的开发提供了新的思路，并奠定了坚实的理论基础。邵峰所领导的团队已在病原菌宿主相互作用领域占据国际前沿位置，发表论文近50篇，其中在《细胞》《自然》《科学》上发表10篇，总引用近3500次。2013年，邵峰获得了国际蛋白质学会颁发的青年科学家奖，成为首位获得此项殊荣的中国本土科学家。高绍荣在体细胞重编程的表观遗传机制和诱导多能干细胞的多能性研究中取得重要进展，在国际上首次报道了诱导多能干细胞（IPS）小鼠的成果，被美国《时代周刊》（TIME）评为2009年世界十大医学突破之一。近一年来，高绍荣在体细胞重编程的表观遗传机制方面取得重要进展，有两篇研究论文发表在国际干细胞权威杂志《细胞干细胞》（*Cell Stem Cell*）上，产生了较大影响。

另一个典型案例是首都医科大学。该校于1960年建校，是北京市唯一一所市属重点高等医学院校。学校本部有基础医学院等10个学院，临床有宣武医院等15所北京市三甲医院作为附属医院。作为从事医学研究的“海聚人才”的主要聚集地，首都医科大学吸引了以马新亮、孙英教授为代表的多位重量级学科带头人。马新亮在首都医科大学已经组建了3个科研团队，分别研究自身抗体在心血管疾病中的作用，代谢紊乱、糖尿病、高血脂等疾病与心血管系统之间的干预，以及上呼吸道功能障碍与心血管系统疾病之间的关系。3个团队均取得阶段性成果，其中，“睡眠呼吸障碍与心血管系统之间的关系”科研课题已得到国家科技部和北京市科委立项，资助总经费为800万元人民币。在马新亮的努力下，首都医科大学心血管研究团队已日渐成型。孙英实验室已经有15位科研人员，包括4位教师和11名学生；已发表高水平影响因子科研论文4篇，核心期刊2篇，共获得13项科研基金。

第三节　科技创新迎高峰

知识经济时代，创新成为促进经济发展的重要因素。“海聚工程”引进人才带动了企业注重技术创新、发明创造，同时也带动了社会对知识产权保护的重视，使民众保护知识产权的意识得到较大提升。

一、提升知识产权优势

当今世界正进入创新集聚爆发和新兴产业加速成长时期，衡量一个国家、地区、企业的创新能力，知识产权特别是发明专利的数量和质量是重要的评价指标之一。获得更多知识产权、拥有更多发明专利，对提升综合国力和核心竞争力的决定性意义更加突出。我国加快转变经济发展方式，就必须从过去的要素驱动转变为创新驱动，而发明专利的增长对加快转变经济发展方式具有重要的推动作用。从发达国家的经验看，谁拥有的发明专利越多，谁参与制定的标准就越多，市场竞争力也就越强。发明专利的创造、运用在提升自主创新能力、促进产业结构调整和加快转变经济发展方式过程中发挥着关键作用。对于一个企业而言，拥有更多发明专利，意味着掌握了更多关键技术、抢占了市场先机。对于一个地方、一个城市而言，拥有更多的发明专利，就标志着拥有更强的区域创新能力，就标志着在调整产业结构、加快转变经济发展方式中拥有更大的主动权。

随着“海聚工程”的实施，海聚人才带来了创新热情和创造活力，在前沿技术方面取得了一批标志性成果，提高了北京市高新技术领域的自主创新能力。截至2013年年底，152家“海聚工程”创业企业共申请发明专利6151项，平均每个企业申请发明专利40.47项；已授权发明专利2136项，平均每个企业拥有发明专利14.05项；共取得软件著作权1177项，平均每个企业取得7.74项（见图5—2）。①

创业类海聚人才的典型代表——北京创毅视讯科技有限公司CEO张辉，在2006年公司成立之初，牵头引领了CMMB芯片的产业化，为2008年北京奥运会的数字奥运开展移动多媒体传播打下了良好基础，开创了手持电视服务奥运的先河。近年来，公司顺应市场需求，不断创新研发，推出3个系列10余款芯片产品，已授权发明专利234项，带动了CMMB终端市场的蓬勃兴起。2009年，随着TD + CMMB合作推广，创

① 崔巍微、马雨桐：《聚海归逐梦 助首都扬帆——海外学人助力首都科技创新中心建设纪实》，《人民日报》2014年12月24日。

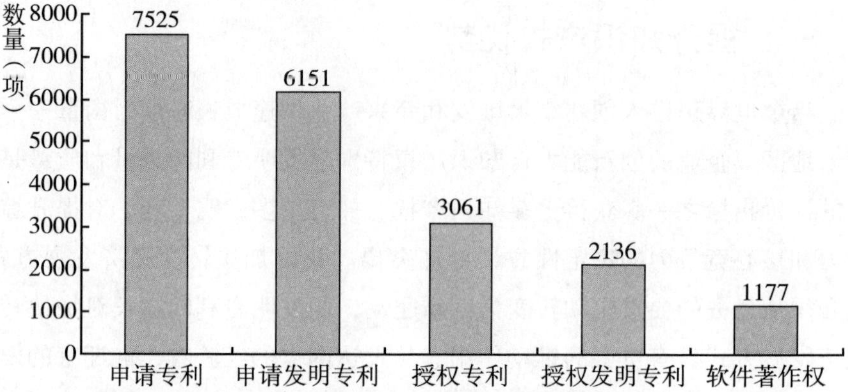

图 5—2　创业类海聚人才拥有自主知识产权情况

数据来源：根据北京市海外学人中心工作资料整理。

毅视讯第一时间跟进，率先推出了 IF208/308 系列芯片，比其他竞争对手整整提前了 2—3 个月；2010 年，创毅视讯推出新一代 CMMB 芯片，具有超低成本、尺寸和功耗等特质，继续保持在 CMMB 上的领先地位。同时，创毅视讯在 TD-LTE 芯片及测试设备、移动互联网处理平台芯片上也取得了一定的成绩。

在推动科技创新方面，工作类海聚人才也发挥了积极作用。他们利用自身科技优势，带动高新技术的消化吸收和再创新，提升产品的核心竞争力。2009 年加入北京七星华创电子股份有限公司的吴仪，确立了研发中心清洗机发展战略以及未来五年产品的发展方向和发展重点，分阶段对技术团队进行集成电路晶片制造工艺的培训和团队技能培养，建设了一支具有国内最好水平、掌握世界先进清洗设备的设计方法、有创新能力的年轻队伍，为建立自主知识产权、提高自主开发创新水平和企业核心竞争力打下了坚实基础。吴仪加盟七星华创不到 5 年时间，带领团队完成 81 项专利和 37 项软件著作权的申请，其中，专利授权 9 项、软件授权 34 项，其本人作为第一、第二人称的专利申请数为 28 项。

另一名工作类海聚人才的典型代表就是京东方科技集团股份有限公司的刘则。他带领团队成功开发出了 17 英寸 Oxide－OLED 样机，是全球首款融合了氧化物 TFT 背板技术和喷墨打印技术的大尺寸 AMOLED 显示屏。

在17英寸Oxide-PLED样机开发的过程中生成专利14项，同时此项目也获得了京东方集团2012年度优秀技术研发项目一等奖。AMOLED作为半导体显示的一种，具有广泛的市场空间和应用前景，而大尺寸AMOLED技术和产品的研发是该显示技术发展的关键突破点。17英寸Oxide-OLED样机的研发成功，无疑将极大地推动AMOLED新型半导体显示的市场化进程，大大缩短了同国外先进厂商的技术差距。

二、助推行业技术革新

技术革新是企业持续发展的生命线和提升企业国际竞争力的关键要素，企业只有具备强大的技术创新能力，才能在激烈的市场竞争中获得优势，赶超甚至领先国际先进技术水平，并最终实现行业整体竞争力的提升。特别是对我国而言，传统产业依然在我国工业经济中占据主要优势，提供了大量的就业机会。随着经济发展步入新常态，我国将更加重视发展高新技术产业，以高新技术的快速发展逐步实现对传统产业的改造和升级。要实现传统产业成功转型升级，只有通过不断的技术革新进行脱胎换骨的技术改造，用高新技术改造和提升传统产业，增加产品科技含量，提高产品附加值和竞争力，为传统产业注入新的生机和活力，促进我国经济的可持续发展和人民可支配收入的持续提高。

伴随着“海聚工程”的深入实施，部分“海聚工程”创业企业已成为各细分行业的领导者，开发的产品项目填补了技术空白，在一定程度上推动了产业的发展升级。俞振华创办的北京睿能世纪科技有限公司，是国内第一家为电网提供储能系统解决方案的企业，设计并研发出针对火电机组的先进储能产品联合调频的方案，通过在电网或者火电配置储能系统，区域电网公司能够获得可以快速响应电力调频AGC指令的调频资源，更迅速、精确地满足区域控制偏差的调节要求，显著减少对传统机组的依赖，提高一次能源的使用效率、降低机组的疲劳磨损、降低故障等。2013年年底，公司创办的北京石景山热电厂2兆瓦锂离子电池储能电力调频系统挂网运行，是我国第一个以提供电网调频服务为主要目的的兆瓦级储能系统示范项目。该系统投入运行后，各项性能指标优良，机组与储能系统配合效果良好，自动发电控制（AGC）性能指标大幅度提高，3号机组自动发电控制调节性能在华北电网名列前茅。储能技术在火力发电AGC调频的成功应用推广将为提高电网电能质量、电网频率及联络线功率管理水平、改善电网对可再生能源的接纳能力作出贡献。同时，也将为国内发电集团火力发电厂实现利润增长、减低机组磨损、提高燃煤利用率作出贡献。

梅海创办的盎亿泰地质微生物技术（北京）有限公司，将微生物技术与地球化学技术相结合，在国内率先开发出微生物地球化学烃检测技术。盎亿泰与中石油、中海油、中石化及国土资源部合作，首次将国际前沿的油气微生物勘探技术应用于我国陆上海域油气与天然气水合物勘探，填补了国内空白。率先倡导并实践“4G”（地质学、地球物理学、地球化学和地质微生物学）综合勘探模式，研发新一代分子生物学微生物勘探技术，进军天然气水合物、页岩气微生物勘探技术研发与矿场实验，其技术处于国际领先水平。2012年起，为“海洋石油981”钻井平台开展勘探服务，在南海西部陵水区块布设了微生物勘探工作，为“海洋石油981”钻井平台成功发现大气田提出了科学依据，见证了我国海域自主深水勘探的第一个重大油气发现这一历史事件。

第五批“海聚工程”特聘专家陈伟刚，曾任北汽股份汽车研究院专业总工程师，身兼碰撞安全总工程师和新车型平台总监两职，不仅带领碰撞安全团队进行北汽所有自主品牌乘用车的碰撞安全性能开发，完成了C30D/C31D、B40V、C50E、C60F、C61X、C70G、C80K、B80V等项目在不同开发阶段的碰撞安全性能开发任务，还负责北汽三个新车型所有涉及领域的开发工作，实现了北汽自主品牌五星安全的突破。中国新车安全碰撞评价2013年度第二批测试结果显示，北汽研发的首款中高端轿车绅宝，在碰撞试验中以56.1分的高分获得了5星评价；总得分名列前茅，与东风日产天籁、华晨宝马等合资品牌高端车型的碰撞成绩接近。

第四节　企业发展获助力

“海聚工程”实施6年多来，海聚企业持续快速发展，在突破关键技术、引领新兴学科、带动新兴产业方面作出了卓有成效的努力和贡献，已培育出恒泰艾普、康龙化成、天下图、互动在线、阳光谷地等一批效益良好、知名度较高，在行业内具有明显竞争优势的龙头企业。

2013 年 12 月，北京市海外学人联席会办公室组织开展了“海聚工程”调查评估工作，其中，重点对入选北京市海外高层次人才创业企业 2013 年度发展状况进行了问卷调查，调查内容主要包括经营业绩、人员结构、创新能力、承担项目、产品进展、企业融资、问题建议等方面。调查采取实名制问卷，对象为入选“海聚工程”前九批的海外高层次人才创业企业（以下简称“海聚企业”）。

北京市前九批累计认定创业类海聚人才 161 名，其中，有 3 人将企业迁离北京，有 3 人创办的企业注销或清算，其余 155 名海聚人才创办的企业处于正常经营状态，截至 2014 年 6 月，本次调查掌握了其中 153 家海聚企业研发及经营情况。

为真实反映“海聚工程”实施以来，北京市新入选的海聚企业研发、经营、生产和发展状况，调查分析过程中，未将其中 7 名“千人计划”溯及既往入选人才纳入报告（见表 5—4），主要考虑到溯及既往企业往往成立时间较早，与新入选企业处在不同发展阶段，此外，溯及既往企业一部分为投资公司，各项经营数据与科技类公司的可比性较差。通过此举力求最大程度地降低企业各类数据的失真现象，如实展现海聚企业整体状况、取得成绩、面临问题与意见建议。

表 5—4　“千人计划”溯及既往入选人才一览表

序号	姓名	创办企业名称	千人计划批次	海聚工程批次
1	李彦宏	百度在线网络技术(北京)有限公司	第四批	第四批
2	叶东	北京青云创业投资管理有限公司	第七批	第六批
3	邓锋	北极光投资顾问(北京)有限公司	第七批	第六批
4	伍伸俊	北京世纪金沙江创业投资管理有限公司	第七批	第六批

续表

序号	姓名	创办企业名称	千人计划批次	海聚工程批次
5	阎焱	北京软银赛富投资顾问有限公司	第七批	第六批
6	赵令欢	弘毅投资(北京)有限公司	第七批	第六批
7	邓中翰	北京中星微电子有限公司	第七批	第六批

以下分析主要基于对147份海聚企业调查表的汇总资料和统计分析。

一、企业规模持续扩张

“海聚工程”人才的引进，最直接的影响就是带动了企业在注册资本、经营场所和员工规模等硬件方面的大发展。

首先，企业注册资本大幅提高，企业质量整体上升。剔除2家未填写注册资本的企业，据北京海外学人，前九批海聚企业平均注册资本为2974.2万元。注册资本在1000万元以上的有63家，占总体的43.5%，比前八批（占40.7%）增长2.8个百分点；注册资本过亿元的企业增幅最大，从前八批的占比3.4%，到前九批的占比6.9%，增幅超过1倍，反映出海聚企业比较明显的快速扩张态势（见图5—3）。

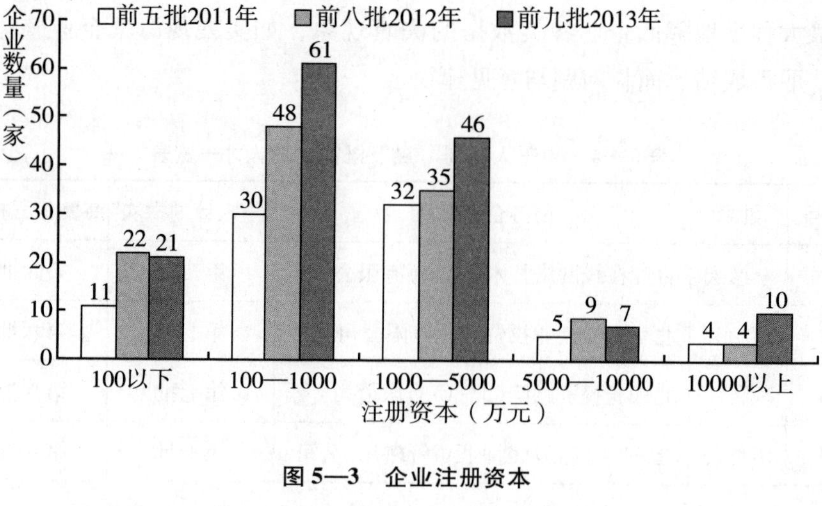

图5—3 企业注册资本

数据来源：根据北京市海外学人中心工作资料整理。

其次，企业生产经营场地普遍较大。剔除1家未填写场地面积的企业，海聚企业自有或租用场地面积多数较大，前九批海聚企业经营面积在500平方米以上的企业达到91家，占62.3%；相比较前八批海聚企业，经营面积在2000—5000平方米的企业增幅最快，从前八批占比11.1%，增长到前九批占比14.4%。其中，楼柏良博士创办的康龙化成（北京）新药技术有限公司经营面积近10万平方米（见图5—4）。

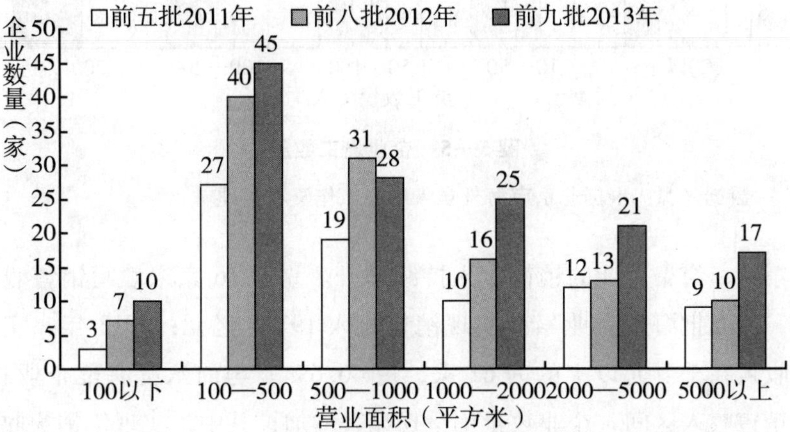

图5—4 企业经营面积

数据来源：根据北京市海外学人中心工作资料整理。

最后，企业员工规模增长较快。由于多为技术密集型企业，不同于传统劳动密集型企业，海聚企业员工数量普遍较少。前九批海聚企业员工人数为50人以下的企业达到82家，占55.8%。另一方面，与前八批海聚企业相比较，员工在200人以上企业数量增幅较快，从前八批占比8.4%，增长到前九批占比14.3%。楼柏良创办的康龙化成（北京）新药技术有限公司已发展成为千人以上规模企业（见图5—5）。

二、企业经营态势良好

海聚企业的人才优势使其在经营方面也有着独特的优势，表现出良好的发展势头。

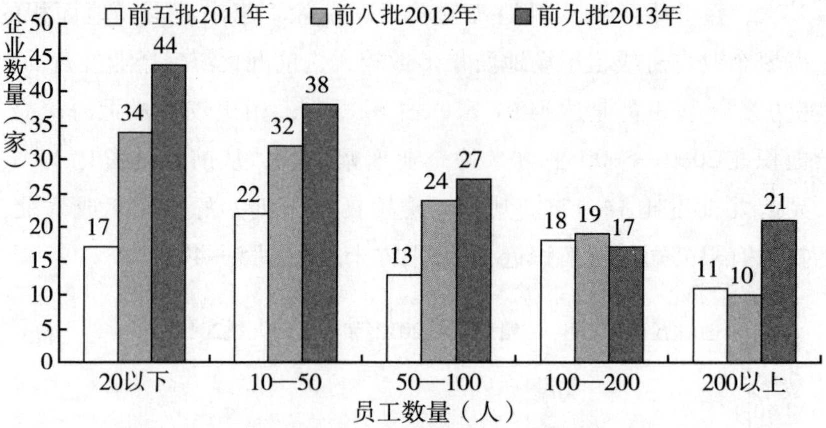

图 5—5 企业员工数量

数据来源：根据北京市海外学人中心工作资料整理。

第一，海聚企业的销售收入持续攀升。剔除 16 家未填写销售收入的企业，前九批海聚企业累计实现销售收入 193.4 亿元；2013 年，实现年销售收入在千万元以上的为 61 家，占 46.6%。与前八批海聚企业相比，在各销售收入区间，企业数量均呈现显著增加，其中，实现年销售收入在 1000 万—5000 万元的企业增幅最快，从前八批占比 25.0%，增长到前九批占比 27.5%（见图 5—6）。

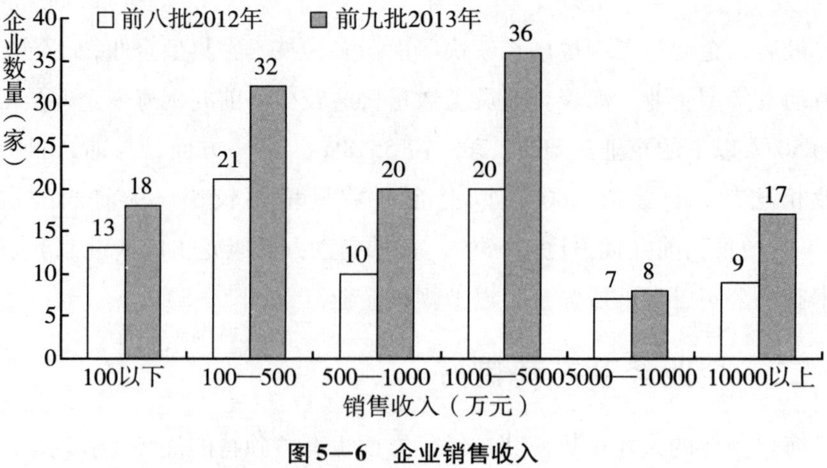

图 5—6 企业销售收入

数据来源：根据北京市海外学人中心工作资料整理。

第二，海聚企业的税收贡献不断增加。剔除21家未填写上缴税金情况的企业，前九批海聚企业2013年合计上缴税金3.7亿元；上缴税金在100万元以上的有50家企业，占39.7%，相比前八批海聚企业有一定增加，年缴税额在500万—1000万元的企业，从前八批的占比1.0%，增长到前九批的占比5.6%。孙庚文创办的恒泰艾普石油天然气技术服务股份有限公司2013年度上缴税金超过5000万元（见图5—7）。

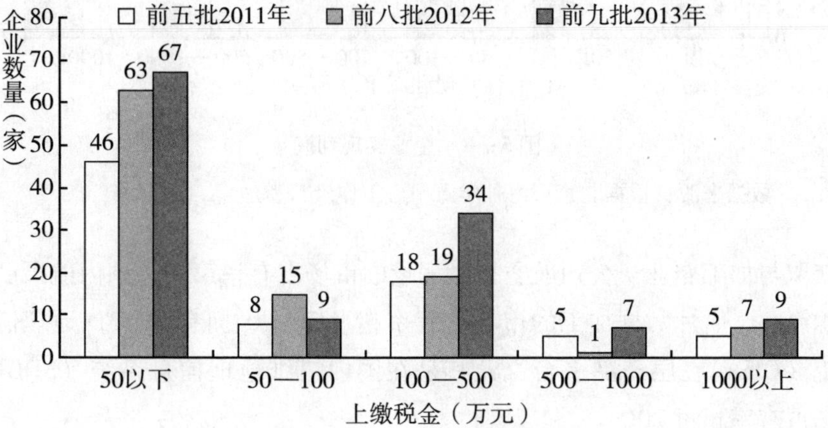

图5—7 企业上缴税金

数据来源：根据北京市海外学人中心工作资料整理。

第三，海聚企业的利润增幅明显。剔除22家未填写上年度实现利润的企业，前九批海聚企业2013年实现利润在1000万元以上的企业增幅明显，从前八批的占比12.9%，增长到前九批的占比16.8%。前九批海聚企业2013年经营亏损的有44家企业，占35.2%，与前八批海聚企业情况相当（见图5—8）。

关鸿亮创办的北京天下图数据技术有限公司，专注于航空摄影、航天及航空数据处理、数据服务，具备国家甲级摄影测量与遥感及地理信息系统资质，甲级测绘航空摄影资质。经过多年发展，建成了世界最大的像素工厂数据自动化处理中心，形成了覆盖全国面积最广、技术最先进、体系最完整、数据最权威的高分辨率对地观测体系，已成为国内最大的航摄数

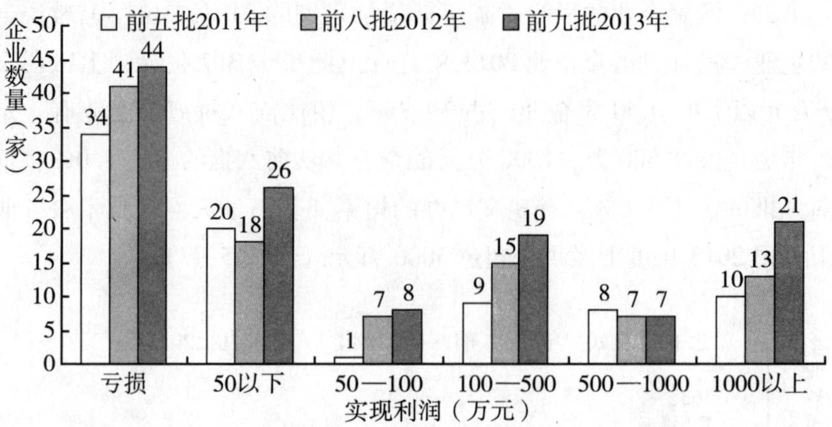

图 5—8 企业实现利润

数据来源：根据北京市海外学人中心工作资料整理。

据获取与加工企业。公司航空摄影测量的市场占有率第一，国内航摄已飞面积第一，航片数据加工的市场占有率超过 30%，拥有 2D/3D 地理信息系统（GIS）底层产品平台，尤其是在国内三维地理信息系统（3DGIS）市场占有率超过 20%。

第四，海聚企业的成长持续向好。“海聚工程”实施以来，有一大批海聚人才创办的企业成功申报为国家高新技术企业；还有一部分企业入选了“金种子工程”“瞪羚计划”“十百千重点培育企业”等，企业成长性良好。其中，百度已经发展为北京市为数不多的千亿级企业；“海聚工程”入选者范振灿博士带领的易美芯光 2013 年营业收入近 2 个亿，实现了 3 年增长 7 倍的高成长性；沈月雷博士带领的百奥赛图在三年时间内营业收入增长 3 倍，公司产业化规模逐年扩张；何有文带领的旷博生物公司成立短短三年时间发展显著，2011 年较 2010 年营业收入增长近 5 倍，入选“德勤亦庄高科技高成长 20 强”第二名。

截至目前，北京市已涌现出百度、中星微、恒泰艾普、天下图、康龙化成、赶集网、精进电动、互动百科等一大批海归明星企业。在创业类海聚人才创办的企业中，已发展出 5 家上市公司，分别是：李彦宏创办的百度在线网络技术（北京）有限公司、邓中翰创办的北京中星微电子有限公司、孙庚文创办的恒泰艾普石油天然气技术服务股份有限公司、关鸿亮创办的北京天下图数据技术有限公司和杨云春创办的北京耐威科技股份有限公司。

第五节　产业升级加速度

“海聚工程”人才和企业带动的技术创新加快了北京市产业升级的速度，为北京市产业结构调整和升级、战略性新兴产业的发展奠定了基础。

首先，在推动北京市产业结构调整和转型升级方面，“海聚工程”人才和企业已经在生物医药、移动互联网和下一代互联网、大数据、云计算、高端装备制造等符合北京发展方向的领域形成集聚优势，有力促进了首都科技创新转型发展，成为推动首都经济社会发展的一支重要力量。

海聚人才在推动科学研发前沿化、产业发展高端化上也发挥了重要的作用。海聚创业企业已成为各细分行业的引领者，开发的产品项目填补了技术空白，在一定程度上推动了产业的发展升级。最近几年，生物医药领域迅速发展，一方面得益于生命科学研究所、北京蛋白质组研究中心等机构引进的海聚人才在生命科学前沿取得的突破；另一方面也与博奥生物集团有限公司等海聚人才创办的企业在产业领域的领军作用有关。李彦宏创办的百度，推动北京在搜索引擎、云计算等方面步入国际水平；俞振华创办的北京睿能世纪科技有限公司，是国内第一家为电网提供储能系统解决方案的企业；梅海创办的盎亿泰地质微生物技术（北京）有限公司，在国内率先开发出微生物地球化学烃检测技术。

其次，“十二五”期间，北京市进一步明确了打造北部国家战略性新兴产业策源地和南部高端制造业与战略性新兴产业发展新区的产业布局战略。而海聚人才正是北京市战略性新兴展业的组织者。这主要表现在两个方面：

一是海归创业者成为新兴产业的组织者。20 世纪 90 年代中后期，一批海归留学生开始在中关村创业，创业者中从事互联网、电子信息和生物医药等前沿技术领域的人才比较多，其中一部分入选了北京市“海聚工程”，并成为中关村的产业组织者，在全球产业链发展的前沿布局中关村的新兴产业，带动了中关村互联网、集成电路、生物医药等新兴产业的升级和发展，在原创新兴产业发展过程中发挥着越来越重要的作用。“海聚工程”入选者邓中翰为中关村集成电路产业的发展作出了重要贡献，他和微软联合创办多媒体技术中心，使中国创造在世界集成电路领域取得一席之地；“海聚工程”入选者黎志良的研发团队熟悉国外药厂的运营模式，具有丰富的研发经验，其主营业务集合同研发和合同生产于一身，应用国外先进成熟的生物技术优势，提高了国内生物药品生产行业的水平。①

二是风险投资人成为新兴产业的组织者。20 世纪末以来，一批在硅谷创业成功的华人风险投资者，成为推动中关村互联网、通信、半导体和生命科学等高科技领域创业投资的推动者。这些风险投资人不仅帮助所投资的企业开拓业务、联系产业链上下游和制定企业战略，甚至会有意识地推动相关联的企业进行横向兼并和纵向整合，从而达到资源优化配置的目的。这些风险投资人实际上不同程度扮演了高科技产业领域中产业组织者的角色。如“海聚工程”入选者、北极光风险投资公司创始人邓锋被誉为“未来技术预言家”，他曾预言电信增值服务和软件服务是未来软件行业发展的重点②；“海聚工程”入选者、德丰杰风险投资合伙人潘海东和他的团队创办的互动百科网站，推出了免费开放源代码的中文维基建站系统 HDwiki，满足了中国数百万家中小网站的建站需求，大力推动了维基在中国的发展。

---

① 王德禄等：《中关村硅谷人脉网络》，清华大学出版社 2012 年版。

② 王德禄等：《中关村硅谷人脉网络》，清华大学出版社 2012 年版。

第六章
"海聚工程"的回顾与展望

"海聚工程"实施6年多来，北京市根据城市战略定位和中长期发展规划，不断完善政策措施，建立健全工作机制、服务体系，搭建工作平台，在吸引和支持海外高层次人才来京创新创业方面进行了一些有益的探索与尝试，取得了显著成效。"海聚工程"已经在聚集海外高层次人才、培育和发展战略新兴产业、提升首都科研水平、推动区域社会经济进步等方面发挥了积极作用，也为今后进一步"广开进贤之路，广纳天下英才"，充分开发利用国内国际人才资源，积极引进和用好海外人才积累了丰富经验，打下了良好的基础。

第一节　"海聚工程"发挥实效的主要经验

当今世界，无论是企业与企业、地区与地区，还是国家与国家的竞争，说到底还是人才的竞争。人才是第一资源，人才问题是经济、社会发展的关键问题，人才强国战略是党和国家确立的一项国家战略。如何"用当其时，用其所长"，实现"人尽其才、才尽其用"，最大限度地将人才资源转化为现实生产力，方法措施很多，途径渠道很广，但归根结底，人才的成长和发展离不开良好的环境。要做到识才、爱才、用才，就要打造一个适合人才生活与发展的环境。只有为人才做好各项服务，营造良好的政策环境、工作环境和生活环境，制定相关服务和保障措施，在生活待遇上做好服务，积极创造条件解除他们的后顾之忧，才能使他们全身心投入工作中。

"海聚工程"设立之初，北京市确立了"政府引导、市场配置和发挥用人单位主体作用相结合”的工作原则，明确了在海外人才的引进和使用过程中，充分发挥政府部门的引导作用、市场配置高层次人才的决定性作用和用人单位吸引使用人才的主体作用，努力构建政府、市场、用人单位三方良性互动的人才工作机制，坚持政府“有形之手”和市场“无形之手”一起抓，充分发挥市场在资源配置中的决定性作用和用人单位人才使用与管理的主体作用。

一、政府充分发挥顶层设计和服务职能，为“海聚工程”定调把关

人才工作是一项社会基础工作，需要政府推动、政府投入，政府要抓好定位、制定政策、规范市场、实施监督，创造适宜人才发挥作用的环境。

（一）政府发挥顶层设计的功能

北京市政府根据首都经济发展和中心工作的需要，制定和实施海外人才工作的方针政策、建立健全海外人才政策体系，着眼于引进国外先进技术和先进管理经验，推动科技成果向现实生产力转化，提高国内企业的技术创新能力和国际竞争力。政府通过制定大量突破性政策，允许海外人才担任市属高等院校、科研院所、医院、国有企业和商业金融机构的领导职务和高级专业技术职务，主持北京市重点科研项目和工程项目，申请政府部门的科技资金和产业发展扶持资金，参与重大项目咨询论证、重大科研计划和重点工程建设，参加国内相关学术组织等；提出要积极为引进人才营造良好的创业环境，努力开辟创业绿色通道，给予创业资金支持，提供融资服务和工商税务服务。

同时，“海聚工程”明确了政府各部门的服务角色和工作任务，切实做好关系海外高层次人才切身利益、涉及人才事业发展的各项服务工作，努力营造良好的人才优先发展环境。例如，明确了财政局负责海外高层次人才政府一次性奖励资金保障；人力资源和社会保障局负责办理人才落户等相关手续；公安局负责海外高层次人才与其配偶、子女的落户或长期居

留权的办理；卫生局为海外高层次人才确定了5家定点医疗机构，负责为海外高层次人才提供优质医疗服务；市教委负责落实海外高层次人才子女入学政策，尽可能满足海外高层次人才提出的子女入学需求；外国专家局为外籍海外高层次人才简化手续办理。

此外，北京市从决策机制、协作机制、协调机制、督促机制四个方面着手，健全完善“海聚工程”运行机制，为其顺利实施打下坚实的制度基础。主要措施有：第一，建立了科学决策机制，凡是涉及“海聚工程”的重要文件、重大活动等，均提交北京市海外学人工作联席会进行审议，并事先充分征求各成员单位的意见；第二，建立了分工协作机制，将每年的重点任务进行分解，提出工作质量和时间进度要求，各成员单位细化任务分工，增强协作意识，统筹抓好工作落实；第三，建立了沟通协调机制，建立联席会议制度、人才工作联络员制度、人才信息交流制度和重大工作进展通报制度等，加强各成员单位之间的联系和协作，协调落实有关工作；第四，建立了督促落实机制，对于重点工作采取专项督查，加强跟踪指导，解决存在的问题，督促工作落实。

（二）政府强化人才公共服务职能，变“管理人才”为“服务人才”

利用政府采购等市场化手段，强化宏观管理职能，弱化微观管理职能，政府以政策和法律、法规等方式间接调控。为做好海外人才服务保障工作，北京市专门成立了北京海外学人中心，下设的综合服务部负责建设服务体系、完善服务内容、丰富服务手段、梳理服务流程。对于入选的海外高层次人才，北京海外学人中心提供北京市财政一次性奖励各类创业引导资金、科研及产业化项目资金、企业上市补贴、技术标准制（修）定资金补助、发明专利资金补助等资金保障服务，以及申报北京市相关表彰奖项、跟踪、联络、联谊等其他方面服务。北京海外学人中心通过在北京市吸引海外高层次人才的重点区域设立“海外学人分中心”，搭建政策执行网络。2008年年底，北京海外学人中心在北京经济技术开发区成立海外学人分中心，之后，CBD分中心、金融街分中心和中关村分中心先后成立。各分中心按照全市的统一部署，根据本区域特点，因地制宜地开展各类活动，为北京市“海聚工程”的实施提供了有力支撑。

此外，北京市还颁布《关于实施北京海外人才聚集工程的意见》，设立北京市海外学人工作联席会，提出在北京市人才工作领导小组指导下，由市委组织部牵头，市人力资源和社会保障局等29家单位共同成立北京市海外学人工作联席会，主要负责审定海外高层次人才引进人选、引才目录、年度引才计划、海外学人工作的有关政策，研究解决海外学人工作的重大事项。《关于实施北京海外人才聚集工程的意见》也明确了各成员单位的主体责任，确保责任主体到位。实践证明，北京市海外学人工作联席会的组织设计和工作机制是卓有成效的，北京市在短时间内就聚集了一批海外高层次人才，带动了大数据、云计算、生物医药等战略性新兴产业的发展，推动了北京市产业结构转型升级。

二、以市场为导向，服务首都经济和社会发展

党的十八届三中全会审议通过的《中共中央关于全面深化改革若干重大问题的决定》指出，“经济体制改革是全面深化改革的重点，核心问题是处理好政府和市场的关系，使市场在资源配置中起决定性作用和更好发挥政府作用”。这一表述不仅明确了未来全面深化改革的重点，更对市场的地位和作用进行了重新定位，是政府与市场关系认识上的一次重大理论突破。人才资源作为第一资源，必须将市场机制作为实现人才资源优化配置的基础并发挥其决定性作用。

北京市始终坚持发展是第一要务的指导思想，增强发展的紧迫感，在产业升级与转型过程中，始终瞄准高端，依靠科技和人才优势，积极抢占产业价值链条高端。当前，北京市人均GDP已超过1万美元，进入中等富裕城市之列，但面临人口资源环境矛盾日益突出等发展难题。北京在今后的发展中，必须紧紧依靠科技进步，必须实行创新驱动。在制定“十二五”发展规划时，北京市明确提出，要推动科学发展、加快转变经济发展方式，形成高端引领、创新驱动、绿色发展新模式。2012年10月，北京市制定了《关于深化科技体制改革加快首都创新体系建设的意见》，

明确提出到2020年要率先形成创新驱动发展格局。北京当加快实施科技创新、文化创新“双轮驱动”战略，努力建设成为具备世界影响力的科技文化创新之城。

2015年“两会”期间，习近平总书记指出，人才是创新的根基，创新驱动实质上是人才驱动，谁拥有一流的创新人才，谁就拥有了科技创新的优势和主导权。人才主导发展格局，创新改变世界版图。“创新驱动实质上是人才驱动”的重要论断，深刻揭示了人才与创新的关系，指明了创新驱动发展战略的突破口和着力点。人才是创新的根基，也是创新的核心要素。创新驱动发展，人才引领创新。实践证明，人才引领的一项科技创新，可以催生一个产业，带动一方发展，影响乃至改变世界。站在世界科技前沿和产业高端的海外高层次人才越来越成为我国参与国际竞争、实现经济社会全面协调可持续发展的特需资源。大力引进海外高层次人才，是中央为更好地实施人才强国战略、建设创新型国家作出的一项重大战略决策。实施海外高层次人才引进计划，是在短时间内解决我国科技领军人才匮乏的现实、快捷、有效的途径。

长期以来，人才在首都经济社会发展中起着基础性、战略性、决定性的作用，北京市将海外高层次创新创业人才作为推动经济社会发展的重要力量，将“海聚工程”作为创新驱动发展战略的重要组成部分，将鼓励海外高层次人才来京创新创业作为促进首都经济发展的重要举措之一。“海聚工程”也充分发挥市场的作用，如朝阳海外学人中心引入市场机制，充分发挥人力资源服务机构、海外社团组织等社会力量的作用，加强国际高层次人才开发，提升国际高层次人才的服务水平；同时加强与相关国际猎头的合作，定向“猎取”国际人才。

“海聚工程”在制定各项政策时，始终围绕着首都经济的主题，明确围绕北京市重点发展的产业、行业、学科的建设目标和中关村科技园区建设国家自主创新示范区、人才特区的重大任务，进行人才的引进工作。“海聚工程”在开展实施中，也始终用服务首都经济发展和社会进步来检验工作成效。如2014年，为保障和改善首都民生，提升以医疗卫生为重点社会公共服务，北京海外学人中心与北京市医管局合作，成功举办以面向海外医疗人才为主的2014年海外赤子北京行活动，并于2014年12月与市医管局共同组织8家市属三甲医院赴美国、加拿大招揽临床医疗和研发人才，最终引进27名海外人才。为了积极引导海外高层次人才投身首都现代化建设的伟大事业中，积极投身首都经济建设和社会发展主战场。“海聚工程”还通过开展“建言世界城市　推动北京发展”“海外赤子北京行”等主题活动，不断提升海外高层次人才的使命感、责任感和荣誉感，创造各种条件，提供广泛平台，让他们在首都全国科技创新中心建设中作出更大贡献。

三、发挥用人单位主体作用，人才引进“以用为本”

将“以用为本”作为人才工作的重要方针，揭示了人才工作的本质规律。引进人才的根本目的是发挥人才的作用，使人才为我所用、推动事业发展。引进海外高层次人才是一项长期工程，在短时间内大规模地直接引进海外高精尖人才并不现实，因此，北京市在人才引进的过程中，充分考虑用人单位的需求，秉持“不求所有、但求所用”的理念，拓宽选才视野，谋求便捷之径，着力用活、用好和用足人才，促进人才效益的最大化。

海外高层次人才最关心的是事业成功，创新创业梦想得以实现。“海聚工程”在推进的过程中，通过及时调查了解，发现海外高层次人才非常关注创新创业的发展环境。基于此，“海聚工程”积极整合各方力量，充分调动用人单位的积极性，多方位为海聚人才的发展创造良好环境。“海聚工程”鼓励社会各界参与海外人才的各项工作，鼓励各类机构建立海外高层次人才创新创业基地，引导社会资源形成多元化投融资平台，支持各类园区建立创业种子资金和信用担保资金，为用人单位创造良好的融资环境；鼓励设立留学人员风险投资基金，鼓励各类实验室向留学人员开放。对用人单位充分放权，将海外人才业绩、考核交由用人单位负责，尝试赋予用人单位依据人才的考核结果分期发放政府奖励资金权利，促进用人单位主体作用的发挥。

在鼓励海外高层次人才全职来京的同时，北京市也支持世界高端人才以短期聘用、技术攻关、企业顾问、会议代表等灵活方式为北京各个领域的发展出谋划策。来去自由的人才导向和机制，让徘徊于“归”与“不归”之间的高层次人才乐于做“海鸥”，来北京从事科学研究、技术推广、产品开发等。

“海聚工程”在最初的全职工作类和创业类2个项目基础上，于2011年增设了青年项目和短期项目，于2012年增设了外专长期项目、外专短期项目、创业类、创业团队项目。多年的实践证明，来京全职工作的海外高层次人才发挥了重要作用，短期合作的海外高层次人才同样起到不可替代的作用。目前，北京市教育、卫生系统已累计引进160名海外高层次人才，其中，短期项目和外专短期项目达到72人，占整体的45%。北京工业大学引进的57名海外高层次人才中有29名为短期项目和外专短期项目，占50.88%。

第二节　“海聚工程”面临的问题与挑战

总体来看，“海聚工程”在实施层面还有一些需要调整、完善、改进和提升的地方，主要包括：引进的海外顶尖人才及团队数量与首都发展的需求相比仍显匮乏，引才结构有待进一步优化；人才配置市场化程度不高，评价激励机制需要进一步完善；人才发展支撑平台载体仍需加强，后续事业发展支持不足；用人单位主体作用尚未充分发挥，引才工作整体合力仍有待进一步强化；人才服务水平与需求相比仍有不小的差距；海外人才创新创业环境有待进一步改善；等等。

具体而言，在引才工作运行机制方面，市海外学人工作联席会有关成员单位参与引才工作的积极性、主动性未有效调动起来，引才工作职能作用未充分发挥；有关系统、区县的引才计划与“海聚工程”在认定、支持、管理、服务等环节的工作衔接还需要进一步加强；用人单位的主体地位尚未得到充分体现等。

在政策措施落实方面，部分政策措施尚未完全落实；既有的科技、教育、产业等方面的支持政策间的衔接不够，政策发布渠道单一，政策集成优势不明显；海外人才在国内外社保体系衔接、参与相关领域投资等方面的实际需求受到现有政策规定的限制等。

在引才项目体系设计、人才联络与人才评价方面，目前开展的部分引才项目的依据还需通过文件的形式予以明确；驻海外人才联络机构的协同运行机制有待进一步加强，海外人才工作顾问的作用有待进一步发挥；海外引才专项计划、海外引才活动的实效性有待提高；人才评价的科学性、准确性需要进一步提高等。

在为人才搭建事业发展平台方面，一定程度上存在着“重引进，轻使用”现象，海外高层次人才创新创业基地建设推进缓慢；政府有关职能部门与海外人才间的沟通交流平台较少，影响海外人才及时了解北京市的支持项目和政策；政府引导资金在支持海外人才创业中的作用还需进一步发挥等。

在海外人才服务方面，服务工作的信息化水平不高，服务需求征集、落实、督办等环节工作依靠人工操作，难以实现服务工作的精细化；海外人才数量逐年增多带来的服务需求激增，而现有的服务工作由北京海外学人中心独立承担且服务专员数量较少，“全程代理制”服务模式压力较大；海外人才管理与服务工作涉及单位的职责和任务还需进一步理顺等。

第三节 “海聚工程”工作展望

2015 年，习近平总书记在中央统战会议的讲话中提出，留学人员是人才队伍的重要组成部分，也是统战工作新的着力点。要坚持支持留学、鼓励回国、来去自由、发挥作用的方针，鼓励留学生回国工作或以多种形式为国服务。① 目前，北京正处于适应经济发展新常态、落实“四个中心”新定位、建设国际一流的和谐宜居之都的发展新阶段，将紧紧围绕

① 《留学人员是统战工作新着力点》，《北京青年报》，http：//epaper. ynet. com/html/2015 –05/21/content_ 134214. htm？ div = –1/2015/05/21。

发展新阶段对人才的需求，择天下英才而用之，实行更积极、更开放、更有效的引才政策，促进党管人才与市场配置人才资源的有机结合，以改革创新精神和更大力度引进用好海外高层次人才，全力助推首都人才国际化发展实现新突破。

一、全面加强海外高层次人才引进工作

到目前为止，“海聚工程”已经取得了很大的成效，但在引才工作上，还是存在着认识不足、人才结构不够合理等问题，为了进一步巩固工作成效，并取得更好的效果，还需要在提高引才意识、优化人才结构以及各部门协作方面多下功夫。

（一）深刻认识海外高层次人才引进工作的特殊重要性，提升人才引进意识

第一，要从首都城市战略定位出发，服从和服务于首都城市战略定位，在海外高层次人才引进上，着眼于“政治中心、文化中心、国际交往中心和科技创新中心”建设的需要，为首都经济社会发展聚集和储备规模适当的海外高层次人才。

第二，要从首都特殊的资源禀赋出发，充分认清首都高层次人才发展总体水平与世界发达地区的差距，准确理解首都高层次人才集聚的比较优势，在海外高层次人才引进工作上，正确处理“量”和“质”的关系。

第三，要从高层次人才发展环境出发，在国际高端人才聚集上，要健全完善国际人才引进政策体系，营造适宜国际人才发展的软环境，形成人才工作的国际化理念，逐步实现首都人才工作与国际接轨。

（二）加快形成具有国际竞争力的首都人才发展制度优势

放眼全球新一轮科技革命和产业变革前沿，实行更加积极、更加开放的人才政策，择天下英才而用之，大力吸引全球拔尖领军人才，广开渠道开发境外高端智力，促进首都人才融入国际竞争。

完善产业准入政策。放宽“互联网+”等新兴行业市场准入管制，支持高层次人才开展产业跨界融合创新。在维护国家安全基础上，对人体干细胞、基因诊断与治疗技术、农业育种、新能源汽车制造等领域，有控制地适当放开外籍人才的投资准入限制，适当允许外资进入或合作经营。支持人才开展技术创新、商业模式创新和管理创新，培育新兴业态，发展科技服务业。

实行更具竞争力的海外人才引进政策。修订“海聚工程”政策，放宽引进海外人才的年龄等条件限制，加大顶尖科学家和外籍人才引进力度，强化对海外人才在项目申请、成果推广、融资服务等方面的支持，允许海外高层次人才担任北京市新型科研机构事业单位法人、创业企业法人。

大力推进以外籍人才为重点的海外人才管理改革。积极向“海聚工程”人才宣传推广公安部《关于加强外国人永久居留服务管理的意见》《关于支持北京创新发展有关出入境政策措施的通知》等政策措施，全面推动其中关于国际人才出入境、签证及居留证件办理、永久居留待遇、来华留学生创新创业等政策落实。向“海聚工程”人才及其创办的企业大力宣传相关政策，帮助其通过相关政策申请永久居留、口岸签证、人才签证等证件，通过向海聚人才及其企业推广实施政策，吸引更多的外籍高层次人才来京创新创业。

表6—1 公安部支持北京创新发展20项政策措施中适合“海聚工程”人才的相关政策

在中关村国家自主创新示范区试点实施的政策措施	在北京全市行政区域实施的政策措施
对符合认定标准的外籍高层次人才及其配偶、未成年子女，经中关村管委会推荐，可直接申请在华永久居留。	外籍人员在京已连续工作满4年、每年在中国境内实际居住累计不少于6个月，有稳定生活保障和住所，工资性年收入和年缴纳个人所得税达到规定标准，经工作单位推荐，可以申请在华永久居留。

续表

在中关村国家自主创新示范区试点实施的政策措施	在北京全市行政区域实施的政策措施
中关村创业团队外籍成员和中关村企业选聘的外籍技术人才,办妥工作许可证明的,可在抵达口岸申请工作签证入境;来不及办理工作许可证明的,可在抵达口岸凭创业团队带头人或企业出具的邀请函件申请人才签证入境。	北京市人才主管部门认定的外籍高层次人才、北京科技创新主管部门认可企业聘雇的行业高级专业人才或者其他邀请单位出具证明属于高层次人才的外国人,未持签证来华的,可以向抵达口岸签证机关申请人才签证,入境后可按规定办理居留许可;持其他签证来华的,入境后可以申请变更为人才签证或者按规定办理居留许可。
中关村创业团队外籍成员和中关村企业选聘的外籍技术人才(不受60周岁年龄限制)入境后,可凭工作许可和雇主担保函件直接申请5年有效的工作类居留许可;创业团队外籍成员未能办理工作许可的,可凭团队负责人担保函件申请五年有效的私人事务类居留许可(加注“创业”)。	对经北京人才主管部门认定的外籍高层次人才或者经北京科技创新主管部门认可企业聘雇并担保的行业高级专业人才(不受60周岁年龄限制),签发5年有效期的工作类居留许可(加注“人才”),工作满3年后,经单位推荐可以申请在华永久居留,并进一步缩短审批时限。
中关村创业团队外籍成员和中关村企业选聘的外籍技术人才,根据中关村外籍人才积分评估标准进行评分,达到一定分值的,可以申请在华永久居留。	具有在北京创新创业意愿的外国留学生,可以凭我国高校毕业证书申请两至五年有效的私人事务类居留许可(加注“创业”),进行毕业实习及创新创业活动。期间,被有关单位聘雇的,可以按规定办理工作类居留许可。
在中关村创业的外籍华人(不受60周岁年龄限制)可凭工作许可和雇主担保函件直接申请五年有效的工作类居留许可,也可凭创业计划直接申请5年有效的私人事务类居留许可(加注“创业”)。	持有人社、外专部门签发的工作许可证明来京工作的外国人,可以在入境后直接凭工作许可证明申请有效期1年以内的工作类居留许可;也可以向抵达口岸签证机关申请工作签证,入境后按规定办理相应期限的工作类居留许可。

续表

在中关村国家自主创新示范区试点实施的政策措施	在北京全市行政区域实施的政策措施
外籍华人具有博士研究生以上学历或在中关村企业连续工作满4年、每年在中国境内实际居住累计不少于6个月,可以直接申请在华永久居留。	计划来京投资或者创新创业的外国人,来不及办理工作许可证明的,可凭投资证明或者创业计划、生活来源证明等,向抵达口岸签证机关申请私人事务签证,入境后可以申请私人事务类居留许可(加注“创业”)。
对经北京市公安机关出入境管理机构备案的中关村企业邀请前来实习的境外高校外国学生,可以向口岸签证机关申请短期私人事务签证(加注“实习”)入境进行实习活动;持其他种类签证入境的,也可在境内申请变更为短期私人事务签证(加注“实习”)进行实习活动。	在京工作的外国人,如其已连续两次申请办理工作类居留许可,且无违法违规问题的,第三次申请工作类居留许可,可以按规定签发有效期5年以内的工作类居留许可。
在京高校的外国学生经所在高校同意并出具推荐函,可以申请在学习类居留许可上加注“创业”后,在中关村实施兼职创业活动。	已获得在华永久居留资格或持有工作类居留许可的外籍高层次人才、创新创业人才和港澳高层次人才,提供个人担保和雇佣合同,可以为其聘雇的外籍家政服务人员申请相应期限的私人事务类居留许可(加注“家政服务”)。

完善外籍人才社会保险接续制度,如允许加入我国国籍的海外高层次人才和外国专家,可不受累计交纳社保年限规定的限制,在京办理社会保险接续。支持有条件的北京地区公立医院与国内外保险公司的合作,在海外高层次人才和外国专家就诊时,允许医院与商业医疗保险直接结算。

完善面向海外人才的北京市工作居住证制度设计。对具有硕士及以上学位或特殊才能,在北京市合法工作或创业的海外人才,可申请办理北京市工作居住证,持证人可在办理签证及居留许可、就业许可等方面获得便利,并在企事业单位聘用、创办企业、参加社会保险、办理驾驶证、兑换外汇、子女接受教育、购买本市商品房等方面,享受与本市居民同等的待遇。

（三）在稳定高层次人才规模的基础上更加注重优化引才结构，提升人才引进效果

一是围绕全国科技创新中心建设对高端人才的需求，实施海外顶尖人才及团队招募项目，研究制定吸引支持顶尖人才及创新创业团队的政策措施，加大对国际顶尖科学家、科技领军人才和高水平创新创业团队的引进力度，实施“靶向猎才”。

二是突出“高精尖缺”导向，改进海外引才专项计划岗位征集、发布及跟踪评估工作，探索市场化的岗位供需对接机制。

三是启动实施“海聚工程”直通车项目，充分发挥驻海外人才联络机构和境外创新平台的作用，大力引进拥有前沿技术创新项目的人才团队。

四是加快驻海外人才联络机构运行制度改革，进一步完善协同运行机制，充分发挥驻海外人才联络机构的整体优势；创新联络方式，充分发挥海外人才工作顾问在引才、评才、荐才中的独特作用。

五是启动实施“全球创新创业人才招募计划”，采取市场化手段，充分调动市场资源，面向全球公开招聘市属国企、高校、科研院所急需紧缺的海外高层次人才。

六是尝试通过“千人计划”“海聚工程”入选者所在企业引进海外人才，引进人才符合“海聚工程”入选条件且属于高层次人才需求目录中紧缺人才的，对企业进行补贴。

此外，还需要注重人才评价，从源头上把控人才质量。人才评价环节是人才引进工作中非常重要的一环，直接决定着引进人才的质量。提高人才评价环节的质量有利于从源头上提高引进的海外高层次人才的质量，而搞好人才评价工作要从两方面入手：

首先，要优化高层次人才引进前的评价工作，主要有三点：一是增强引才评价的专业性，全面实施分类同行评价，对拟引进人才的创新能力和创业项目进行深度评价；二是提高引才评价的客观性，探索采用教育、工商、税务、社保、天使投资人和风险投资机构等第三方数据作为重要的评价参考；三是确保引才评价的准确性，进一步扩大答辩评审范围，逐步探

索建立社会化评审及监督机制。

其次，要改进高层次人才引进后的评价工作，主要有两点：一是尊重人才成长规律，改进人才评价机制。改进现行学术评价机制和人才评价制度中存在的短期化、功利化等问题，采用国际通行评议办法，客观公正地评价海外高层次人才的创新成果和研究潜力。二是将前期评估和后期评估结合。在海外高层次人才引进两年后可进行中期评估，同时设定合理年限进行长期评估。另外，可尝试建立海外高层次人才的退出机制，对于超过约定期限仍不能履行回国承诺、到岗工作的人选，以及后期评估结果不合格的，可及时进行清退。

（四）推动各部门各区县不断深化认识、强化职能、优化机制，强化人才工作合力

一是要进一步完善海外引才工作运行机制，明确市海外学人工作联席会各成员单位的职责任务和考核评价措施，建立引才工作日常沟通、重要环节征求意见、重大事项协同推进机制，形成市级层面引才工作整体合力。

二是要加大对各系统、各区县引才工作的统筹协调力度，进一步促进各系统、各区县重点人才计划与“海聚工程”紧密衔接。

三是要引导并支持用人单位按照相关规定引进、用好人才，通过签订工作合同加强对引进人才的管理考核，赋予用人单位依据人才的考核结果分期发放政府奖励资金的权力，促进用人单位发挥主体作用。

四是根据首都新时期城市战略定位人才需求和对接“千人计划”的需要，可以考虑新增部分引才项目类别。

五是开展海外高层次人才国情研修，拓展人才参政议政渠道，加强政治引领和政治吸纳。

二、大力支持海外高层次人才开展工作

为了更好发挥“海聚工程”人才的能力，北京市还将在平台搭建、制度建设、环境建设方面作出更多的努力。

（一）搭建发展平台，激发海外人才创新创业活力

以各类海外高层次人才发展平台为载体，促进人才、技术、资金等创新要素融合对接，将人才优势转化为现实发展驱动力。

一是支持具备条件的区县建设海外高层次人才创新创业基地等事业发展平台，采用市区联动方式共同制定出台具体政策措施，为海外高层次人才创新创业提供发展空间及政策支持。

二是支持更多的海外高层次人才及其团队参与创新创业活动，支持创新型创业和高层次人才创新成果产业化，继续发挥海外高层次人才引领创业的带动作用。

三是支持企业“走出去”，通过在境外搭建研发平台、创新中心、创新孵化载体等多种方式，就地开发利用境外高端人才和优质科技资源，打造跨境协同创新共同体，柔性引进海外高端智力，提高整合全球创新资源的能力。

四是发挥海外高层次人才协会作用，举办海外高层次人才间的各类交流活动，促进政府相关职能部门与海外人才的沟通对接；指导市有关部门建设海外人才科技事业、战略性新兴产业发展服务专窗，进一步加强针对海外人才的支持项目信息推送和申报指导。

（二）狠抓政策落实，解除海外人才发展后顾之忧

一是发挥北京市人才工作领导小组的统筹作用和北京市海外学人工作联席会的纽带作用，推动科技、教育、劳动、产业和投资等职能部门加强沟通，督促相关职能部门落实海外高层次人才的支持政策。

二是整合碎片化政策和制度，推动形成制度化的创新创业服务体系。各级政府及相关职能部门对支持政策进行科学梳理和规划，确保政策支持的连续性，形成制度化的创新创业政策体系和多样化、专业化、精细化、高水平的创业配套服务体系。

（三）营造良好环境，促进海外人才国际化发展

探索构建国际人才创新创业生态系统，带动知识、技术、资本等要素

流动，加快形成“类海外”人才发展生态系统。对海归人才而言，多年的海外经历使其价值观、思维方式受到了一定程度的影响，往往不太适应国内的社会文化和政策制度环境，因此，建设有利于海归人才适应的“类海外”创业环境是海归创业成功的重要因素，对促进海归人才本土化非常重要。①

一是充分发挥行业协会和产业技术联盟的作用，支持企业及海外人才团队参与创制或主导创制国际技术标准，融入全球创新网络。

二是支持企业通过在境外资本市场上市、开展境外投资或并购活动，实施股权投资、人才引进以及产业化载体相结合的国际技术转移新模式，增强配置国际高端要素和资源的能力，提升企业国际核心竞争力。

三是开展各类国际人才交流合作活动，积极引入国际创新创业资源，培育和弘扬创新创业文化。

四是稳步推进人才立法，增强海外人才对政策稳定性、连续性的信心。

（四）着力提升海外高层次人才服务工作水平

在服务“海聚工程”人才方面，要进一步向信息化和精细化的方向发展，为海外高层次人才提供更加快速、细致的服务。

首先，提升海外高层次人才服务信息化水平。一是探索建立全球顶尖人才（团队）储备数据库和分布图，筛选有意回国发展且符合引进条件的高层次人才进行重点、定向引进。充分发挥各级各类用人单位的作用，通过他们了解国外学术界、产业界急需引进、可以引进的高层人才，梳理并遴选出拟引进的高层次人才建议名单，根据用人单位需求和对遴选人才的评估，有针对性、有目的性地开展海外高层次人才引进工作。二是加快建设海外高层次人才服务与管理信息系统，进一步加强海外高端人才数据库与全球顶尖人才（团队）储备数据库的对接工作，探索实现各系统、

① 王辉耀、路江涌、林道谧：《海归创业、“类海外”创业环境与海归再本土化》，2012 年中国人才发展论坛论文。

区县的海外人才信息资源共享，动态掌握人才信息和服务管理工作落实情况，切实提高海外人才服务工作的信息化水平。

其次，提升海外高层次人才服务精细化水平。一是研究制定北京市特聘专家服务与管理办法，明确服务管理工作的各级责任主体，建立特聘专家动态跟踪制度和退出机制，促进引进人才发挥作用。二是充分发挥北京海外学人各分中心的作用，组织指导各分中心承担海外人才服务工作，通过建立健全统一规范的服务管理流程，构建由北京海外学人中心、分中心、用人单位组成的三级服务网络，进一步增强服务能力。

三、完善有利于人才优先发展的财税金融保障机制

按照人才投资优先保证的战略要求，综合运用经济、产业政策和财政、税收杠杆促进人才开发，加快完善科技金融合作体系，为人才发展注入更强动力。

（一）推进财政科技资金管理改革

逐步探索和改革科研项目管理制度，试行由事前申报制转向事后奖励制、科研成果购买制。简化科研项目立项、评审、验收程序，逐步提高竞争性科研项目所占比重。

强化财政科技资金的分类支持，对基础前沿类科技计划（专项）强化稳定性连续性支持，对市场需求明确的技术创新活动通过风险补偿、后补助、创业投资引导等方式，发挥财政资金的杠杆作用，引导社会投入，促进科技成果转化及资本化、产业化。

在深入落实《北京市科技计划（项目）经费管理办法》的基础上，将劳务费和科研人员激励费统一为人员绩效支出，项目团队成员的激励支出、外聘具有工资性收入的高层次人才所需工资性支出及项目临时聘用人员的劳务费用，均可从人员绩效支出中列支。

简化哲学社会科学课题立项预算审批程序，精简预算科目，在项目总预算不变的情况下，相关支出预算可根据项目的开展需要由项目单位进行调整，在项目验收时予以确认。差旅费、会议费、国际合作与交流费在不突

破三项支出预算总额的前提下，可调剂使用。项目承担单位可根据信用评价情况及项目完成情况，继续使用项目结余资金，用于研究成果转化工作。允许研究人员在项目（课题）经费中列支一定比例人员费用。社会科学研究机构在年度业务预算总额不变的前提下，可在预算中预留一定比例资金用于对优秀科研人才的奖励。积极探索和扩大课题组对横向课题经费使用的自主权。

（二）探索有利于人才发展的税收改革和金融保障制度

总结和推广股权奖励分期缴纳个人所得税、有限合伙制创业投资企业法人合伙人企业所得税、技术转让企业所得税、企业转增股本个人所得税等试点政策。将一般职工教育经费税前扣除比例由2.5%提高到8%，将高级管理人才、高级专业技术人才、高技能人才的教育培训经费及企业职工参加社会学历学位教育的支出经费纳入到税前扣除范围。

对“海聚工程”人才有限合伙创业投资企业和自然人，可比照公司制创业投资企业税收支持政策，按对中小高新技术企业投资额的70%，抵扣合伙人或自然人的应纳税所得额。直接投资于“海聚工程”人才创办的符合规定的种子期企业的创业投资人（自然人）在股权持有期间的股息、红利所得或实现成功退出时的股权转让个人所得税可按地方留成的50%给予奖励，奖励资金按照现行个人所得税法的规定免征个人所得税。探索非上市公司高新技术企业股权激励税收支持政策和高校、科研院所科技成果转让的股权激励政策。依托中关村人才管理改革试验区，对入选“海聚工程”的高层次人才所在企业国家重点实验室、国家工程（技术）研究中心、国家认定的企业技术中心及科技类民办非企业单位，提供进口科技研发设备或教学科研用品的税收支持政策。

结合北京市营业税改征增值税，逐步将技术专利、商标、品牌等无形资产转让纳入增值税的征收范围，探索纳税人提供技术转让、开发及与之相关的技术咨询、服务免征增值税试点。对北京市主管部门备案管理的“海聚工程”人才创业投资企业，符合被投资企业的职工人数不超过500人、年销售额不超过2亿元或资产总额不超过2亿元的条件之一，且被投资企业在两年内成长为符合国家和北京市规定的高新技术企业等条件，可享受全市创业投资企业所得税政策。

面向首都发展急需紧缺的“海聚工程”拔尖领军人才及创新团队，实行重点人才工程奖励免征个人所得税制度。制定《北京市高级人才政府奖励工作办法》，根据“海聚工程”人才对首都发展的实际贡献，按年度颁发政府奖励资金，降低个人工薪所得税税负。落实配套政策，对已经在国籍所在国缴纳个人所得税的外籍“海聚工程”人才，视其对首都发展的实际贡献，颁发政府奖励资金。对在京缴纳个人所得税的国际拔尖“海聚工程”领军人才，允许按照年工薪收入5%的比例，增加个人所得税税前列支项目，用于子女教育、家庭抚养等方面的支出。在部分具有条件的企业和高层次人才中试点开展个人所得税递延型养老保险试点。

优化有利于创新创业的科技金融体系，大力发展天使投资、创业投资，政府引导基金参股天使投资形成的股权，5年内可按照原值向天使投资的其他股东转让。鼓励商业银行、金融机构创新产品和服务，探索股权与债权相结合等多种形式的融资服务，提高信贷支持“海聚工程”人才创新创业的灵活性和便利性。发展多层次资本市场，支持“新三板”“新四板”在京发展，完善“海聚工程”人才所在企业在境内外资本市场上市融资的政策机制。

支持建设“互联网金融中心”。进一步简化“海聚工程”人才境外股权及企业境外投资的审批程序，持续深化外债宏观审慎管理外汇改革试点。

下篇　案例篇

第七章
“海聚工程”成功引才单位典型案例

第一节　北京工业大学：注重人才工作顶层设计，提升学校综合发展水平

北京工业大学建于1960年，是一所多科性市属重点大学，学校专业设置以工科为主，理、工、经、管、文、法、艺术相结合。1981年和1985年时，北京工业大学分别获得了硕士学位和博士学位的授予资格。1996年12月，北京工业大学通过了“211工程大学”预审，成为北京市属高校中唯一一所进入“211”工程的学校。目前，北京工业大学有教学科研院所33个，硕士学位授权点31个，博士学位授权点和博士后流动站各18个。专业设置上，有本科专业57个，其中国家重点学科3个，北京市重点学科39个。硬件设施方面，北京工业大学拥有1个国家产学研中心，33个省部级以上重点实验室或工程技术研究中心和3个行业重点实验室。2012年北京工业大学获批建设北京市级协同创新中心3个，学校还建有建筑勘察设计院和国家大学科技园。

北京工业大学始终坚持“人才资源是第一资源”的理念，大力实施“人才强校”战略，积极探索高水平人才队伍建设规律，依托国家和北京市关于高层次人才队伍建设与发展的一系列重大项目，走出了一条符合地方高校人才科学发展之路。目前，学校有在校生2万余人，教职工近3000余人，其中专任教师1500余人，硕士生导师1375人，博士生导师262人，全职两院院士8人。学校教师中有相当比例的人入选各级人才计划，其中教育部“长江学者奖励计划”特聘教授9人，国家杰出青年基

金获得者 11 人，“国家级教学名师奖”获得者 3 人，“千人计划”入选者 10 人，“百千万人才工程”国家级人选 11 人；北京学者 3 人，“海聚工程”入选者 78 人，北京市科技新星 113 人，北京市属高等学校高层次人才引进计划入选者 4 人、长城学者培养计划入选者 12 人、青年拔尖人才培育计划入选者 78 人、创新团队建设提升计划入选团队 10 个、青年英才计划入选者 33 人。经过多年发展和积累，北京工业大学已初步构建起一支数量充足、结构合理、素质优良、管理规范的高水平师资队伍。

一、引才举措：人才工作纳入学校发展战略

北京工业大学历来重视海外高层次人才在学校各项事业发展中的引领作用，并将“人才强校”战略确定为学校三大发展战略之一。自国家“千人计划”、北京市“海聚工程”等海外人才引进政策实施以来，北京工业大学以建设国际知名、有特色、高水平研究型大学为办学目标，紧密结合学校“十一五”“十二五”人才队伍发展规划，通过 2011 年和 2014 年两次召开全校人才工作会，对海外引才政策体系进行总体部署。这些政策措施的出台，起到了引凤筑巢、揽才引智的作用。近年来，北京工业大学通过灵活多样的引才方式和良好的保障措施，吸引了越来越多的海外高层次人才来校工作促进人力资本迅速转化为现实生产力。

2011 年，学校首次召开人才工作会，提出“强高端、稳增长、调结构、保质量”的工作方针，实施“1251”人才工程，出台《北京工业大学高层次人才引进及实施计划（试行）》，以学校事业发展和整体学科规划为依托，结合国家和北京市的重大人才项目，分层次引进高水平人才和团队，配备较为完善的工作条件和生活保障。经过 3 年的建设，高层次人才引进工作初见成效，人才队伍规模日益壮大，高端人才的引领作用逐渐显现。

随着人才竞争的白热化，国家和北京的高层次人才引育环境不断优化，高层次人才引进工作面临的机遇和挑战并存。为了在人才竞争中抢占先机，并破解学校在高层次人才引进工作中遇到的政策壁垒，学校在 2014 年第二次人才工作会上提出“强高端、优结构、重改革、增活力”

的新工作方针，结合新形势出台了《北京工业大学高层次人才引进与支持计划（试行）》《北京工业大学境内外学者短期聘任计划》《北京工业大学人才队伍补充与支持计划》等6项重要人才政策系列文件，对“十三五”时期学校人才队伍建设的定位和走向，以及高层次人才引进工作具有重要的指导意义。

高层次人才引进新政策坚持“高标准、高要求、高待遇”的原则，各类高层次人才依托人才项目的同时，明确了学术标准，并加入海内外专家评审环节，完善了人才评价体系。同时，加大投入力度，增加了学校引才的主动性。学校强调“高端引领、分类管理”，将全职入校工作与短期聘任的人才分开管理，使不同类型的人才能够充分发挥才智和作用。为了完善激励机制，学校在引进高层次人才中增设校聘岗位，并实行“非升即转”的动态考核机制。此外，学校逐步建立“一站式”服务体系，有关职能部门协调联动，做好高层次人才的工作和生活保障。

二、引才成效：海聚人才在学科发展、人才队伍建设、创新发展方面发挥高端引领作用

北京市“海聚工程”人才项目实施以来，在北京市委组织部、北京海外学人中心、北京市教委等主管单位的大力支持和帮助下，北京工业大学“海聚工程”人才引进数量已达到78人，居全市首位。入选“海聚工程”的人才来自全球15个国家和地区，涉及全校3个学科门类，17个一级博士学位授权学科，为国家和北京经济社会建设，以及学校各项事业发展起到了重要的推动作用。截至目前，各位海聚人才在聘用合同期内已发表SCI收录论文近100篇，参与、指导国家级、省部级、局级各类科研项目和课题近30项。

（一）服务北京，引领优势学科发展

北京工业大学自诞生之日起，一直遵循服务北京的办学宗旨。同时，作为“211工程”的重点大学，随着社会的发展进步，学校适应时代要

求，明确提出了“立足北京、服务北京、辐射全国、面向世界”的办学指导思想。海外引进高层次人才不断引领着学校和北京市优势学科的发展。

欧洲科学院院士、国际著名数学家杜甫·哈特（Peter Deuflhard）教授通过由北京海外学人中心组织的北京市战略科学家评审，成为目前北京市首位也是唯一一位北京市战略科学家。杜甫·哈特教授入职北京工业大学前，曾有国外多所高校向其抛出橄榄枝，但杜甫·哈特教授初次访问北京工业大学后，就被北京工业大学吸引。北京工业大学多个工程领域与数学都有密不可分的关系，这成为数学与工程进行交叉合作的基础，也与杜甫·哈特教授将数学应用于实际问题的想法不谋而合。2012 年 10 月，杜甫·哈特教授受聘为北京工业大学名誉教授，开始了他与北京工业大学的合作。2014 年 3 月，由杜甫·哈特教授领衔，正式成立“北京科学与工程计算研究院”（Beijing Center for Scientific and Engineering Computing，简称 BJC－SEC）。

“海聚工程”全职项目入选者钟宁教授是 Web Intelligence（WI）及脑科学研究领域的主要创建者，来校工作后，任国际 WIC 研究院院长。钟宁教授带领的科研团队提出了脑信息学概念，系统化研究脑科学问题，奠定了在该研究领域的主导地位。北京工业大学国际 WIC 研究院被评为“脑信息智慧服务北京市国际科技合作基地”和“磁共振成像脑信息学北京市重点实验室”。近年来，钟宁教授的科研团队围绕“智慧城市”等相关领域，加快脑信息智慧服务的产业孵化及推广，促进智慧北京、健康北京的新兴信息服务业的发展，对从智能研究到智能产业的国际合作新模式起到示范作用。

国家自然科学基金优秀青年基金获得者、“海聚工程”青年项目入选者李建荣教授作为化学学科科研团队负责人，与各相关教师一道努力推进学科建设，筹建并获批北京市重点实验室 1 个、化学工程与技术博士后流动站 1 个。他们开发的新材料在环境与能源相关的分离及催化方面具有极大的应用潜力，这些材料有望在雾霾治理、绿色节能、天然气储存等方面得到实际应用。2013 年，北京工业大学化学学科首次进入基本科学指标数据库（ESI）国际排名，成为继材料科学、工程学之后，学校第 3 个进入全球前 1% 的优势学科。

（二）以才引才，促进重点团队建设

随着高层次人才队伍的不断壮大，学校逐渐形成以才引才、以才聚才的“滚雪球”效应，人才聚集高地逐渐显现，人才引进政策环境和工作机制不断优化。

2013 年，由学校建筑工程学院土木工程领域专家杜修力教授领衔，北京市“海聚工程”入选者、北京市特聘教授马国伟教授团队（北京市创新团队）参加的“土木抗震减震团队”入选教育部“创新团队发展计划”。这一团队经过多年的积累和发展，吸引了一批优秀的海外人才来校开展工作，包括“长江学者”特聘教授李小军教授、国家杰出青年科学基金获得者郑宏教授、北京市高层次人才引进计划入选者戴福初教授、北京市特聘教授翟恩地、白勇教授、“海聚工程”青年项目入选者王国权教授等。翌年，该团队获批国家自然科学基金创新研究群体项目“重大工程结构抗震与减震控制”，成为北京市属高校第一支入选国家自然科学基金创新研究群体的团队。土木工程在教育部第三轮学科评估中位列全国第八，成为学校发展态势最好的学科之一。

杜甫·哈特教授作为北京工业大学科学与工程计算研究院第一任院长，积极探索研究院人才招聘机制及评价机制。积极引进海外高层次人才，与德国柏林工业大学莫里·罗尔夫（Rolf Moehring）教授、美国宾州州立大学许进超教授形成了研究院三驾马车，后邀请美国加州大学尔湾分校聂青教授、北京工业大学张伟教授（国家杰出青年基金获得者，现为研究院副院长）加入研究院，组成研究院理事会，共同处理研究院事宜。该团队还吸引了包括“海聚工程”全职项目入选者祖武争、孙建桥教授、北京市特聘教授杨晓东教授等高层次人才加盟。

“海聚工程”特聘专家李建荣教授来校工作后，组建起化学学科科研团队，积极协助学校与学院推动高层次人才引进工作，所在学科两年内引进高层次人才 6 人，包括“青年千人计划”入选者、北京市特聘教授曹

睿教授，“青年千人计划” 入选者孙庆福教授，“海聚工程” 短期项目入选者、美国得克萨斯 A&M 大学周宏才教授，北京市高层次人才引进计划入选者于澍燕、孙再成教授等。科研团队建设也取得阶段性成效，团队人数达23 人，其中教授1 人，国外引进特聘教授1 人，副教授2 人，讲师2人，博士后及研究生 17 人。

“海聚工程” 特聘专家王璞教授作为科研团队带头人，于 2009 年 11月由英国南安普顿大学回国加入学校激光工程研究院，在国家 “千人计划”、北京市 “海聚工程” 以及北京市教委、北京工业大学的大力支持下，建立了北京工业大学高功率光纤激光器研究实验室，开展高功率光纤激光器研究，近年来吸引了包括 “海聚工程” 青年项目入选者汪滢莹副研究员和短期项目入选者李琳、杜可明、胡安明教授以及北京市特聘教授严峰在内的一大批海内外学者，具备了较好的研究开发基础和技术优势。2013 年，王璞教授带领的 “能量光电子技术” 科研团队入选北京市创新团队。

由中国工程院院士彭永臻教授领衔，“海聚工程” 短期项目入选者袁志国、李白崑、何建中教授参与的科研团队长期致力于城市污水处理及其脱氮除磷理论、工艺和新技术，以及污水处理厂的过程控制与运行管理的研究与工程应用。一些创造性的关键技术成果已被广泛应用。他的技术团队负责的青岛城阳污水处理厂达一级 A 标准升级改造工程，被评为 2012年国家重点环境保护实用技术示范工程，这也是关于城市污水达一级 A标准升级改造第一项实用技术示范工程。

（三）高端引领，提升科技创新实力

近年来，高层次人才的规模输入对学校科学研究起到了重要的引领和推动作用，学校科研实力明显增强。学校获批了 3 个北京市级协同创新中心（北京世界城市顺畅交通协同创新中心、首都资源循环材料技术协同创新中心和首都社会建设与社会管理协同创新中心），2 个北京市高精尖创新中心（环境友好高效能材料高精尖科技创新中心和智慧城市基础设施工程科技创新中心）已通过北京市教委的论证。

“海聚工程”全职项目入选者、学校激光院院长王璞教授开展高功率超短脉冲光纤激光器及其应用系统的研究，实现了具有自主知识产权的高功率超短脉冲光纤激光器的国产化，对我国国防建设、工业制造以及高新技术产业的发展具有非常重要的意义。团队项目“用于材料加工的高功率超短脉冲光纤激光器”实现技术转让 700 万元，是学校技术成果转化的突出代表。

钟宁教授目前 Web 智能方向的研究重点是在 W2T 的框架下，在数据服务 DaaS、信息服务 IaaS 和知识服务 KaaS 之上构建智慧服务 WaaS（Wisdom as a Service）。关于 WaaS 的学术论文已经发表在国际学术期刊《IEEE 智能系统杂志》（*IEEE Intelligent Systems*）上。这些工作和成果奠定了 Web 智能领域的发展基础，对该领域的发展产生了深远的影响。

“海聚工程”全职项目入选者汪夏燕教授 2010 年进入学校工作，主要从事微流控分析、微流控合成方面的研究，在微纳毛细管色谱分离领域取得突出成绩。2012 年，汪夏燕教授在化学国际权威杂志《美国化学会志》（JACS）上发表研究论文。2014 年，李建荣教授参加的“配外聚合物构筑与结构性能调控”获得国家自然科学奖二等奖，是学校首次获得国家自然科学奖。

机电学院陈树君教授联合“海聚工程”全职项目入选者张裕明教授，共同完成了“空间曲线焊缝变极性等离子弧立焊自动焊接装备的开发”，项目技术转让合同额达到 1270 万元，该成果为我国航空航天事业作出了重大贡献。

（四）国际接轨，提高人才培养质量

引进的海外高层次人才站在国际视野前沿，秉持与世界发达国家接轨的教育理念，引导着一批又一批青年学生步入科学殿堂。

杜甫·哈特教授非常重视青年人才的培养，于 2014 年 7 月 13—19 日，与北京大学协同主办了“计算流固耦合动力学”暑期学校，他本人也从国外请来了 3 位国际流固耦合专家来讲学。杜甫·哈特教授在北工大招收了硕士研究生，并为研究生开设“计算数学选讲”课程，受到师生的一致好评。李建荣教授入校后已指导博士后 3 名、博士及硕士研究生

14 名、本科生 6 名。他指导的研究生中已有 2 人获“国家奖学金”、1 人获“博士生创新奖学金”，指导的本科生获批学校星火基金 2 项、国家大学生创新计划 2 项。

建校 54 年来，北京工业大学已经成为北京市高素质创新人才培养的重要基地，成为区域经济和社会发展不可缺少的科技创新与研究开发的重要力量，成为展现北京市属高校发展建设成果的示范窗口。

第二节　北京生命科学研究所：创新体制机制，集聚海外顶尖人才

北京生命科学研究所（以下简称生命所）是由科技部会同中央编办等七个部委和北京市政府共同组建的科技改革实验单位，其主要任务是进行原创性基础研究，同时培养优秀科研人才，探索新的与国际接轨而又符合中国实际的科研运作机制。2009 年至今，生命所借北京市实施“海聚工程”的“东风”，吸引了一批海外高级科学家回国工作。

截至 2014 年 12 月，生命所已有 24 人入选北京市海外高层次人才，其中王晓东博士入选第五批国家“千人计划”，另有张二荃、隋建华、金香淑、陈婷等 6 位博士同时入选“千人计划”的青年项目，所有人员全职回国工作。生命所始终专注于原始创新、专注于科学本质、专注于解决人类面临的重大问题。海聚人才在此进行原创性基础研究，创造出一系列的原创性科研成果；同时积极推进产学研相结合的发展，以原创性的科研成果推进生物、医药等应用产业的发展，为生命所的高速发展作出了突出的贡献。

一、海外引才举措：“竞争”“专心”“实际”三要素提高学术质量

通过行之有效的体制机制创新吸引海外人才，是生命所引进人才并为人才取得显著成绩提供坚强保障的重要因素。

其一，以公开、竞争的机制，突出能力标准，选拔真正站在国际学科前沿的领军人才。生命所的领军人才王晓东，是从 26 个候选者中脱颖而

出的，他是美国科学院最年轻的院士之一，是国际生命科学前沿领域的标杆性人物。在他的强大感召力及其在生命科学领域的准确判断力下，生命所许多实验室主任纷纷回国。从成立之初，生命所在选拔人才上就坚持公开、竞争的机制，聘请全球顶尖专家组成评选委员会，打破条条框框，先后四次面向全球招聘优秀人才。王晓东说：“别的单位招人唯职称、唯论文、唯出身，我们就看人，看潜力”。“选人没有框框，不在意是否从过名师，有好背景，只有一条标准——能不能干”。一流的选拔机制，非教条的选拔标准，使得生命所陆续吸引了24位优秀留学人员全职回国工作，组成了一支极具战斗力的科研团队。①

其二，行政管理体制以科研为中心，避免行政机制影响或阻碍科研人员发挥作用。生命所在行政管理方面突出以科研人员为中心，一切行政活动以科研活动为中心，以让科研人员满意为评估考核标准；而行政人员的业绩由科研人员最后反馈的意见为依据，使其在“隐形”的状态下提高运行效率。

其三，建立灵活的科研成果评价机制。生命所执行的科研成果评价系统，淡化了研究人员发表论文的期刊等级和论文数量要求，而更为重视成果在本领域的影响力，以推动科学研究的实际贡献来评价研究成果。生命所对研究人员没有量化的发表论文指标，更不会刻意强调论文发表期刊的级别与权重。研究所制定的唯一评价标准就是：国际一流水平。这一看似非常不具体的标准在实践中反而起到了激发科研人员科研热情的作用。实践证明，灵活的科研成果评价机制更有利于科研人员增强科研动力，提升科研成果的水平和影响力。

二、海聚人才的引领作用：贡献科学、造福人类

（一）创造了多个重大原创性科研成果

生命所入选的24位海外高层次人才回国后，在生命科学前沿领域创

① 胡钰：《北京生命科学研究所体制机制创新的启示》，《科技日报》2007年04月17日。

造了多个重大原创性科研成果，在国际一流学术期刊上共发表了上百篇高水平的文章（其中《科学》9篇、《自然》15篇、《细胞》8篇），在国内外引起强烈反响，平均论文质量已能和先进国家同类研究相媲美。

以2014年为例，邵峰实验室发现了机体区分致病菌和非致病菌，特异性识别致病细菌感染的免疫机制，研究发现了炎症性蛋白内切酶为细菌内毒素（LPS）的胞内天然免疫受体，这是天然免疫领域的一重大概念突破，使得有效开发败血症药物成为可能。两篇相关论文在2014年9月和10月分别发表在科学界权威杂志《自然》上。罗敏敏实验室揭示了哺乳类动物脑内一神秘神经核团中缝背核神经元的功能跟奖赏的关系，为深入理解脑内奖赏功能提供了重要的启示，为优化脑机接口界面和开发治疗抑郁和精神分裂等情绪性疾病的药物揭示了方向，相关文章于2014年3月发表在神经科学权威杂志《神经元》上；王晓东实验室发现了细胞程序性坏死的关键信号通路，开发出可在人体组织中有效检测细胞坏死的方法以及特异性的坏死小分子抑制剂，有望用于临床鉴定和治疗各种程序性坏死相关的人类疾病，相关文章于2014年4月发表在分子生物学领域权威杂志《分子细胞》上；董梦秋实验室揭示了动物衰老的精确生理时钟，研究结果为广义的线粒体衰老学说提供了迄今为止最有说服力的实验证据，解释了有关个体衰老的原因，相关文章于2014年4月发表在《自然》杂志上。

经过了10年基础研究成果的积累，生命所从基础研究向应用转化进行了有效的探索。2012年11月，生命所李文辉实验室经过5年潜心研究，在 *eLife* 杂志在线发表研究成果并在国际肝病学术界引发轰动。该研究成果揭示了困扰人类40余年的乙肝感染的关键过程，为乙肝及其相关疾病提供了有效的治疗靶点。在生命所支持下，李文辉博士与隋建华博士、何新建博士、张志远博士等一起组建研发项目团队，对乙型肝炎及丁型肝炎病毒的药物进行研发。

2014年10月27日，生命所与首都科技发展有限公司签署战略合作协议，支持生命所李文辉团队基于乙肝及丁肝病毒功能受体的重大发现，推进乙型肝炎及丁型肝炎病毒抗体药物、受体阻断药物及其他新型药物的研发。其中抗乙肝及丁肝病毒的人体克隆抗体治疗药物有望在2016—

2017 年进入临床实验阶段。生命所李文辉团队抗乙型肝炎及丁型肝炎病毒药物研发项目是首个获得首都科技发展有限公司支持的生命科学领域项目。这标志着生命所经过 10 年的探索和发展，在成为国际一流的生命科学基础研究机构的同时，已开始收获科学研究的社会价值，基于基础研究领域的重大发现和突破，在探索和推动科研成果向社会的转化和应用上迈出了关键一步。

（二）获得了多项国际国内重要奖项和荣誉

生命所入选“海聚工程”的 24 位人才，有四位博士荣获国家杰出青年科学基金。2014 年邵峰博士入选第十五届吴阶平—保罗·杨森医学药学奖（简称吴杨奖）。2013 年王晓东博士入选中科院外籍院士；邵峰博士入选首批“北京学者计划”；两人获第七届药明康德生命化学研究奖以及周光召基金会杰出青年基础科学奖；王晓晨博士获第十届“中国青年女科学家奖”，全国共有 10 位青年女科学家获此殊荣。在 2012 年第一届霍华德·休斯医学研究所（HHMI）国际优秀年轻科学家基金竞选中，中国入选了 7 名科学家，其中有 4 名来自生命所。这些科学家全部为入选的海外高层次人才。

这些通过“海聚工程”引进的科学家在生命所这块沃土上辛勤耕作着，同时也渐渐收获了丰硕的成果。罗敏敏博士 2011 年入选第五批北京市“海聚工程”，致力于研究哺乳动物调节性神经系统对行为的调节及内在的生理机制。在生命所，罗敏敏现今拥有一支约 20 名博士后及博士研究生的科研团队，研究成果在重要国际学术期刊发表 30 多篇，其中《科学》3 篇，《神经元》6 篇，*PNAS*2 篇，*Journal of Neuroscience* 6 篇等。近年来，罗敏敏博士主持了多项国内国际科研项目，包括国家杰出青年科学基金、“863”和“973”项目，及国际人类前沿科学项目，并在国内外获得多项重要荣誉，包括中国青年科技奖、药明康德生命化学研究奖、张香桐杰出青年神经科学家奖、美国著名的宝来惠康基金（Burroughs Wellcome Funds）所授予的奖（Career Award）。罗敏敏博士入选 2013 年度国家百千万人才工程和中青年科技创新领军人才。

（三）成就了一批京内外科研领军人才

罗敏敏博士是生命所引进的24位“海聚工程”人才成功发展的一个缩影，也是先进的人才培养机制初见成效的体现。生命所大多数科研人员是海外的博士后，经过在研究所几年的发展，在离开的时候都已经成长为领域内的学术带头人。如生命所原高级研究员高绍荣博士现任同济大学生命科学与技术学院院长，2014年度成为长江学者特聘教授；高级研究员张宏博士现任中国科学院生物物理研究所研究员；高级研究员戚益军博士现任清华大学生命科学学院教授。

“海聚工程”人才在生命所同时倾力于研究生培养和教育，至今共培养博士毕业生175名、博士后80名。毕业生中多人获得“吴瑞奖学金”“强生亚洲优秀生命科技研究生论文奖”“恒源祥优秀学生奖学金”及“研究生国家奖学金”等各种荣誉奖项30多项。其中部分毕业生已成为国际顶尖实验室的博士后热门人选，一些博士后已经在包括中国中科院、浙江大学、复旦大学，以及美国科罗拉多大学等中美知名研究机构成为教授或独立研究员，并创建了自己的研究团队。

在服务管理上，“海聚工程”实施机构为生命所引进的海外高层次人才提供特定的生活待遇，妥善解决他们在京居留和出入境、落户、医疗、保险、外籍子女入学等方面遇到的困难和问题，让科学家免于后顾之忧，为海聚人才营造了良好的科研环境，提升了生命所引进海外高层次人才的国际竞争力。“海聚工程”的实施，对北京生命科学研究所的人才引进和发展起到了极大的积极推动作用。

第三节　首都医科大学附属北京同仁医院：按需引才，硕果累累

首都医科大学附属北京同仁医院始建于1886年，是一所以眼科、耳鼻咽喉头颈外科和心血管中心为重点的三级甲等综合医院。“同仁”商标是国家商标局认定的国内首家医疗服务业驰名商标。医院总建筑面积

19 万平方米，分为东、西、南三个院区。设有 47 个临床和医技科室，开放病床 1603 张；2014 年，年门急诊量 250 余万人次，年住院病人 7.6 万余人次，年手术量 10.7 万余例。

医院附设北京市眼科研究所（世界卫生组织防盲合作中心）和北京市耳鼻咽喉科研究所（世界卫生组织防聋合作中心）；首都医科大学北京眼科学院和耳鼻咽喉科学院设在院内。眼科主要在致盲眼病病因学及发病机制、视觉科学、眼相关交叉学科、眼病诊疗技术等方面开展诊疗和科研，是国家首批眼科学博士和硕士点、国家首批博士后流动站、国家临床重点专科、教育部高等学校重点学科，同时也是国家眼科诊断与治疗设备工程技术研究中心、北京市眼科诊疗设备工程技术研究中心、眼科学与视觉科学北京市重点实验室。耳鼻咽喉头颈外科主要以上呼吸道相关炎性疾病、上呼吸道气流动力学、听觉言语障碍与人工听觉装置植入、头颈肿瘤等为主要诊疗和科学研究方向，是国家首批耳鼻咽喉科博士点、国家首批博士后流动站、国家临床重点专科、教育部重点实验室、教育部高等学校重点学科，同时也是北京市耳鼻咽喉头颈科学生物医学工程技术研究中心、北京市人工听觉工程技术研究中心、鼻病研究北京市重点实验室。

另外，医院还具有一批特色学科和潜力学科。其中，变态反应科为国家临床重点专科；内分泌科承载着首都医科大学内分泌与代谢病学系、北京市糖尿病防治办公室和北京市糖尿病综合会诊中心、糖尿病防治研究北京市重点实验室、内分泌专业国家临床药理基地；心血管中心在冠心病介入治疗、冠心病及先天性心脏病手术治疗等方面处于国内领先水平；神经内科在神经眼科专业、神经耳科专业、神经感染及免疫性疾病方面，以及以“卒中单元”治疗中风的模式方面都开展了深入的工作并逐步形成专业特色；足踝外科在拇趾畸形和疼痛、平足症、足趾畸形、足部畸形与疼痛、足踝部肌腱损伤、足与踝部的运动损伤、跟骨骨折及并发症、踝关节扭伤并发症等方面的诊疗颇具特色。

截至 2014 年，医院拥有眼科、耳鼻咽喉头颈外科 2 个国家级重点学科，3 个博士后科研流动分站；具有高级专业技术职务任职资格的各类人员 492 人，博士生导师 31 名，硕士生导师 106 名，教授 61 名，副教授 97

名。在此基础上逐步引进和培养了一批临床技能强、学术水平高、综合素质好并在国内外享有一定知名度的高级复合型人才，比如中国工程院院士韩德民教授、国际眼科科学院院士王宁利教授、教育部“长江学者”入选者张罗教授、“万人计划”入选者魏文斌教授。此外，医院拥有享受国务院政府特殊津贴专家8人，“百千万人才工程”国家级和北京市级人选10人次，“北京学者”2人，“海聚工程”特聘专家10名，省部级突出贡献专家7人，“科技北京”百名领军人才、北京市科技新星计划、北京市优秀青年人才、北京市卫生系统高层次卫生技术人才队伍建设工程培养计划—领军人才、学科带头人、学科骨干等其他各级各类人才共192人。

一、海外引才举措：根据医院优势和需要选拔最适当人才

2008年国家实施引进海外高层次人才的“千人计划”之后，北京市政府推出实施了“北京海外人才聚集工程”，这一系列的海外高层次人才引进计划，在国家和地方层面为人才工作作出了战略上的部署。为了抓住这难得的机遇，医院本着“坚持党管人才”原则，由党委书记、院长及其他领导班子成员共同商讨确定医院引才的方向和基本思路，集中各个专业学科现有的专业平台、专家资源，积极吸引和招纳各路贤才，同时积极利用北京市医管局、北京海外学人中心等多个平台，多次由院领导亲赴海外进行人才招募。截至2014年，医院共引进了10名专家，分别入选了北京市第四批至第十批海外高层次人才，以短期项目类、外国专家短期项目类为主，涉及眼科学、耳鼻咽喉科学、遗传学、分子生物学、麻醉学、神经病学、呼吸道炎症发病机制研究等专业。专家分别来自美国哈佛医学院附属麻省总医院、美国加州大学洛杉矶分校医学院、美国俄亥俄州立大学、德国马格德堡大学医学院、美国芝加哥伊利诺伊大学、德国海德堡大学、比利时根特大学医院、香港中文大学等著名高等学府和科研机构。

在多年的引才过程中，医院不断探索和调整，以自身的优势学科平台和知名专家、教授的影响力为依托，以所属高校——首都医科大学的科研、教学条件为后盾，以力求建立能够充分利用国家政策，同时符合医院

实际情况的海外高层次人才引进制度，将海外高层次人才的引进工作纳入医院整体人才队伍建设的大局。

第一，以医院综合实力和重点专业的国际学术地位，吸引适合医院学科发展的高端海外人才。

同仁医院是以眼科、耳鼻咽喉头颈外科和心血管中心为重点学科的大型综合性医院，眼科学、耳鼻咽喉科学是教育部高等学校重点学科；医院有北京市眼科研究所（WHO 防盲合作中心）和北京市耳鼻咽喉科研究所（WHO 防聋合作中心），附设北京同仁眼库（国际眼库协会会员），建有耳鼻咽喉—头颈科学省部共建教育部重点实验室、眼科与视觉科学北京市重点实验室、鼻病研究北京市重点实验室。“种下梧桐树，引来金凤凰”，引才主体的实力与其所吸引的人才是相互匹配的，正所谓“门当户对”，正是由于医院已具备了一定的学科平台优势，才吸引了一大批有识之士愿意回到祖国或来到中国服务。

医院历来重视自身的人才培养，经过多年的沉淀和积累，在重点学科建立了相对稳定、成熟的团队，其中有入选中国工程院院士的韩德民教授、当选国际眼科学院院士的王宁利教授、“长江学者”特聘教授张罗教授、国家特支计划“百千万领军人才”魏文斌教授等杰出专家作为学科带头人，带领着一大批优秀的人才在多个研究领域内作出了突出贡献，张罗教授带领的鼻病研究团队于 2013 年 11 月获批教育部创新团队，2014 年 1 月变态反应学专业获批卫计委临床重点专科。这些熠熠生辉的同仁金字招牌在引进海外高层次人才工作中起到了至关重要的作用，是国外知名高端人才与同仁医院建立合作关系的纽带。

同时，同仁医院具有丰富的临床病例资源、科研技术力量、大型科研项目组织管理能力以及丰富的数据资源，也对海外科研人才形成了巨大的吸引力，这也是引进海外人才、与海外专家建立合作的基础。

除了医院的重点专科利用自身优势吸引海外人才外，其他专业也最大限度地利用医院的资源，为本学科的发展募集人才，同时受益于优势学科吸引人才的溢出效应，与海外高层次专家开展与之相关的合作项目。同仁医院成功引进了麻醉学专业的海外高层次人才谢仲淙教授，他就职于美国哈佛大学医学院附属麻省总医院麻醉科，现为哈佛大学麻醉学教授、危重和疼痛科老年麻醉研究室主任、海外华人麻醉协会会长、美国麻醉协会老年麻醉委员会和基础神经研究委员会委员。他入选北京市第九批“海聚工程”人才后，积极开展工作，作为特邀专家参加北京医学会麻醉学年会和首都医科大学麻醉学系年会并作专题报告，与同仁医院麻醉科进行全方位交流，结合同仁医院医疗特点，开展麻醉和手术对眼科疾病患者认知功能障碍的影响研究。通过与眼科合作，从基础与临床探讨眼科疾病患者认知功能状态、眼内各结构 Aβ 含量与认知功能相关性，以及眼内结构特殊物质预测认知水平的可能性。

第二，充分明确引才目标，不盲从、不冒进，始终坚持“按需引进”。

同仁医院引进的海外高层次人才几乎全部为短期项目，以具体的科研课题和项目为聘用、合作的基础，在使用人才的过程中也在工作协议中首先明确项目预期目标，并按照项目完成情况对人才进行考核。这是同仁医院在长期海外引才中摸索和积累的成功经验，在引才中不过分追求人才的服务时间长、市政府奖励资金多，不强求专家的工作形式，而是关注人才所发挥的实效，注重阶段性的成果检验，力争在短期内最大化地发挥高层次人才的效用。

第三，积极改造软环境，营造以服务海聚人才为中心的用才环境，吸引更多人才回国服务。

为了吸引、扶持海外高层次人才来同仁医院工作，院方不断完善海外引才的相关制度建设，通过各种渠道和途径，宣传相关标准、条件，提供具有一定水平的科研梯队及行政辅助人员等支持，指定专人负责合作项目的管理、联络、协调及项目筹备和进度落实等工作，提供符合科研要求的相关实验室、办公室、教室、资料查询、多媒体设备等平台支持，提供相关科学研究及学术活动信息，邀请专家开展专题讲演与交流，提供专家在京期间的住宿、餐饮和交通等生活设施支持。始终与各位专家保持密切联系，努力为专家创造回国进行科研合作的良好氛围。例如，与引进的俄亥俄州立大学康复及交流科学系徐立教授在听觉言语感知与人工听觉技术研究领域开展合作，医院为徐立教授专门设置了海聚人才办公室，并在首都医科大学留学生公寓为徐立教授提供了住宿，方便他来京工作。

二、海聚人才的引领作用：“海聚工程”人才项目硕果累累

通过“海聚工程”引进的专家从相关专业领域的科研、人才培养、学科发展等方面，给予了同仁医院大力的支持和帮助。医院在聘用合同和工作协议的框架下，利用引进专家各自深厚的临床实践和基础研究的功底，通过以科研项目合作为主导的工作形式，形成以利用海外高层次人才的专业思路为抓手、以项目团队为组织手段、以专项技术合作和学术交流为媒介的工作模式，将国外的先进理念和成功经验引入到医院的学科建设和发展中，为医院在现有重点学科、重点实验室等优质科研平台基础上，为学科的持续发展和提高国际学术地位等方面提供了强大动力，强化了人才培养和梯队建设力量，提高了科研自主创新能力和核心竞争力。

目前，同仁医院引进的各位高层次人才基本能够按照合同要求到岗并开展工作。他们在相关领域内的疾病发病机制、流行病学研究、遗传资源库的建立、基因治疗等方面进行了深入的研究，并已逐步产出科研成果。截至目前，各位“海聚工程”人才在聘用合同期内已发表科学引文索引（SCI）论文近100篇，参与或指导国家级、省部级、局级各类科研项目和课题近30项。各位专家的参与和指导使同仁医院科研人员在课题的研究方向、方法、技术路线、实验设计等方面拓宽了思路，同时专家还进行了实验工具的改进，研发和推广了新型技术软件。另外，各位专家全职就职于海外著名院校和科研机构，入选后积极主动为国内科研人员提供出国访学机会，共同培养博士、硕士研究生，在一定程度上拓宽了同仁医院人才培养和人才梯队建设的途径。

通过“海聚工程”，同仁医院成功引进了 Claus Bachert 教授、Jost B. Jonas 教授、萧镭教授等国际知名专家。Claus Bachert 教授是比利时根特大学上气道研究室主任和全球变态反应哮喘欧洲协作网（GA2LEN）主要协调人之一，比利时根特大学上气道研究室是欧洲主要的鼻科和变态反应

研究中心，主持和参与多项欧洲和全球性多中心协作研究。Claus Bachert 教授同时任德国变态反应学会主席、德国国家科学院院士，是世界卫生组织（WHO）主持的“变应性鼻炎及其对哮喘的影响”（ARIA 指南 2001/2007）以及“欧洲慢性鼻窦炎鼻息肉指南”（EP3OS 指南 2003/2007）的主要撰稿人。通过“海聚工程”，Claus Bachert 教授与医院的张罗教授所带领的技术创新团队建立了稳固的合作关系，在同仁医院进行深层次的课题讨论和交流，Claus Bachert 教授及其团队成员对院方团队成员进行科研指导和技术培训。双方在鼻黏膜慢性炎性疾病研究领域开展长期合作，自 2008 年起开展有关慢性鼻窦炎和过敏性鼻炎的国际合作研究以来，迄今已经在国际重要学术期刊发表了近 10 篇科学引文索引（SCI）论著，并申请获批了国家自然科学基金重点国际（地区）合作项目。Claus Bachert 教授与张罗教授还于 2012 年在根特大学成立国际合作实验室，张罗教授和 Claus Bachert 教授共同担任实验室主任，2013 年，比利时根特大学和首都医科大学签署校际合作协议，建立了校际国际交流合作平台，目前已经有第一批根特大学留学生在北京同仁医院短期交流。双方合作，一方面，加强了中方青年科研人才的培养，拓宽了国际学术视野，增强了国际学术交流沟通能力；另一方面，进一步提高了中方在该领域的国际学术地位。目前，中方已经派出 5 位中青年科研骨干和博士生到根特大学进行访问学者研究。2014 年 4 月 9—11 日，双方在北京联合主办由 Claus Bachert 教授创立的 SERIN（实验鼻科学和免疫学论坛，欧洲变态反应和临床免疫学会子会议）亚洲年会，这是中国迄今主办的最高水平的国际鼻科学术会议。

同仁医院另一位成功引进的海聚专家——Jost B. Jonas 教授为世界知名眼科专家，是德国海德堡大学曼海姆临床医学院眼科系主任、德国科学院成员、国际眼科大会青光眼学会（the Glaucoma Society of the International Congress of Ophthalmology）、黄斑学会（Macula Society）、视网膜学会（Retina Society）成员、亚太玻璃体视网膜学会（the Asia - Pacific Vitreoretinal Society）荣誉会员、美国视觉与眼科研究学会（The Association for Research in Vision and Ophthalmology，ARVO）理事和法国眼科学会荣誉会员，此外还是英国眼科杂志（*British Journal of*

Ophthalmology）主编及部分欧洲眼科杂志编委会成员，曾获得德国眼科学会的青光眼奖（Glaucoma Award of the German Ophthalmologic Society）、ARVO青年和高级人才奖、世界青光眼协会（the World Glaucoma Association）的高级临床科学家奖、Robert－Ritch青光眼奖和中华眼科学会的国际金奖。作为海外高层次人才引进后，Jonas教授在同仁医院眼科专业的科研指导和科研数据的深入挖掘分析方面发挥了巨大作用。同仁医院眼科研究所徐亮教授课题组曾进行了北京城乡的眼病调查，得到了Jonas教授的全力帮助，他指导院方的科研人员进行深层次的数据整理和分析，项目的研究成果很快就以论著的形式在国际刊物上发表，获得了广泛的关注。继而在Jonas教授的指导和协助下，双方合作进行了北京眼病研究的随诊研究、北京青光眼研究。Jonas教授还参与指导了同仁医院及外单位的其他一系列研究，包括北京儿童眼病研究、北京眼病公共卫生项目等。他还陆续将玻璃体注药的技术带到北京，指导同仁医院的医生进行操作，与同仁医院青光眼、眼底病等多个研究小组建立了长期的指导合作关系，就致盲性眼病、罕见病等进行了深入的临床研究，同时与病理室合作的课题也在有序开展。此外，在基因、干细胞方面，Jonas教授也在学术及实验材料上给予了大力帮助。

通过多年的实践，同仁医院开展“海聚工程”相关工作卓有成效，积累了一定的引才、用才经验。在今后一段时期内，医院在海外高层次人才引进方面将沿袭前期的成功经验，更加努力创造开放、公平的环境，给人才更大的发展空间，吸引更多的海外高端人才，让他们愿意来、发展好、留得住，使同仁医院成为各类海外高端人才施展才华的沃土。

第四节 北京汽车集团有限公司：全方位提升引才体系，招纳产业领军人才

北京汽车集团有限公司（以下简称“北汽集团”或“北汽”）成立于1958年，是中国主要的汽车集团之一，目前已发展成为涵盖整车研发与制造、通用航空产业、汽车零部件制造、汽车服务贸易、投融资等业务

的国有大型汽车企业集团。2015年，北汽集团实现整车销售248.9万辆、营业收入3452亿元，利润共计195亿元。经过50多年的发展，北汽集团已拥有“北京”“绅宝”“昌河”“福田”等自主品牌，先后引进“现代”“梅赛德斯—奔驰”“铃木”等国际品牌，汽车整车产品覆盖轿车、越野车、商用车和新能源汽车等门类。北汽集团拥有包括乘用车、越野车、商用车、新能源汽车和动力总成技术的专业研发机构，建立了涵盖汽车零部件、汽车服务贸易、进出口和汽车金融的完整产业链，实现了产业向通用航空等领域的战略延伸。北汽集团以北京为中心，建立了分布全国十余省市的八大乘用车、九大商用车生产基地，并在全球20多个国家建立了整车工厂。北汽集团连续两年名列美国《财富》杂志全球企业500强，2015年位列第207位。

人才资源是北汽集团的第一资源，是北汽集团提高核心竞争力、实现可持续发展的强劲动力。为了更好地凝聚各方面的人才和力量，建设一支数量充足、结构优化、布局合理、素质优良的人才队伍，为北汽集团“十二五”各项任务的完成和“二次创业”各项目标的实现提供智力支持和人才保障，北汽集团制定了“十二五”人才发展规划。截至2015年底，北汽集团直属企业及较大规模的下属企业四支人才队伍总量已达到109853人，达到合并口径从业人员总量的98.7%。其中，经营管理人才占5.13%，专业技术人才占30.72%，技能操作人才占62.3%，党群人才占0.8%。对标“十二五”人才规划经营管理人才占5%，专业技术人才占28%，技能操作人才占63%，党群人才占0.9%的结构目标，各项工作完成较好。在人才关键指标中，大学以上学历占从业人员的29.7%（其中，博士学历287人，硕士学历6674人，本科学历26112人），中高级职称人员占从业人员7%（高级职称1843人，中级职称6044人），高技能人才（包含高级工、技师、高级技师）已达到13214人。

一、海外引才举措：构建系统化人才战略，重点引进行业高端人才

北汽集团的跳跃式发展使集团面临汽车人才稀缺的问题，从国际汽车

名企平台中招揽优秀人才归国是吸引海外人才的重要渠道。北汽集团历来重视海外高层次人才的引进和使用工作，通过迅速调整人才战略、利用有利时机、通过多种渠道、创造各项条件引进海外高层次人才，用好用足人才政策，积极搭建平台，使海外高层次人才发挥更大的作用。

第一，强化组织领导，加大引进海外高层次人才的工作力度。为了切实将北汽集团“十二五”人才规划落到实处，集团组织制定了《“十二五”人才发展规划分解落实方案》和《“十二五”四支人才队伍建设方案》。通过深入落实北汽集团“十二五”人才规划的分解项目，把海外人才引进工作作为四支人才队伍建设的一个重要方面，制订了详细的落实推进计划。同时，把海外高层次人才引进工作作为各级党政领导干部考核的一项重要内容，加大力度，严格考核，推动了海外高层次人才引进目标任务的落实到位。

第二，拓宽工作思路，不断创新引进海外高层次人才的方式方法。北汽集团坚持“五湖四海、五洲四海”的选人用人原则，以海纳百川的胸怀与气度，面向全球选拔具有战略眼光、国际经验和创新能力强的国际化人才。通过加强与海外学联、汽车工程师协会、侨办等各类组织机构沟通联系与合作，发挥他们的专业及资源优势，为北汽集团海外人才信息的挖掘、海外人才的引进与培养提供更多支持。目前，北汽集团已经先后与“全德团联会”“全英学生学者联谊会”“北美华人汽车工程师协会”、“旅美中国科学家工程师专业人士协会”等海外协会、学会签署战略合作协议，为北汽集团海外人才引进及培养保驾护航。

同时，北汽集团在招聘期间，积极与海外当地政府加强沟通联系，为今后进一步挖掘吸引人才、深化多元化合作奠定基础，如在美国招聘期间，与西雅图市华盛顿州政府、兰辛市密歇根州政府沟通交流，双方就未来在汽车、航空业方向合作的可能性进行探讨，华盛顿州、密歇根州政府均表示将为北汽集团在美投资、发展提供全力保障。

近年来，北汽集团先后组织所属相关单位赴美国、德国、英国、日本等国家汽车人才聚集的地区举办了数十场大规模的海外人才招聘活动，招聘、洽谈海外高层次人才 2000 余人，涉及汽车研发、汽车工程、整车集成、造型、项目管理等岗位，达成深度意向 817 人。在成功引入海外人才百余人同时，针对一般日常招聘方式很难满足招聘需求这一问题，北汽集团通过与国内外知名猎头公司的联系与合作，挖掘高层次人才，广泛吸引具有海外汽车类工作经验的优秀人才加盟。近年来，北汽集团引进的海外高层次人才或者在各部门、各单位担任重要的领导职务，或者成为研发、设计、生产技术及市场营销的领军人物，为北汽集团的发展作出了重要贡献。

第三，完善政策措施，构筑引进海外高层次人才的政策优势。只有种得梧桐树，才能引来金凤凰，在吸引和凝聚人才方面，北汽集团通过创造价值体现的平台、提供优厚稳定的福利待遇、争取国家以及地方政府支持三措并举，为海外高层次人才搭建事业平台、解决后顾之忧。

一方面，集团下属的各研发单位通过建立实施“研发项目总师”带头人、创新工作室、专家工作室、技术导师带徒等方式，为海外高层次人才创造事业发展的条件；另一方面，通过提供符合市场价位的薪酬，在住房交通等方面给予补贴，为海外人才探亲和子女安置上提供方便，为重要岗位的海外引进人才制定职业发展规划等，解决海外高层次人才的后顾之忧。此外，北汽集团还通过申报《海外高层次创业人才》《新世纪百千万人才工程国家级人选》《留学人员科技活动项目择优资助经费》《推荐和初选中国工程院及中国科学院院士候选人》等项目，为海外高层次人才争取各项政策支持、资金资助与荣誉。

第四，优化成长环境，建立高端人才引入绿色通道。北汽集团充分借助国家“千人计划”和北京市“海聚工程”的优势平台，积极指导具备条件的优秀海外归国人才申报国家“千人计划”和北京市“海聚工程”项目，为他们提供政策指导和服务，提升申报成功率，从而更好地凝聚优秀海外人才。在北京市委组织部、市国资委以及北京海外学人中心的大力支持下，北汽集团已有汤晓东等 15 人入选北京“海聚工程”、陈伟刚等 8 人入选国家“千人计划”。得益于这些人才的加盟，北汽集团的许多技术难题得以解决，管理水平不断提高，企业文化得到提升，社会影响不断扩大，国际化进程不断加速，发挥了高端人才引领示范的积极效应。

同时，北汽集团将引进和培养海外高层次人才与本单位重点课题项目相结合，有针对性地指导海外高层次人才开展课题立项攻关，并为他们的科研攻关提供便利条件。近几年，北汽集团努力拓展海外高层次人才的培养渠道，在引进来之后，送出企业甚至送出国外进行再培养、再深造，以促进海外人才的快速成长。

第五，依托海外资源优势，创新人才培养机制。北汽集团自成立北京现代、北京奔驰、研究总院、股份公司、动力总成等公司以来，为了满足新项目投产及序列化生产的需要，依托海外资源优势，先后引进1000多名外国专家到北汽集团相关企业进行技术支持、培训和现场指导，将世界前沿的技术管理、精益生产、供应商管理等理念引入北汽，为北汽专业团队建设和产品研发、生产制造等作出了不可磨灭的贡献。例如北汽股份研究院副院长顾镭，2009年率领技术团队一举收购瑞典萨博汽车核心技术，并在此基础上，成功研发设计出了北汽“绅宝”系列中高端自主品牌汽车，实现北汽研发自主创新跨越。北汽股份有限公司的日籍总师Tabata，有近40年国外著名主机厂汽车开发实战经验，曾主导完成多款世界著名车型的噪音、震荡、平稳（Noise、Vibration、Harshness，NVH）性能设计。他将世界前沿的NVH性能开发技术引入到北汽品牌中，有力促进了北汽自主品牌的发展。通过全球化的猎头招聘吸引到Inalfa天窗公司的总经理Frank加盟，他常年在德国大众集团任高管，他的到来给公司带来了巨大的效益提升。越野车研究院副院长刘海峰，原任北美华人工程师协会会长，为了自主品牌的发展毅然归国，为自主品牌的研发提供了世界级的技术支持。

探寻GE管理精髓，开展高层管理者领导力培训。北汽集团与被《财富》杂志誉为“美国企业界的哈佛”的GE克劳顿管理学院建立了合作关系，以打造更具职业化、专业化、国际化水平的经营管理人员队伍。自2013年，北汽集团组织了5期人员参加GE克劳顿北汽特训班，选拔了30名北汽急需发展的业务模块、与国际业务紧密相连的业务模块的负责人，及具有国际化视角的业务负责人。通过这次活动，学员了解了GE公司全球最佳实践和增长的新举措，并就企业高层共同关心的话题深入探讨、交流，搭建学习交流的平台，构建全球化的高层次人脉网络。

整合海外资源，开展骨干员工岗位培训。2011年，北汽集团控股的北京海纳川汽车部件股份有限公司全资收购了荷兰英纳法公司在全球的所有业务，英纳法是世界最大的全景天窗供应商之一，总部位于荷兰文瑞，为全球主要的汽车制造商提供设计、开发和生产天窗以及开放式天窗系统。北汽集团抓住收购、整合英纳法的契机，联合海纳川公司，自2012年起进行海外培养方案的沟通，于2013年9月至今，两期选派共23名员工赴英纳法进行为期1—2年的岗位培养，涉及人力资源、财务、客户管理、物流协调、项目整合采购、供应商质量管理、技术开发流程与资料管理、制造、工艺、项目管理、产品开发、产品管理、技术管理等岗位。2013年11月戴姆勒投资入股北汽集团旗下自主品牌乘用车板块北汽股份，北汽集团通过与戴姆勒多轮次的密切沟通，促成了戴姆勒海外人才培养项目的落地实施，为集团又开辟了一条新的海外人才培养渠道，让优秀员工有机会进入到全球汽车行业的领军企业亲身参与生产经营，实地感受尖端、先进的企业管理实践。

第六，提升服务水平，构建海外高层次人才服务体系。北汽集团通过建立并完善集团统一、准确的海归人才信息库，为集团党政领导班子及时掌握全集团海外高层次人才动向提供了基础保障；同时，通过建立党政领导干部与重点海外高层次人才的联系制度，以多种形式加强与所联系海外人才的沟通联络，跟踪科研项目，掌握进展情况，帮助他们解决工作和生活上遇到的困难和问题。此外，北汽从政治上、事业上关心海外高层次人才，“十二五”期间，集团建立了优秀创新人才表彰奖励机制，坚持每年对优秀海归人才进行表彰奖励，至今共表彰四批共20人优秀海归人才，按照一等奖5万元、二等奖3万元、三等奖1万元的标准发放奖励。在树立北汽海归人才标杆的同时，加大对先进典型的宣传力度，鼓励广大海归人才向他们学习。

二、海聚人才的引领作用：迈向企业发展新纪元

在过去五年间，北汽集团通过“千人计划”“海聚工程”平台已经吸

引了 19 名海外高层次人才回国服务，这批掌握现代高科技、知识和丰富国际经验的人才，已经取得了重要成果，并在集团各专业领域发挥着领军人物作用。

入选第五批“海聚工程”、第七批“千人计划”的北汽海纳川公司总工程师陈伟刚，领导碰撞安全团队，主导研究院各个车型项目的碰撞安全性能开发，完成了 C30D/C31D、B40V、C50E、C60F、C61X、C70G、C80K、B80V 等项目在不同开发阶段的碰撞安全性能开发任务。特别是完成了 C31D C - NCAP 4 星提升的开发任务，以及 C70G 绅宝获得 C - NCAP 五星级安全性能，实现了北汽自主品牌五星安全的突破，进一步凸显了北汽消化吸收萨博技术后在整车性能提升方面的成果。

入选第三批“海聚工程”的北汽新能源汽车有限公司技术总监原诚寅，迄今已完成多个新能源车平台动力电池系统开发，研发的动力电池系统已经取得三十多个产品公告，并搭载在 4000 多辆新能源乘用车和商用车上，其中包括近三年在北京投放的两千多台电动出租车和租赁及企业用车，为环境保护事业乃至产业转型升级作出积极的贡献。

入选第六批“海聚工程”、第七批“千人计划”的北汽福田公司乘用车设计院副院长李奉珠，主持车辆动力学发展的规划工作，带领团队在汽车开发体系建设方面，完成载荷分析、K&C/操稳仿真、软硬件半实物仿真开发以及整车底盘控制策略开发等方向的能力建设。李奉珠副院长指导完成了乘用车 K&C 分析流程、载荷分析流程、轮胎包络流程等流程的编写，有力地支持了乘用车项目的前期概念开发工作。李奉珠副院长通过开发软件自动化整合，以 MATLAB 为载体，指导完成了 K&C/操稳自动化仿真及试验数据处理的自动化程序的编写、Carsim 整车模型以及 Carsim 与 ESP、EPS 等底盘控制系统的联合仿真模型的建立。借助福田内部专家讲座的平台，从悬架结构、K&C 指标、操稳仿真到轮胎力学特性及仿真等全套的动力学理论知识，福田员工接受了国际领先的动力学开发流程和开发理念培训。

“十二五”收官将近，“十三五”规划即将启动，北汽集团将继续加强掌握关键技术、具备发展北汽高新产业能力的海外高层次人才队伍建设，落实好国家“千人计划”和北京市“海聚工程”等相关政策，借助这一优势平台广泛凝聚海外优秀人才，为北汽集团战略转型和创新发展、全面推动首都科学发展作出新的更大贡献。

第五节　康龙化成（北京）新药技术有限公司：创新选拔模式，构建顶尖医学团队

康龙化成（北京）新药技术有限公司位于北京经济技术开发区，于2004年7月在北京成立，主要经营研究、开发新型药用小分子化合物及新药；提供技术转让和技术咨询。公司主导产品为结构多样的有机小分子药物中间体和药物候选物，并拥有多项发明技术专利的全球独占许可协议。投资建设的高通量化学部门可以为化合物收集强化和筛选提供大的化合物库，也可以为先导化合物的优化提供小的更有针对性的化合物库。药理学部主要致力于抗肿瘤、代谢病、中枢神经系统及抗炎症药物的临床前研发。目前，该部门已经建立多种人类肿瘤及鼠源性肿瘤移植物模型，用于检测药物疗效及安全性。

公司以“提升合作伙伴药物研发效率”为宗旨，为全球制药及生物技术公司提供临床前的药物研发服务，主营业务涉及新药研发临床前的全流程，包括化学、生物、药物代谢及药代动力学、药理、毒理等各个领域。公司拥有大量国际先进仪器设备、实验设施，以及大量高水平专业技术人才，形成了较为完善的研发技术服务体系，在国内外业界有相当影响力，默克、AstraZeneca、罗氏、葛兰素史克等数家国际最著名的制药企业已成为公司常年稳定的客户。

公司建立和培养了多支新药研发的团队，参与了药品从研发到临床前的全部过程，延伸和完善了整个研发环节；在研发体系方面，公司设置了36个项目部、82个项目组和1个项目信息部，产品研发流程机构包括质量控制部、分析部、核磁室，并形成了一支以海外新药研发领域高级专家人才为核心的专业研发团队。

自2007年7月开始，康龙化成便开始引进海外人才回国工作，截至目前已汇聚了近40位归国科学家，建成了国际顶尖的管理团队。从2009年开始至今，有2人入选国家“千人计划”，22人入选北京市“海聚工程”，其中4名“海聚工程”入选者通过北京职称评审直通车，获得了教授级高级工程师职称，并已接受中关村高端领军人才职称评审通过人员与在京高校用人对接的聘请，并在一些高等院校担任客座教授。

一、海外引才举措：创新模式选拔人才

为吸引海外人才来企业工作，康龙化成形成了自己的一套行之有效的引才办法。

第一，全方位地解决海外人才的工作和生活问题。为了使海外人才回国后的工作和生活没有后顾之忧，公司在工作中给他们配备需要的设备及人员，保证充足的科研资金，使他们放手开展科研与团队建设工作，助其尽快出成果、产效益。同时公司安排专人在办理签证、就业证、驾照考试、住宿登记、费用报销等方面给予引进的海外人才全方位的服务；在生活设施上尽可能满足他们生活所需，免费为他们提供住房及用车。此外，为丰富员工业余生活，公司每季度组织外出活动，如滑雪、采摘、植树、烧烤、单身联谊等，以缓解员工的工作压力、帮助结交新的朋友。公司成立了若干个俱乐部，包括球类（足球、篮球、羽毛球），智力游戏类（棋牌），各俱乐部每周都有常规活动，球类俱乐部每年都有大型联赛，并邀请高管出席颁奖，为海外高层次人才创造了良好的工作和生活环境。

第二，高效、快速、与时俱进的招聘渠道。作为国内领先的医药CRO企业，康龙化成在招聘人才方面也采取高效、快速、与时俱进的方法，国内外多渠道地选择与公司具有高匹配度的优秀高素质专业人才。成立十年来，公司在吸纳人才方面的经验也逐渐丰富，目前公司的招聘渠道主要包括：

（1）公司高管会通过全球顶级专业研讨会论坛、科学发展前沿主题等相关大型会议，结识高级专业人才，以便通过日后的深入了解从而引入公司。

（2）通过中国猎头行业位列前茅的猎头公司，搜索高匹配度的人才；在短期内快速、主动、定向寻找企业所需要的人才，主要面向的对象是企业中高层管理人员和企业需要的特殊人才。

二、海聚人才的引领作用：提高企业知名度、深化企业影响力

海外高层次人才的引进给企业发展带来了新的动力和活力。他们把国际上先进的技术和理念带到公司，用积累的专业知识和国际一流研发制药企业的先进管理经验，为公司培养了一批技术和管理骨干人才。他们的加盟也为公司的业务开拓和课题拓展带来了新的机遇，使公司在外包服务各方面都上了一个新台阶。他们积极参与公司的管理和项目合作，为企业的不断发展壮大作出了贡献。近年来，在他们的协作下，康龙化成已开始资助中国科学院上海有机化学研究所应届博士毕业生到国外知名实验室去做博士后研究，分别在兰州大学、郑州大学、河北大学和山西大学为博士研究生和硕士研究生设立了奖学金，以奖励优秀学生在有机化学和药物化学方面做出的突出成绩。在培养人才方面，他们还协助公司创办了“康龙学院”，按国际上流行的研究生院授课方式进行全英语授课。另外，康龙化成还与北京大学和上海有机化学研究所就多方面培养人才达成了协议。

楼柏良博士是康龙化成的创业者，2009 年入选北京市“海聚工程”（创业类项目），2011 年 10 月入选第二批创业类“千人计划”。公司在他的带领下发展迅速，现已建成国际一流的新药研发一体化研发平台，包括化学、生物、药物代谢及药代动力学、药理、毒理等各个领域，涉及新药研发临床前的全流程。目前公司化学水平业界知名，不仅擅长于杂环化学，而且还擅长于手性化学（不对称合成和酶反应）、金属有机合成、高通量化学、计算化学、生物有机化学包括核苷、核苷酸、糖化学、脂质与聚乙二醇化学。同时，公司新建了高水平的药物化学研发平台。公司的肿瘤药理研发服务国际知名，已建立大量人类肿瘤异体移植动物模型、病人原发肿瘤模型、鼠源性同种肿瘤模型，建立人类肿瘤组织数据库及药理基因组学信息库，可迅速、客观地评价化合物的抗肿瘤作用。公司建成了国

际首屈一指的体内、体外技术研发平台，按照美国药品非临床研究质量管理规范（GLP）标准设立和执行的毒理和安全药理实验室通过了美国食品和药品管理局（FDA）认证。公司的动物房为中国目前规模最大的动物房之一，通过国际实验动物评估和认可委员会（AAALAC）认证，各方面设施在国际上首屈一指。公司还建成了药物工艺开发与生产的一条龙服务，包括工艺研发、生产路线选择与开发、中间体和原料药的放大与生产、分析方法开发、制剂前和制剂研究等，具备百公斤级的符合药品生产质量管理规范（GMP）要求的药品生产能力，专业水平及各方面设施处于国际一流水平。目前，公司业务更趋多元化，由成立之初的化学拓展到临床前新药研发服务的全流程，其中毒理服务处于业界领军地位，新建成的毒理研发服务实验室为亚洲地区最大的毒理研发服务中心。现在企业发展情况良好，规模在全国同行业中位列第二，为北方地区最大的新药研发服务机构。

付健民博士入选2012年北京市“海聚工程”（工作类项目）、2013年1月入选第7批创新类“千人计划”。付健民博士入选“海聚工程”以来，在康龙化成做出了突出的成绩，带领了一个大部分由博士和硕士组成的药物化学研发团队，在癌症、心血管、病毒和中枢神经等领域开展了十余个新药研发项目。付健民博士在工作中充分展示了自己在新药设计方面多年的经验，利用计算机辅助设计，设计出具有生物活性的目标小分子。所领导的团队通过应用世界前沿的有机化学合成方法，合成出了将近5000个高纯度的化合物进行生物测试筛选，通过建立构效关系，发现了具有高度活性和很好的物化性质的化合物，其中有的项目成为新药研发的重要里程碑，现已申请专利十余项。同时，付健民博士把先进的新药研发理念带入公司，培养了一批优秀的药物化学人才，使公司在新药研发方面的能力有了很大的提高。作为公司的副总裁，付健民博士参与了公司战略计划的制订与实施，同时具体负责与学术界的合作和联络。在付健民博士的成功运作下，公司已与国内高校和科研院所开展合作。为了提高公司员工的业务水平，在公司领导的支持下，付健民博士筹备和创建了“康龙学院”，并讲授“高等金属有机化学”，现已开设了博士班和硕士班，已有三届博士班和两届硕士班学员毕业，“康龙学院”已成为康龙化成的一个响亮的品牌。另外，付健民博士每年还组织和召开康龙化成有机合成和药物化学国际研讨会，现已成功地举办了四届，为公司部门及各分公司输送了很多管理人才。作为一个不断学习的组织，整个公司呈现出一个发展中积极进取的状态，公司里人才辈出，在各部门一些领导岗位担任着重要的角色。

吴国胜，计算机辅助药物设计专家，2012 年入选北京市“海聚工程”（青年项目）。1994 年获得武汉大学化学学士学位，1997 年获得中科院化学所硕士学位，2001 年年底获得美国芝加哥地区的西北大学（Northwestern University）化学系博士学位，在美国礼来公司（Lilly）和伟泰公司（Vitae Pharmaceuticals）工作将近 10 年之后，于 2011 年 7 月加入康龙化成（北京）新药技术有限公司。吴国胜从零开始为公司建立了计算机辅助药物设计部门，通过整合国际一流的软件和数据库，建立了国内一流的药物设计平台。他用国外标准招聘培养了 4 位具有博士学位的研究员，组成目前在国内本领域实力最强的团队，帮助公司赢得多项一体化新药研发服务项目，客户包括美国、日本、欧洲和国内多家跨国制药公司、生物技术公司，以及科研机构。吴国胜领导团队参与多项新药研发项目的药物设计，获得显著成果，多个项目已经推进到动物药理和毒理试验。三年来一共提交 5 项国际新药专利申请，其中一项已经公开发表，还有几项专利申请在准备中，研究项目涉及癌症、疼痛、哮喘、炎症和精神分裂症等多个领域，具有较好的应用前景，大大提高了公司外包服务业务的质量和价值。他的研究工作解决了很多的客户难题，获得多个跨国制药公司（合作者）的一致好评，本人也获得 2 项奖励，为公司在制药界赢得优良的知名度。吴国胜连续两年应邀为清华大学医学院本科生和研究生讲授计算机辅助药物设计的基础和进展，应邀在北京大学为国内药企的广大新药研发管理人员培训讲课，此外还在国内计算化学会议、中科院化学研究所、中国医学科学院和武汉大学等机构做学术报告，获得较好的社会效益。

全面的招聘渠道和全方位的高层次人才服务机制，使得康龙化成在吸引优秀海外人才方面拥有较大的优势，随着公司入选“海聚工程”人数的增加，公司的知名度不断提高，影响力不断扩大，不仅受到业界和相关部门越来越多的关注，也给公司带来一定的社会效益和经济效益。

第八章
“海聚工程”创新人才优秀代表

第一节　北京生命科学研究所王晓东：新理念领导北生所

王晓东，美籍华裔生物化学博士，1963 年出生于湖北武汉，祖籍河南新乡。1980 年王晓东考取北京师范大学生物系，1985 年赴美留学，1991 年获得美国德克萨斯州西南医学中心生物化学博士。现为北京生命科学研究所（以下简称“北生所”）资深研究员、所长。

王晓东博士获得博士学位以后又师从诺贝尔奖得主约瑟夫·戈尔茨坦和迈克尔·布朗做博士后研究。1995 年以来，王晓东博士一直致力于研究人体细胞的凋亡，在过去的十几年中，他所领导的实验室发现了细胞凋亡的生化通路及其作用机理。根据这些研究成果，王晓东博士还研发出了针对肿瘤细胞凋亡的新型实验性肿瘤治疗药物。2001 年，凭借在细胞凋亡规律研究上的杰出成果，王晓东被聘为德克萨斯州西南医学中心终身讲席教授，并成为霍华德·休斯研究所研究员。2004 年 41 岁的王晓东被评为美国科学院院士，成为改革开放后中国大陆 20 多万留美人员中获此荣誉的第一人。尽管在国外多年且获誉无数，王晓东时刻心系祖国：“我出国时想的就是何时学成回来。”“作为一名华人科学家，无论走到哪里，无论有多大成就，祖国永远是祖国。”2003 年 4 月，王晓东和耶鲁大学的邓兴旺博士一起受聘共同所长，筹建北生所；2010 年，他辞去美国的所有职位，回国担任北生所所长。① 2013 年王晓东入选中国科学院外籍院士，并获得多项国际生物研究奖，其中包括2006 年的“邵逸夫生命科学与医学奖”。担任北生所所长后，王晓东提出了“为年轻人赋能”的理念，他说：“要让处于创造力最高峰时期的青年人，能够心无旁骛地、有资源有条件地、做他们想做的事情。”他的这一理念正与国家的人才强国战略、以人为本的理念契合，也与“千人计划”“海聚工程”的初衷相互呼应。为此，他倾力打造了一系列的有效机制，以确保人才能够心无旁骛、全身心地投入研究。这一系列的有效机制，包括建立资源共享平台、完善评估体系、建立学术交流平台以及实验室主任拥有研究自主权等。此外，他还采用公开透明的财务制度，积极推进所长去行政化。通过这一系列的措施，让年轻人拥有了“免于恐惧的自由”，能够专心于科研。

在王晓东的带领下，经过十年的努力，北生所组建了以国际一流科学家为主体的科研团队，并以其独有的科研环境和王晓东的个人声望，累计吸引了 50 多位海外高层次优秀留学人员回国进行全职工作。在科研方面，经过全体人员的努力，北生所取得了丰硕的研究成果，累计在国际权威刊物上发表多篇论文，在生命科学的多个分支领域取得了开创性的研究成果，多个处于国际国内领先地位并且具有良好市场前景的创新项目也都进入了开发阶段。这些成果也得到了国际认可，成为国际一流科研成果中的一部分。在机制建设方面，通过一系列有效措施，北生所培养出了一批优秀的新生代科研人才，探索出了既符合中国发展实际又与国际接轨的科研运行机制。

除此之外，王晓东自身的研究也获得了巨大的成就，他所从事的细胞凋亡研究获得了多项重大突破。2011 年初，王晓东创办了百济神州（北京）生物科技有限公司（以下简称“百济神州”），着力研发全球领先的抗癌新药。深厚的科研背景、强大的研发能力以及科学的研发策略，使百济神州的新药研发很快便“开花结果”了，研发出的药物引起德国、美国、澳大利亚等多个国家的关注，创造了我国新药研发史上的一个里程碑。

① 喻思娈、黄文砚：《王晓东：永远的中国心》，《人民日报》2014 年 06 月 03 日。

一、所获政策支持

北生所实行理事会领导下的所长负责制，理事会由北京市政府联合国家科技部、教育部、发改委、卫计委、国家自然科学基金委、中国科学院、中国医学科学院等多个单位共同组成。北生所之所以能够在短时间内发展壮大，并取得如此丰硕的成果，与党和国家的大力支持是分不开的。

首先，国家“千人计划”和北京市“海聚工程”为北生所提供了良好的科研大环境。“千人计划”“海聚工程”等引才计划致力于为海外高层次人才来华工作提供良好的工作环境和生活条件，成功地为北生所引来了众多海外优秀高层次人才。在国家强有力的政策扶持下，来所工作的海外人才能够全力以赴地进行创新创业活动，为建设创新型国家贡献智慧、做出成绩。目前，北生所 1 人入选“千人计划”，6 人入选“青年千人计划”，24 人入选“海聚工程”。这些人才政策除了给人才个人待遇、科研资金支持之外，还对人才的户口问题、外籍人才工作居住证、人才子女入学等问题都给予了大量的政策支持，能够很好地为人才解决后顾之忧。

其次，国家科技部和北京市政府为北生所提供了稳定的科研经费和行政运行经费。科技部每年以“863”“973”项目的方式给予北生所科研经费支持，使他们不用考虑经费问题，可以集中精力做科研。北京市则通过北京市科学技术委员会每年给予北生所相关行政经费支持。北生所内部实行创新性的科研经费分配体系，对每个实验室进行稳定支持，保证了资金的使用效率最大化。

在研究生招生方面，国家也给予了大力支持，为北生所的可持续发展提供了有生力量。北生所没有独立学位授予权，不能独立招收研究生。在党中央的关心及教育部的支持下，北生所和协和医院、北京师范大学、清华大学、北京大学、北京农业大学建立了研究生联合培养机制，使得每年的招生名额得到了保证。2009 年经教育部批准，北京大学、清华大学和北京生命科学研究所成立了联合培养博士研究生项目，即 PTN 项目，旨在积极探索和推进具有中国特色并与国际接轨的博士研究生招生方式和培养机制，充分发挥高等学校、科研院所和导师的积极性和主动性，选拔优秀创新人才。

除以上政策支持外，北生所还得到了其他几个理事会成员单位的大力支持，参与了国家卫计委“重大新药创制专项”，申请了多项国家自然科学基金委项目，与中科院所、中国医学科学院开展了多方位的科研合作，还参与了北京市多项科研、人才支持类项目的申请；昌平区政府和中关村管委会在科研和行政服务等很多方面也都给予了大力支持。

二、卓越成就和未来设想

王晓东带领下的北生所运行10年取得的卓越成就，不仅证明了王晓东具备世界一流科学家的实力，还在国内外科研领域起到了风向标的作用。

首先，在国际上，这些成就以及他本人的回归举动引领了大批海外高层次人才团体性回国热潮，大大提升了中国在生命科学领域的研究水平，有的学科甚至达到了世界领先水平。

其次，在国内，王晓东组织创建的北生所采用的全球招聘和评估体系对国内科研院所的招聘和人才评估体系起到了重要的影响。唯才是用、给年轻人充分自由和宽松的科研环境，不仅使得北生所在短时间内创造出了一流科研成果，还成功地促进了国内各大院校和科研机构关于人才招聘和评价体系的改革。北生所建立起的一套与国际科研体系接轨的运行体制，也受到了海内外同行的褒奖和认可。它的成功证明了即便在科研体制改革的大环境还没有成熟的条件下，在体制外另辟蹊径，建立这样的新机制以便“做更好的科学”不仅可行，而且也可以取得非常好的成效——花钱少、科研效率高还出人才。由此可见，北生所在发展的第一个10年里，成功地撬动了国内整个科研体制的改革，并且带动了诸如北大生命科学院、清华生命科学研究院等国内高校科学（研究）院的快速跟进，这在一定程度上促进了我国高校科学（研究）院的发展，有助于提升各大高校的科研水平。

同时，北生所在促进国内外学术交流与发展上也作出了不少贡献。北生所每周都会邀请一些国内外科学家到所里举办相关学术讲座，并积极促进各实验室与国内外其他科研院所开展多项科研合作项目，积极创建国内外学术交流平台。

经过十年积累，北生所已开创多个领先国内外，并有较好市场前景的创新项目，这些项目目前都已经进入了开发阶段。此外，它拥有的多项原创性生物医药研究在未来也将逐步完成向实际应用的转化。截至目前，北生所有一批研究成果已经具备向实际应用转化的可能性，这会对创新型国家的建设和首都经济快速发展都起到示范带头作用，也将对人类健康事业的发展作出极大贡献。在未来一个阶段的发展中，北生所将在继续坚持生命科学基础研究的基础上，建立起一个与国际接轨的通用的生物技术转化中心，并制定出符合国际管理的生物技术转化系统，切实增强研究所基础研究成果对产业发展的辐射力。

第二节　国家作物分子设计工程技术研究中心邓兴旺：致力于推动农业科技和市场发展

邓兴旺，美国加州大学伯克利分校博士，1962 年出生于湖南湘西山区，少年时期生活条件艰苦。1978—1985 年就读于北京大学生物系，先后获得北京大学生物学学士学位和硕士学位。

硕士毕业前，邓兴旺申请赴美留学，他硕士时期的研究课题引起了美国加利福尼亚大学伯克利分校的兴趣，1985 年他如愿赴美留学。在伯克利，邓兴旺专心于学术，于 1989 年获得美国加利福尼亚大学伯克利分校的博士学位。博士毕业后，1989—1991 年，邓兴旺在伯克利植物生物学系从事博士后研究，期间，他向耶鲁大学投出简历，经过面试筛选，耶鲁大学最终决定聘请邓兴旺担任耶鲁大学生物学系助理教授，此后他还担任了耶鲁大学生物学系的副教授。1998 年，凭借在植物分子、细胞和发育生物学领域取得的突出成就，他被耶鲁大学聘为终身教授。2003 年，世界植物分子学会将全世界每年仅有一个名额的 Kumho 奖颁给了邓兴旺。

除在美国取得各项成就之外，邓兴旺在国内也组织参加了一系列活动，并取得了不俗的成果。

在国内外学术交流方面，自1998年起，邓兴旺就和朋友一起组织开办北京大学植物分子生物学与发育遗传学暑期免费讲习班，并亲自授课。学员们大都来自全国高校生物系及研究院所，讲习班很受欢迎，每次都座无虚席。随着回国讲学次数越来越多，邓兴旺也越来越觉得如果能将耶鲁和北大的学术资源融合起来，学生一定可以接受更多更好的教育。因此，2000年，他成立了北大—耶鲁植物分子遗传及农业生物技术联合研究中心，并担任该研究中心主任，以及北京大学长江特聘讲座教授。他尽自己所能，努力为年轻人创造更多更好的学习交流机会。研究中心有了一定规模后，邓兴旺又通过组织相关项目，资助北京大学研究生到耶鲁大学学习深造，为国内优秀年轻学子提供了很多很好的学术交流机会。

2003—2009年，邓兴旺博士与王晓东博士携手成功创建了北京生命科学研究所，并担任共同所长；2009年，邓兴旺博士入选第二批国家"千人计划"和第一批北京"海聚工程"；2013年4月，邓兴旺当选美国国家科学院院士，在生物科学领域获得了众多荣誉。

邓兴旺博士近年来已经将目光转向国内相关领域的产业发展上。这要追溯到2007年，当时邓兴旺在回湖南老家调研时发现，农村农田由于长期使用化肥，土地开始严重退化，环境也变得越来越差，而且农民对粮食高产的需求与应用生物技术的水平之间还有很大的差距。他认为只有提高国内生物育种技术的整体水平，才能切实提高粮食产量，进而从根本上缓解环境不断恶化的现象。返回美国之后，他带领自己的团队，结合本土原有的技术，创建出了新型的不育杂交育种体系，培养出了更高效的耐旱、抗虫、高产并可以自我繁育后代的粮种。中国"杂交水稻之父"袁隆平也曾惊喜地评论到："中国的农民有福了！"历经了这些实地调研和团队研发，邓兴旺做出了创办研发型企业的决定，希望通过研发企业的科研力量为一些企业和机构提供技术与服务，为全国的种子公司提供新技术。

一、所获政策支持

为了更好地研发作物育种核心技术，邓兴旺决定成立研发型公司，2009年8月，在北京市多个部门的关怀和支持下，他的未名兴旺系统作物设计前沿实验室（北京）有限公司在北京正式成立，邓兴旺出任董事长兼首席科学家。

同年，邓兴旺博士入选第二批中央“千人计划”和第一批北京“海聚工程”。在科研开发进程中，科技部、农业部以及北京市科委等部门都非常关注他和他的事业，帮助他解决了许多创业过程中遇到的难题。

二、卓越成就和未来设想

在邓兴旺博士的努力和积极推动下，现在未名兴旺系统作物设计前沿实验室（北京）有限公司已经成为“国家现代农业科技城良种创制中心”的核心依托单位，未名兴旺系统作物设计前沿实验室（北京）有限公司充分整合了我国现有的育种力量和育种资源，不断加快育种科技成果的产业转化，不断开发创新产学研合作育种新模式，促进了首都“种业之都”的建设，带动了我国种业的跨越式发展。

目前，在公司领军人物邓兴旺博士的带领下，前沿实验室的研发团队已经成为一支拥有两百多人并具有国际水平的优秀团队。其中包括：高级顾问袁隆平院士，2位国家“千人计划”高层次人才邓兴旺博士和唐晓艳博士、3位北京市“海聚工程”人才，5位中关村高聚人才以及近20位在国外著名大学或研发机构受过长期培训的专家学者。

目前，前沿实验室的研发团队在水稻研究上已经取得了很大突破，他们建立的新型作物“分子设计杂交育种体系”，使中国在水稻杂交育种领域继续保持着国际领先地位。不过，邓兴旺为公司设立了更大的目标，就是成为孟山都、杜邦这样的世界知名公司，力争10年之后把公司建成世界级的种子公司。

虽然，邓兴旺教授已经在学术界取得了很高的成就以及众多的荣誉，但是他仍然坚持每天学习，尤其是学习关于企业管理和投融资等方面的知识。他认为：科研成果从实验室走向田间再走向大众的餐桌，需要时间和严格的食品安全质量把关，但是要想经营管理好企业，则需要不断地给自己充电，积极学习如何成为一个有强烈社会责任感的优秀企业家。

第三节　北京工业大学王璞：不忘初心，投身先进激光技术及应用的发展

王璞，1965 年出生于中国山东。1986 年毕业于山东大学物理系，获学士学位。随后，王璞考入该校晶体材料研究所，1991 年毕业获得硕士学位。1995 年，王璞在澳大利亚麦考瑞大学 Jim Piper 教授的帮助下，申请到了该校的半额奖学金，并于次年 4 月进入该校激光与应用中心攻读博士学位，2000 年博士毕业，获得博士学位。在读博期间，王璞开始研究半导体泵浦固体激光器这一新兴领域，并取得了可喜的成果。这一研究成果使王璞赢得了澳大利亚物理协会颁发的唯一一个优秀学生一等奖，这在当时引起了很大轰动。

2000—2001 年，王璞在澳大利亚北方电讯公司光子学分部任高级光学工程师。虽然王璞在澳大利亚生活了好几年，在科学研究上也取得了可喜的成绩，但是他始终认为，出国留学就是要取得“真经”，就是要真正掌握国际顶尖技术。自 2002 年起，王璞进入英国南安普顿大学光电子研究中心任高级研究员，参与了该中心多个国际合作研究项目，并在多项前沿研究课题中都取得了世界领先的具有创新性的研究成果。在该研究中心工作的这些年王璞逐渐掌握了高功率光纤激光器研究的部分核心技术和关键技术。

王璞在海外留学和工作多年，但仍然心系祖国。2009 年 11 月王璞携全家回国，全职入职北京工业大学，成为北京市特聘教授，并入选第三批国家“千人计划”和第二批北京“海聚工程”。王璞现担任北京工业大学激光工程研究院院长、教授和博士生导师。

一、所获政策支持

2009年，王璞选择回国，成为北京市特聘教授，正式加入北京工业大学激光工程研究院，成为该院科研团队带头人。自王璞到北京工业大学以来，已累计获得科研经费达1009万元，累计发表高水平论文30余篇，发明及实用新型专利13项。

王璞认为，做科研不应单打独斗，要培养科研团队，调动团队内部每个人的积极性和创造性。王璞的研究团队近年来吸引了不少“海聚工程”青年项目入选者、北京市特聘教授以及大批优秀海外学者，在引才方面取得了可喜的进展。国家“千人计划”、北京市“海聚工程”以及北京市教委、北京工业大学也都给予了相关方面的大力支持。在这众多力量的支持下，王璞建立了“北京工业大学高功率光纤激光器研究实验室”，带领团队开展高功率光纤激光器研究。2013年，他带领的“能量光电子技术”研究团队入选了北京市创新团队，团队项目中的“用于材料加工的高功率超短脉冲光纤激光器”还实现了技术转让，获得500万元资金，成为北京工业大学技术成果转化的突出代表。

二、卓越成就和未来设想

王璞2009年11月回国至今，除了在北京工业大学建立了高功率光纤激光器实验室，帮助实验室引进了众多人才之外，还主持了国家自然科学基金的重点项目“高功率全光纤超荧光光源的基础理论及关键技术研究”“石墨烯锁模光纤激光器关键技术研究”以及北京市自然科学基金“高重频高脉冲能量包层泵浦超快光纤激光器”等多个项目；在Optics Express、Optics Letters等国际知名学术期刊上发表数十篇论文，其中科学引文索引（SCI）收录40余篇；他还获得了10余项国家授权专利。

回国以后，由于国内初始研究条件的限制，王璞适度调整了自己的研究方向。在关注光纤激光器研究前沿时，他注意到，超短脉冲光纤激光器因为具有重量轻、体积小、电光转换效率高、光束质量好、激光性能稳定以及维护成本低等特点，已逐步获得了激光医疗、工业制造、科学研究等领域的青睐，成为研究院所、企业单位研究开发的热点。他认为，在欧美国家，部分工业用超短脉冲光纤激光器已经产品化，但目前我国国内市场所能提供的超短脉冲光纤激光器多为进口品的中低端产品，那些具有高平均功率、高重复功率的高尖端产品，受到了西方国家的禁运。我国是一个工业大国，工业制造、科学研究对超短脉冲光纤激光器的需求十分巨大，因而开展高功率超短脉冲光纤激光器及其应用系统的研究，逐步实现具有自主知识产权的高功率超短脉冲光纤激光器的国产化是十分必要的，这也将对我国国防建设、工业制造以及高新技术产业的发展起到非常重要的作用。

2013 年王璞当选第十二届全国政协委员，也承担了更多的社会责任。他长期以来重视青年人才的培养和指导。作为全国政协委员，针对人才培养问题，他提出了《进一步提升培养研究生待遇》的提案，提出要充分重视青年人才培养、加大软经费投入比例、设立创新基金，加快培养创新性人才等富有见地的方案。

而作为一名高校教师，他认为教书育人是本职，他希望培养真正的能在今后工作中具有国际视野的科研人才。他曾经说过："青年人是创新的生力军，在国外，许多科研成果都是研究生尤其是博士研究生创新创造出来的！我们今后在科研成果利益分配上，应该考虑到研究生的利益，使他们也成为长远利益的分配者，从机制上真正激发青年人的创新潜能。"

王璞无论是在科研还是在教学的道路上都不断前行，始终以踏实做人、勤奋做事的准则要求自己，他曾经说，一个人是渺小的，但是希望能通过自己的努力为国家做出些成就。这也是王璞的心愿。

第四节　北京市心肺血管疾病研究所杜杰：归国发展心血管疾病研究

杜杰，教授，1963 年生于吉林长春。1981 年考取北京大学生物系，

1985 年本科毕业。之后，他分别用一年半的时间读完了硕士学位和“作物基因工程”专业的博士学位。1989 年杜杰博士毕业后赴美留学，在美国 Emory University School of Medicine，Baylor College of Medicine 读博士后，并先后担任了助理教授和副教授等职。

博士后期间他选择了当时在美国非常热门的专业——心血管医学，主要从事肿瘤、心血管、高血压发生及其危害等方面的研究。杜杰说，当初在美国选择这一研究领域，主要是因为当时恰逢美国处于心血管疾病的高发期，这一领域的研究在当时的年轻人眼中具有很大的挑战性。经过一段时间的学习，杜杰成为美国一名心血管疾病研究领域的专家。

在美国期间杜杰曾主持和参与过多项美国 NIH R01 心血管研究课题，还经常参加与国内的科学交流活动，在这些交流中，他发现国内的发展机会很大。2008 年，杜杰成为教育部“长江学者”特聘教授，2008 年 10 月正式从美国辞职回国。同年，杜杰成为第一批“海聚人才”全职工作类专家并获得国家自然科学基金杰出青年称号，先后出任教育部心血管重塑相关疾病重点实验室主任和教育部长江创新主动脉瘤研究团队主任。目前任职于国内心血管研究方面比较具有特色的首都医科大学附属北京安贞医院，并担任北京市心肺血管研究所副所长，从事心血管方面的“转化医学”研究。

据统计，心血管疾病每天夺去我国约 8200 人的性命。面对如此残忍的事实，如何运用自己的知识去对抗心血管疾病这个病魔，便成为了时时萦绕在杜杰脑中的问题。2008 年，杜杰辞职回国正是为了奉献自己所学，争取为祖国解除正在面临的心血管疾病威胁。如今，他选择了在心血管疾病研究方面极具特色的首都医科大学附属北京安贞医院——北京市心肺血管疾病研究所任职，把这里当作自己再次放飞梦想的大舞台，他决心用实际行动来完成他心中的长远规划。

一、所获政策支持

国家各个部门对海外引进高层次人才都非常重视，在政策上也给予了众多扶持。归国后，杜杰教授得到了相关部门在工作和生活上的全方位支持。

在资金和工作方面，杜杰归国后入选了“海聚工程”引才计划，北京市海外学人中心给予其一笔奖励资金；首都医科大学附属北京安贞医院在引进杜杰之后，为他搭建良好的工作平台。为了使他更好更顺利地开展工作，2008 年安贞医院又支持他组建了心血管生物学研究室，并让他担任主任。2013 年安贞医院聘任杜杰为院长助理，兼任北京市心肺血管疾病研究所副所长；同年，医院支持杜杰打造了心血管重塑相关疾病教育部重点实验室和北京市协同创新中心，由杜杰担任负责人。

在人才团队支持方面，医院通过公开招聘、内部选拔等各种形式，为杜杰团队吸引和招募了一大批海内外的博士、博士后等高层次人才，为他打造了一支以优秀科学家为学术带头人、中青年科学家为骨干的优秀科研团队。杜杰所在的研究所目前已有固定工作人员 71 人，其中研究人员 63 人，技术人员 8 人，这些人员中包括博士生导师 24 名，硕士生导师 40 名，其中拥有高级职称者共 43 名。2011 年这支优秀的研究团队在杜杰的带领下获得了教育部长江“创新团队”奖，科研成绩也是硕果累累。

在临床病例和实验条件方面，安贞医院充分利用本身的样本优势和已有的实验室，为杜杰的研究创造了很多有利条件。安贞医院作为以治疗心肺血管疾病为特色的三甲综合医院，每天都要接诊不少于 2000 人次的心脏病患者，因此医院拥有资源丰富的心血管生物样本库，建立了国家首批心血管病临床医学研究中心。另外，医院为杜杰投资建设的实验动物中心，拥有国内一流的设备条件，而且可以根据实验人员的不同需求协助配备实验器械，每日配有一名专门工作人员负责系统内的日常管理和各方面工作之间的协调，为杜杰开展科学研究提供了必要的基础条件。

在科研平台建设方面，以心血管生物学实验室为基础，医院为杜杰教授搭建了五个具有国际领先水平的科研平台，即：实验动物模型平台，病理生理学研究平台，无创影像学研究平台，细胞生物和分子病因学平台，和基因诊断平台。依托这五个平台，研究团队在以下六个方面的课题研究上都取得了重要的进展，一是高血压导致器官损伤的机制研究，这一研究主要承担国家自然科学基金炎症微环境在高血压心脏纤维化发病机制及 973 高血压器官损伤的研究；二是炎症微环境与肿瘤的研究，这一研究主要负责国家863项目肿瘤的基因组和973项目研究；三是心血管疾病早期诊断、预警、干预与分子病因学研究，主要承担科技部国际合作、教育部创新团队的转化医学研究；四是肠道微生物与疾病研究，主要负责农业部转基因生物安全性及北京市心血管协同创新研究；五是血管病变转化医学研究，主要承担国家973项目课题血管发育与损伤、教育部创新团队的转化医学研究；六是上皮间质转化（EMT）与肾脏纤维化研究，主要承担国家自然科学基金EMT在肾脏纤维化中的作用机制研究。另外，医院还积极支持杜杰教授申报了国家自然科学基金、北京市自然基金和北京市科委等多个课题的科研项目。

在生活方面，杜杰也得到了北京市海外学人中心的多次帮助。比如，北京的雾霾天气和堵车，偶尔会让他心情烦躁。针对这样的情况，北京市海外学人中心甚至当起了杜杰的“心理咨询师”，海外学人中心的朋友曾经打电话劝导他说，“堵车不堵心，雾霾不误事”，这两句话让他记忆深刻。在子女入学问题上，海外学人中心给予了杜杰很多实际的帮助。杜杰的两个女儿都是在国外出生的，都正读高中，杜杰感慨道：“想让她们回国读书，海外学人中心的领导帮我们找学校，去和国际学校的人交流，这都是我们没法做到的。”①

二、卓越成就和未来设想

在北京市海外学人中心和首都医科大学附属北京安贞医院各项政策上的帮助下，杜杰正在逐步实现自己的梦想，从2008年回国以来，在各项工作中都取得了卓越成就。主要表现在以下几个方面：

首先，在引进海外人才方面，杜杰凭借着自己的科研和人格魅力以及自己各个工作平台的吸引力，2013年为北京市心肺血管疾病研究所引进了“北京海外人才聚集工程短期项目”的宋文超教授。2014年又为北京安贞医院引进了“青年千人计划”兰峰教授。他们的加入，为研究所带

① 胡涵：《杜杰：防止病人如潮要“趁早”》，《新京报》（北京：“海聚工程”5周年特刊）2013年12月26日。

来了更多的人才创造力。2014 年，杜杰参加了“2014 海外赤子北京行”活动，并在 8 月 7 日上午举办的“2014 北京海聚论坛”上，围绕在市属医疗机构开展创新研究的情况做了主题演讲。此外，杜杰通过外国专家局平台申报了海外引智重点项目“心血管疾病早期预警的转化医学研究”，该项目聘请了 6 位海外知名专家参与。

其次，在人才培养方面，杜杰始终将人才队伍的建设及培养贯穿于他的整个工作中。他积极协助首都医科大学和安贞医院引进多名海外专家、教授，也多次邀请国内知名教授对团队的课题组进行指导，不定期地邀请国内外心血管领域的知名专家教授来实验室做讲座和工作指导，促进海内外的学术交流。在人才培养上，他回国以来已经选送了多名优秀年轻科研骨干去参加国际学术会议交流，开拓他们的眼界，让他们能够有机会积极融入到世界范围的学术科研讨论中，为其进行开拓创新性的工作提供了良好的思路和途径。这些积极的人才培养措施大大提高了科研人员的科研素质。

再次，在科研成果产业转化方面，杜杰依托教育部重点学科——首都医科大学心脏病学系，牵头成立了省部共建教育部心血管重塑相关疾病重点实验室。该实验室整合了首都医科大学多家附属医院心血管临床学科与基础研究的资源，以心血管疾病转化医学为特色的研究模式，为心血管疾病的防治提供了不少新思路。经过杜杰和他的团队的共同努力，目前转化医学概念正进一步地拓展到社区，转化医学着眼于描述疾病从无到有的过程，关注在社区多种因素存在的情况下，如何验证基础研究筛选出的易感基因或危险因素的价值。

最后，在科研成果上，到北京安贞医院工作以来，杜杰主持了包括国家“973”课题，北京市心血管病理生理平台课题，国家自然科学基金等多项重大、重点课题，累计发表 SCI 论文 120 余篇。

关于对未来的设想，杜杰也有他自己的想法。他的研究室是以心血管重大疾病防治协同创新中心、心血管重塑相关疾病教育部重点实验室为载体的，所以，他们在接下来的工作中要开展基础、临床和产业的多维创新研究，以实现心血管重大疾病研究领域的创新突破，最终减少心血管重大疾病对人类健康的危害。研究室的发展将对提高北京市心血疾病防诊治水平，优化资源配置，加强优势学科建设，提供一个很好的发展机遇。为了实现项目、人才和平台之间的良性循环，杜杰及其团队将围绕以下几个方面展开下一步的工作：(1)建立心血管疾病基因诊断中心；(2)发现心血管疾病易感基因，研发预警及诊断芯片；(3)推动临床基础结合；(4)完善心血管疾病协同创新中心；(5)筹建心血管疾病北京实验室；(6)筹建北京市心血管重大疾病转化医学研究院。通过这些工作的开展，研究室和研究团队希望能够围绕心血管重大疾病临床亟待解决的关键问题开展研究，进而取得具有重大影响的科研成果，促进相关学科的人才队伍建设和高水平研究生培养基地的建设，使得研究室的学术影响力稳步提升。

第九章
“海聚工程”创业人才优秀代表

第一节 百度——李彦宏：引领中国互联网时代

李彦宏，百度创始人、董事长兼首席执行官，1968 年生于山西阳泉。1987 年李彦宏考取北京大学图书情报专业（即如今的信息管理专业），1991 年毕业，随后赴美国布法罗纽约州立大学学习计算机专业，并取得计算机科学硕士学位。

1994 年暑期前，李彦宏收到了华尔街一家公司——道·琼斯公司的实习通知。实习结束后，他的研究成果受到公司老板的赏识，于是他决定离开学校，到这家公司担任高级顾问。1997 年，李彦宏离开工作了三年半的华尔街，转战硅谷，加盟了当时发展如日中天的搜索技术公司 Infoseek，并在工作期间获得了“超链分析”技术专利。1998 年 10 月 Google 上线并申请了 PageRank 的专利，但由于 Pagerank 与李彦宏的超链分析专利具有一定的相似性，美国专利商标局在 2001 年 9 月才核准了 Google 的 PageRank 专利申请。

2010 年，李彦宏入选国家“千人计划”，2011 年入选第四批北京市“海聚工程”。作为百度公司创始人、董事长兼首席执行官，李彦宏全面负责百度公司的战略规划和运营管理。此外，李彦宏还曾获得“CCTV2005 中国经济年度人物”“IT 十大风云人物”“改革开放 30 年 30 人”等荣誉称号。美国《商业周刊》和《财富》等杂志也多次将李彦宏评为“全球最佳商业领袖”和“中国最具影响商界领袖”。2013 年李彦宏当选第十二届全国政协委员，兼任第十一届中华全国工商业联合会副主席、第八届北京市科协副主席等职务，并获聘国家特聘专家。

一、创业历程

从1991年赴美留学，到1999年回国创业，在美国8年期间，李彦宏亲身经历并认真观察了美国IT业尤其是搜索引擎技术对美国社会改变的全过程。他一直以来的梦想就是有一天能够用自己开发的技术改变国内亿万人的生活，甚至改变整个世界，这个梦想最终也决定了李彦宏的人生道路。

李彦宏在美国期间，中国互联网界虽没有发生惊天动地的大事，但却正在悄悄地发生着翻天覆地的变化。事实上，从1995年起，李彦宏每年都会回国进行考察。1999年，李彦宏经过考察认定回国创业的时机已经成熟，于是放弃美国绿卡和在美的安逸生活，回到互联网正在悄然兴起的中国。刚开始创业时，李彦宏及其团队只是在北大资源宾馆租了两间房，公司员工包括1个财会人员和5个技术人员，加上李彦宏和他的合作伙伴徐勇一共只有8人，就这样，李彦宏和他的团队开始了创建百度公司的历程。接着，李彦宏顺利融到了第一笔风险投资金120万美金。在百度成立9个月之后，风险投资商德丰杰联合美国国际数据集团（IDG）又向百度公司投入了1000万美元。

从2001年起，百度开始自立门户，2002年成功实施“闪电计划”，不断改进中文搜索技术，提升用户体验，短短一年时间就全面超越了竞争对手。从2003年开始，随着百度贴吧开启Web 2.0时代，百度知道、百度百科等知识产品也相继推出，百度的搜索技术进一步走向成熟。

经过多年努力，现在百度已经成为中国人最常用的中文搜索网站，也是全球最大的中文搜索引擎和全球最大的中文网站。在他创业的第一个五年时期，李彦宏和他的团队便迎来了资本市场的认可，中国概念股也迎来了在美发展过程中的光荣时刻：2005年8月，百度在美国纳斯达克上市成功，成为全球资本市场最受关注的上市公司之一。

二、企业发展

李彦宏的创业成就主要体现在百度公司的发展上，经过十五年的时间，百度的发展主要体现在以下几个方面：

一是国际化发展。从 2008 年开始，百度制定了拓展国际化业务的公司发展战略目标。这一国际化的战略目标初期把亚洲、非洲和拉美等地区的非英语国家确立为目标市场，现在业务已经发展到韩国、日本、泰国、越南、印尼、沙特、埃及和巴西等 8 个国家。百度通过在当地设立分公司来进行当地本土化的运营，有目的地结合各地区文化特色和用户习惯，针对性地开发并推出网站导航、浏览器、搜索、杀毒、软件优化等十多项产品和服务，覆盖了 1 亿以上的海外用户。

二是技术信仰。百度自创立之日起就始终坚持深耕技术，重视人才，再加上百度逐渐形成的创新基础，对吸引外部技术人才产生了重要的影响。2013 年初，李彦宏又推动成立了百度深度学习研究院（IDL）并亲任院长，很快就吸引了一批世界级科技精英的加盟。例如，知名机器学习学者、“千人计划”国家特聘专家余凯，Facebook 前资深科学家徐伟，美国新泽西州立大学统计系教授张潼，AMD 异构系统前首席软件架构师吴韧等。百度的深度学习研究院因为这些精英的加入，仅用一年多的时间，就实现了让百度搜索更加“智能”。如，百度的语音识别，其准确度已经近乎与人际交流相同，而在图像识别方面，百度也已经成为全世界在此领域中最为领先的公司之一。

三是企业责任。随着百度的不断发展壮大，百度也更加重视承担企业的社会责任。在经济方面，百度积极助力国内中小企业，百度搜索的推广营销平台推动了互联网行业及中小企业的高速增长，在经济转型升级中起到了促进作用，为国家经济的发展作出了积极贡献。仅 2013 年百度就为国内超过 75 万家企业客户提供了推广服务，客户量占在中国建立网站的企业总数的 1/3，并且这些企业中一半以上企业的新客户来源都与这些推广信息有关。而在国内创业板上市的 355 家企业中，有 201 家是百度的客户，占比超过 56%。

根据工信部电信研究院的数据显示，2011 年百度通过推广业务直接拉动了6200 亿元新增国民经济产出，占全国 GDP 的1. 3%。而2013 年百度更是拉动产值超过了1 万亿元，占全国 GDP 的1. 76%。此外，2011 年11 月，百度联合工信部发布了“百万中小企业助力计划——翔计划”，致力于加快中小企业转变经济发展方式，助力中小企业发展。根据“翔计划”，百度计划在“十二五”期间投入30 亿元，通过“每年培养10 万搜索营销人才”“搭建中小企业服务平台”等方式帮助200 万家中小企业实现持续快速发展。

在助力社会主义和谐社会建设方面，百度主要致力于和谐网络的建设。2010 年底，在国新办、工信部、公安部等国家有关管理部门的指导下，百度发起了“打击互联网不良信息，共建和谐网络环境”的“阳光行动”。截至2013 年底，百度共处理下线虚假网页已超过7000 万个。另外，2013 年5 月，百度还联合中消协推出搜索引擎行业的全球首个“网民权益保障计划”，为那些使用百度搜索推广结果但却遭遇各类违法网站并受到损失的网民先行垫付损失，且赔付金额上不封顶。近一年来百度通过该计划累计处理网民投诉9100 多起，赔付总金额近一千万元。

除了联合各方力量保障网民上网健康和安全，百度还积极投身公益事业，成立了百度公益基金会。该基金会重点关注环境保护、知识教育以及灾难救助，通过专业团队的组织和运营开展公益事业，先后发起了汇川行动、百度小桔灯、地球一小时、思源蒲公英等多项公益活动，近年来向社会各界捐赠总额达9636 万元。除此之外，李彦宏个人也向北大教育发展基金、华夏基金会、山西光彩事业“左权行”和阳泉城市智能化建设等项目捐赠了2216 万元。百度在公益方面的不懈努力，得到了国家民政部门的肯定，也因此入选了2011 年度中国慈善排行榜十大慈善企业。

凭借以上几个方面的良好发展，百度公司在短短的十五年时间里就成长为一家拥有近4 万名员工，具有全球影响力的高科技企业。如今，百度为6 亿中国网民提供全方位的新闻、音乐、视频、社交、电子商务、网上支付、即时通讯等多样化的优质信息服务。每天响应来自全世界138 个国家的60 亿次搜索请求，收录了500 余万家网站超过3000 亿个网页的数据，其收录量相当于2400个中国国家图书馆，用户平均只需0.04秒的时间，即可找到他想要搜索的信息。

在产品和业务上，百度结合核心的搜索业务，推出了众多优秀产品。例如在搭建中文知识平台领域推出了“百度百科”和“百度知道”。其中“百度百科”成为了全球最大的中文百科全书，“百度知道”也成为了全球最大的中文互动问答平台。百度在搜索领域取得飞速发展，成为国内网民访问互联网的最重要入口之一，在推动知识社会构建和国家信息安全维护方面发挥着重要作用。目前，百度通过不断的技术创新，已经发展成为全球最大的中文搜索引擎，也使中国成为美国、俄罗斯和韩国之外，全球仅有的4个拥有独立搜索引擎核心技术的国家之一。百度公司在我国社会发展、经济建设、科技进步以及文化软实力等方面发挥着越来越重要的作用，逐渐成为我国重要的战略资源。

李彦宏表示，百度未来10年的发展目标是，到2020年百度预期产值达到1600亿元，发展成为世界互联网的创新中心，将百度打造成在全球一半以上互联网市场中家喻户晓的品牌，代表中国企业在全球经济中发挥影响力。①

第二节　恒泰艾普——孙庚文：推动中国能源市场发展

孙庚文，恒泰艾普石油天然气技术服务股份有限公司董事长，1961年生于河北，1983年大学毕业于武汉测绘学院，1998年前往美国工作和学习，期间在美国和国内先后创立了石油技术和地球物理技术公司。

1983—1996年，孙庚文先后在石油工业部物探局、石油部办公厅、中国石油天然气总公司办公厅等部门工作了13年。期间他组织研究并编写了中华人民共和国石油工业部管理信息系统总体方案、可行性方案、论

① 本案例相关内容和资料由百度提供。

证方案等，并发表《自动探矿探水仪的数据收集与处理》《外贸管理信息系统》等学术文章。

1998年孙庚文辞职到美国工作和学习，在美期间他发表了《用头脑走路》《人才留不住，吸引自然来》《说地球物理》《国家安全与地球物理》等几十篇管理科学文章。同时，他组织开发研制完成了DPS、PRO、NCI等大型地震资料处理软件系统。其中NCI处理系统是一套从常规地震处理到全波动方程逆时偏移处理系统（VTI-RTM、TTI-RTM），该系统能够全部运行在GPU计算机系统上，填补和解决了我国地震资料和地质综合研究领域的多项软件技术产品的空白。

回国后，孙庚文带领公司团队完成了恒泰艾普公司的资源整合、重组、股份制改造等工作，引进了多名知名大学的优秀人才回国工作。2009年孙庚文获得“2009年中关村高端领军人才”“创业未来之星”等荣誉称号；2009年，入选第三批国家“千人计划”；2010年入选第二批北京“海聚工程”，被聘为国家特聘专家和北京市特聘专家。① 此外，他还担任北京市侨联第十四届委员会副主席、北京市海淀区侨联第六届委员会常务委员会副主席、北京市海淀区第九届政协委员等。

一、创业历程

1983年孙庚文大学毕业后，进入了当时的石油工业部工作，先后在石油部物探局、办公厅、中国石油天然气总公司办公厅等部门工作。

从1983年到1996年孙庚文在石油部门工作的这13年间，中国石油工业经历了改革开放和国家由计划经济向市场经济快速转变的发展过程，这一时期国内石油公司与跨国公司合作密切，从国外积极引进了不少先进技术。但是在工作中他逐步了解到，当时国内的石油公司以及研究院所使用的石油勘探开发技术的相关软件产品全部需要从国外进口，这让孙庚文感到十分不甘心。

---

① 袁方主编：《俊采星驰——北京海归纪实之二》，北京出版社2011年版，第112页。

1998年，中国石油石化行业进行了一番大重组，孙庚文毅然辞去了自己多年来一直得心应手的工作，他希望能走出去为中国的石油石化行业找到一些突破口，为祖国引进一批海内外石油石化行业的技术带头人，打造具有中国特色的国际化石油勘探技术软件。带着这样的心愿，1998年孙庚文前往美国工作和学习，先后在美国和国内创办了石油技术和地球物理技术公司。他说他是一个“有了一个想法就会坚持几十年不变的人”，这一自我评价在他之后的创业和技术创新研发过程中得到了很好的印证。

到美国之后，他时刻没有忘记自己的梦想，积极地接触当地的华人留学生，这些留学生往往具有资深的地质勘探技术工作经验以及行业内广泛的人脉关系网，他希望通过这样的途径能够让自己更快地与美国行业内的知名人士建立联系。除此之外，他还积极勤奋地自学地球物理方面的相关知识，为日后的技术研发和创新夯实了基础。

在休斯敦时，通过与业内的精英进行交流，他结识了一批在“叠前深度偏移”和“逆时偏移”方面有着高深造诣的专家学者，并与他们建立了广泛联系。除此之外，他还通过翻阅大量资料，查找到了当时在地震资料处理领域掌握着最新技术的科研院所以及一些行业领头人。借此，他与俄罗斯地球物理勘探技术中心保持着长期联系，与俄罗斯著名地球物理技术专家、院士以及美国著名大学的知名教授都建立了真诚持久的合作关系。

研究世界领先技术，除了要广泛接触业内精英外，还要累积足够的研发资金。为此，孙庚文创立了自己的贸易公司，其下专门设立了一个地球物理研究中心，进行地震采集、数据处理与解释等软件产品的开发。孙庚文通过贸易公司提供的资金潜心研发自己的石油勘探软件。这种“以贸养技”的做法非常超前，不过更能体现他的超前意识的是，他为了更好地利用国内外的人才和技术资源，从国内招聘了一名计算机高手，让他在美国工作一段时间之后，再去挪威学习跨平台软件编程技术，把这名计算机高手打造成了一个国际化的人才，也更好地辅助他自己完成了石油勘探软件的开发与应用。最终，在他与研究团队的不懈努力下，他们在国际范围内首先实现了把勘探开发技术软件特别是地震资料处理类软件在 GPU（图形处理器）上成功运行。

除了积极研发技术，以及与外界进行技术交流之外，在美期间孙庚文还积极学习国际大型石油企业的管理运作模式。他时常深入了解各家大型国际石油企业，逐步学习和掌握他们的管理运作模式。

在美国，孙庚文经过不懈努力，找到了使自己从新起点走向新高度的方法，但是科研成果如果不能转化成现实产品，不能得到广泛应用的话，它也只能是理想层面的成果。孙庚文系统地整合分析了国外的组织管理、研发、服务等一整套体系后，着手将人才、管理、生产研发以及技术服务等有机融合起来，即把科研与生产相结合，把科研成果转化成产品，同市场需求结合起来得到最广泛的应用。

基于把公司大本营建立在国内的想法，2005 年孙庚文整合了国内与国外丰富的技术和人才资源，在国外成熟的商业模式中融入自己的想法，最终成立了恒泰艾普石油天然气技术服务股份有限公司。2011 年 1 月公司成功登陆了创业板，成为北京地区第一家由海归人才创办的石油类上市企业。

孙庚文在公司管理上倡导以人为本的理念，把培养有理想、有抱负、有追求、高素质、国际化的员工作为目标和责任，努力把公司打造成国际化的综合性油气田服务公司。

二、企业发展

孙庚文创立的恒泰艾普石油天然气技术服务股份有限公司，凭借着本身所具有的各项优势，从创立之初至今，在石油勘探与开发领域取得了诸多成就。

（一）企业优势

恒泰艾普石油天然气技术服务股份有限公司是一家集高端技术研发、技术服务与产品销售为一体的油气综合服务企业，也是一家在国内外同步发展的石油勘探与开发领域的国际化企业，曾被国家科技部、北京市政府和中科院授予国家自主创新示范企业称号。作为一家在创业板成功上市的国际化高科技企业，恒泰艾普具有多方面的优势。

首先，在全体员工的努力下，目前公司已经形成了三种基本能力：(1)石油勘探开发软件和油气装备、井下设备和仪器技术的研发和产品化能力；(2)勘探开发软件和油气装备、井下设备和仪器技术产品的全球销售能力；(3)利用勘探开发软件和油气装备、井下设备和仪器进行全球技术服务的能力。这三种基本能力成为了公司在业内发展的重大优势，也正是这三种能力让公司有实力为国内外石油公司在发现油气藏、钻井和开发油气藏时提供全方位的技术支撑和服务。恒泰艾普总部设在北京，在国内外发展了40余家全资子公司和控股子公司。

其次，恒泰艾普的优势还反映在人才上。在孙庚文的领导下，公司本部现在拥有400多名员工，其中66%的员工具有硕士、博士学位或者拥有高级职称。其中教授和博士共有46人，硕士以上具有高级职称的多达260多人，具有丰富的行业软件开发经验的复合型研发人员共80多人。这些人才多数是地质、油藏工程或地球物理方面的专家，不仅具有深厚的理论研究背景还具有长期的国内外合作与服务经验。

除了自身培养的研发团队和人才外，恒泰艾普还非常重视引进海外高层次人才，现已先后引进了14名海外留学硕士和博士，在公司内设有院士工作站、博士后工作站以及油气藏重点工程实验室等，并且每年投入营业收入的15%以上的研发经费，为人才更好地发挥作用提供了广阔的平台和坚实稳定的资金支持。恒泰艾普还聘请了多名国际知名的技术专家、学者为顾问，其中包括当时苏联的院士Kondrashkov V. 先生，中国科学院院士、石油地质与构造地质学家贾承造先生等，并与国际著名海洋地质地球物理学家、中科院院士刘光鼎先生和中国工程院院士、石油地质勘探专家童晓光先生进行战略合作；与此同时，公司与国际著名大学、科研机构和学者保持紧密的联系和良好的合作关系。公司注重核心技术自主研发、引进和吸收，能及时掌握全球石油勘探与开发领域的前沿技术和发展方向，保证公司的产品和技术服务处于领先地位。

雄厚的企业实力、丰富的管理经验和高素质优秀团队，为恒泰艾普在石油天然气勘探开发技术服务以及软件研发等领域取得重大业绩奠定了坚实的基础。

（二）企业业绩

研发方面。在企业的优势支撑下，截至目前，恒泰艾普集团公司已经获得225项软件著作权，取得111项专利技术；在美国经济地质学家协会（SEG）、欧洲地质学家与工程师学会（EAGE）等著名国际学术会议上发表了50余篇学术论文，巩固了公司技术的国际领先地位。这些学术研究和技术研发方面的成就使恒泰艾普成功地打破了西方公司的技术封锁，成为具有完善的产品结构体系的专业软件技术服务商之一，为国家能源安全作出了突出贡献。

市场方面。恒泰艾普首先立足国内市场，积极发挥公司在技术以及国际交流合作方面的综合优势，扶持做大做强非常规油气，重点拓展页岩气技术的市场。恒泰艾普自身所具有的优势和能力使之成为中国民营油服企业中的龙头企业，也是国内行业中唯一一家基本具备一体化服务能力的上市公司。恒泰艾普目前已经拥有设备制造、物探、油藏、钻井、完井、生产等综合能力，成为中国油服企业中业务覆盖领域最全面的公司。其次在国际上，恒泰艾普也不断加快在非洲和拉丁美洲的市场发展步伐，积极推进中东与独联体地区的市场建设，抓住机遇进入西方发达国家的石油技术服务市场。目前，恒泰艾普石油天然气技术服务股份有限公司在业务上已经覆盖了国内包括中石油、中石化、中海油等在内的大部分油田及石油公司，国际市场业务也已覆盖了亚、非、拉等30多个国家和地区。此外，公司还拥有运算速度高达1000万亿次/秒的数据处理中心。恒泰艾普在全球化发展战略之下，正在逐步成长为一个国际化油服巨头。

荣誉方面。在公司董事长孙庚文的带领下，恒泰艾普取得了几十项荣誉，主要包括：2007年4月北京市科学技术委员会认定的“软件企业”；2008年12月获得的“高新技术企业”称号；2009年1月获“青年就业创业见习基地”；2009年11月入选第四届中国中小企业100强；2009年12月分别获中关村TOP100“2009创新榜”第59名、中关村TOP100

“2009成长榜”第3名、中关村100家国家自主创新示范企业等；2010年4月入选首批北京市“四个一批”工程；2010年8月入选中关村“瞪羚计划”首批重点培育企业；2010年12月分别获“2010德勤高科技、高成长亚太区500强”和“2010年国家火炬计划重点高新技术企业”；2011年3月被人力资源和社会保障部授予“中关村科技园区海淀园企业博士后科研工作站”；2011年4月获北京市政府认定为市级工程实验室；2011年5月被海淀区人民政府授予“100优中小高新技术企业”；2014年11月被国家科技部认定为“国家火炬计划重点高新技术企业”。

三、企业转型

根据恒泰艾普的发展计划，为了使企业具有更强的国际市场竞争力，成为综合型一体化的油服平台，恒泰艾普目前正在通过内生和外延的方式实现企业转型。

最近几年，恒泰艾普在原有主业——地球物理与地质软件和技术服务的基础上，积极创新战略布局，依次收购廊坊新赛浦、博达瑞恒、西油联合、中盈安信、欧美克等公司，形成了集地面工程、数字化油田、物探、油藏服务、钻井、固井、完井于一身的综合性油服平台优势，已经初步具有了成为国际油服巨头的潜能。

恒泰艾普的创新战略布局是基于对国内外油服市场发展前景的理性判断上的，这一新的发展战略即“以建设国际型综合性油服公司为目标，实施‘3334’系统工程，实现公司的持续快速发展”。恒泰艾普的“3334”系统工程是指：紧紧围绕“加粗、加长、加宽”三大战略，利用“国内、国际、资本”三个市场，以发展成长为国际现代化油服公司为目标，建立和完善油气核心装备、设备、仪器、仪表等关键产品的研发、销售和全球提供相应工程作业技术服务的能力，把自己的主营业务由传统的地球物理与地质软件和技术服务业务，扩大调整为包括地球物理与地质软件和技术服务、油田装备和仪器制造、油田工程技术服务和油田增产服务总包及产量分成四个主营业务板块的综合性油气田服务。

在企业转型中，恒泰艾普公司根据世界科技发展趋势和国家科技发展需要，在保持原有综合性油气用服务的优势基础上，开拓创新，不失时机地进入大数据云计算、绿色能源和虚拟现实等领域。

目前，恒泰艾普已发展成为拥有全球40余家子公司的集团企业，集团员工超过1700人。随着恒泰艾普建设国际化综合性油服公司战略的成功实施，公司的业绩实现了健康稳步快速发展。截至2014年12月31日，恒泰艾普总资产达到30.3亿元，比2011年12月31日增长了86%，2014年度营业收入7.23亿元，比2011年度增长25.8%。面对能源供需格局新变化、国际能源发展新趋势，保障国家能源安全，必须从当前做起，加快实施能源产业的重点任务和重大举措。未来，恒泰艾普将积极响应中央号召充分发挥自身的技术优势，本着“服务于世界、奉献给民族”的信念，抓住新机遇、担负起新责任，为国家的能源安全、能源发展作出更大贡献。

第三节 北京天下图数据技术有限公司——关鸿亮：领跑信息采集技术最前沿

关鸿亮，1969年生于湖北仙桃，1992年毕业于武汉大学环境科学系；2001年获日本东京大学硕士学位；2010年7月获首都师范大学地图学与地理信息系统专业博士学位。

2001年关鸿亮取得日本东京大学硕士学位后就职于日本博思科公司，2004年回国任博思科公司中国区总经理。2006年7月创办了北京天下图数据技术有限公司，并出任董事长兼总经理，该公司于2013年10月在香港股票交易所上市。

关鸿亮长期以来一直从事遥感、地理信息系统、导航定位系统、互联网地图服务等领域的研究和应用工作，主要从事基于高分辨率影像的综合云服务等关键技术研究，拥有扎实的地图学与地理信息系统专业知识及丰富的应用系统实际开发能力。

2010年，关鸿亮入选第五批国家“千人计划”，第三批北京“海聚工程”和中关村“高聚工程”，被聘为国家特聘专家和北京市特聘专家。①

一、创业历程

在日本，学业、事业都取得了不错成就的关鸿亮，总是觉得不能够一展所长。当时 LiDAR、ADS40 技术以及“像素工厂”在日本早已经实现了商用，但是在国内不仅没有引进，甚至连熟知都谈不上。他在日本的这一时期，中国经济和综合国力正处于快速增长的阶段，市场对地理信息产业也产生了许多需求，国内开始实施的“十一五”规划，大力支持发展测绘地理信息产业，国家测绘地理信息局也提出了要构建数字中国地理空间框架。了解到当时国内的发展形势，关鸿亮毅然决定回国，开始了他的创业之路。

2006 年天下图公司成立，在公司发展之初，国内航空和卫星影像数据加工能力较差，针对这一现状，关鸿亮果断从国外引进了当时代表世界一流水平的海量影像数据加工系统——像素工厂，使天下图的数据加工能力和水平在业内脱颖而出，业务范围甚至还覆盖到了香港、日本、东南亚等地区和国家，成为了行业中的佼佼者。

自 2008 年开始，地理信息技术在国内快速发展，国内各大城市争先恐后建立数字城市，一时间市场对高分辨率航空影像的需求量猛增。关鸿亮认为在这种情况下，如果公司完全依靠政府投资航空摄影，不仅资金消耗大，而且更新机制也会有所欠缺。因此，他提出由公司自主投资航飞，并采用市场机制，由公司负责航空影像数据的增值运营和更新，形成了“城市高分辨率航空影像数据库”，这便是“天下图库”的雏形。经过 6 年的发展，现今“天下图库”已经成为关鸿亮公司的核心竞争力，为公司销售带来了超过 1 亿元的收入，每年的税收增量超过 500 万元。

天下图属于高科技企业，在这一领域内，公司要想长远发展不可能永远只靠技术引进。关鸿亮认为，科技创新才是企业发展的核心动力和竞争

---

① 袁方主编：《俊采星驰——北京海归纪实之二》，北京出版社 2011 年版，第 39 页。

力。如果缺少自己的核心技术，企业就不可能拥有后发优势，引进先进技术只是为了在创业之初让企业尽早立足，这也只是他创业的第一步和第一阶段的目标。在公司逐步立足市场之后，关鸿亮希望通过第一阶段的引进技术发展到第二阶段的提高国内同行业的自主研发能力，最终使国内测绘地理信息产业实现走向世界的目标。

创业至今，关鸿亮一直不间断地进行核心自主知识产权技术的研究与开发。他每年都会把公司 8%—10% 的产值投入到新技术的研发当中，现在他的公司已经获得了多项发明专利，形成了 20 多款软件产品，并取得了这一系列软件的著作权。这些软件产品通过销售和技术服务的形式为公司带来了近 3000 万元的收入。他个人先后主持和参加了十几项国家及省部级重大科研项目，取得发明专利 2 项，实用新型专利 3 项，外观设计专利 1 项，正在申请的发明专利有 4 项。

在企业经营管理上，关鸿亮拥有丰富的创业经验和组织管理能力，尤其是团队组建以及沟通能力突出。他秉承持续创新、开放合作的经营理念引领天下图飞速发展。从 2006 年成立到 2010 年，仅用短短的 4 年时间，天下图已从单一从事数据加工业务发展成业务覆盖数据获取、加工、管理、应用的全产业链集团化企业，收入破亿元大关，比公司刚成立时增长了 5 倍。2012 年天下图的主营业务收入达到了 2 亿元，总资产将近 4 亿元，成为中国先进的创新型综合空间信息服务提供商。

在发展规模上，2013 年 6 月，天下图在云南、浙江成立了两家分公司；2013 年 10 月，天下图成功登陆香港联交所，成为我国大陆首家在港股上市的地理信息领域的企业。如今，天下图的产品与服务已广泛应用于测绘、国土、水利、应急救灾、农业、环保、金融和规划等各个领域。在发展的过程中天下图也获得了众多荣誉，先后被评为中国地理信息产业十大最具成长力企业、中国地理信息产业十年创新企业、中关村高成长企业 TOP100，还连续两年被评为中关村中小创新企业十佳年度企业、建设领域信息化 2010 年度突出贡献奖——优秀软硬件供应商，并入选国家科技部火炬计划重点高新技术企业。

在公司的总体业务发展、团队建设以及部门设置上，关鸿亮根据公司的主营业务，组建了研发中心、软件工程中心、数据中心、航摄中心、无人机事业部、移动测量事业部等主要部门和团队，并且根据各个部门和团队的特点，配置了不同层次的技术和管理人员，保证各个部门的业务能够顺利开展。

在人才队伍建设上，目前公司人员中大专学历以上人员占72%，本科75人，硕士35人，博士3人，具有中级职称的占60%。同时，他对后备人才的吸纳培养也高度关注，从管理人员培训、科技人员继续教育及职工技能培训，到创建内部优秀人才库、建设完善的人才梯队，关鸿亮都制定了严谨的人才培养实施计划。为增强企业核心竞争力，他率队积极承担国家及省部级重大科技攻关计划，培养了一批复合型领军人才并建成一支有科技攻关能力的研发团队。①

作为一名有丰富管理经验的高科技企业的董事长，关鸿亮认为人才是企业发展的根本和支撑，要想留住人才，最主要的是一个良好的企业文化。关鸿亮非常重视企业文化建设，力图使企业文化成为公司发展的灵魂。但是随着企业发展规模的不断扩大，天下图的企业文化建设也面临着新的挑战。关鸿亮把日企与本土企业中优秀的企业管理模式创造性地相互融合，重点突出以人为本的管理理念，增强员工对企业的认同感和归属感。在这种企业文化的引领下，天下图逐渐形成了“尊重、价值、践行、创新”的企业文化理念。这八个字成为了天下图人的核心价值观，即尊重个人、尊重事实、尊重工作；创造价值、分享价值、推崇价值；言之有物、处之有恒、行之有效；管理创新、模式创新、技术创新。在这个理念的引导下，“让社会更加智慧”也成为了公司的愿景。②

在带领公司快速发展的同时，关鸿亮还心系社会公益事业，公司自主

---

① 马春静、范俊劼：《让梦想与事业齐飞——访北京天下图数据技术有限公司董事长关鸿亮》，中国测绘新闻网，2013/12/24. http://www.zgchb.com.cn/magazine/show.php?itemid=1626

② 马春静、范俊劼：《让梦想与事业齐飞——访北京天下图数据技术有限公司董事长关鸿亮》，中国测绘新闻网，2013/12/24. http://www.zgchb.com.cn/magazine/show.php?itemid=1626

研发的中低空航空摄影一体化解决方案解决了我国西南部多雨多雾地区地理信息数据获取的重大难题；天下图还利用自主研发的测绘无人机和地理信息应急监测车等设备和配套软件免费支援国家抗震救灾，在“5·12”汶川大地震、玉树地震、贵州关岭山体滑坡、江西黎川及安福洪灾、陕西安康泥石流、三峡坝区暴雨、甘肃舟曲泥石流、江西水灾、四川雅安地震等国家重大自然灾害的航空摄影与数据处理工作中，天下图公司都给予了很大的技术支持，为灾情掌控和灾后重建作出了重要的贡献。关鸿亮和他的天下图公司多次受到相关部门的表彰，成为民政部指定的“国家重大自然灾害无人机应急监测站”，被国家测绘地理信息局评为“国家测绘局应急保障先进集体”。此外，在全国测绘援疆活动中，关鸿亮及其天下图公司向新疆测绘部门捐赠了价值1000余万元的遥感影像数据，获得了国家测绘地理信息局的表彰。

关鸿亮指出，公司未来三年的创新重点是不断加强实景三维空间数据的采集、处理与应用等方向的研究、建设“天下图库”、区域地理信息云计算平台等。目前，公司已经开发出国内领先的地理信息共享软件及三维软件，未来三年内将要建立的区域地理信息云计算平台将进一步从应用需求角度出发，整合共享平台和三维平台，结合“天下图库”和其他商业数据，形成“天下图云”服务体系，为广大政企用户与公众用户提供各种数据服务和应用服务。

二、创业成就

在关鸿亮的带领和指导下，北京天下图数据技术有限公司成立仅仅几年的时间就获得了巨大的成就。

据《中国测绘报》资料显示，2009年，北京天下图数据技术有限公司拥有自主知识产权的三维建模软件列入了政府采购目录；“基于低空无人飞行器测绘遥感系统的集成与示范应用”项目通过国家测绘局的科技成果鉴定；先后获得北京市海淀区2009年度创新基金和国家发改委“国产卫星高技术应用产业化专项”扶持；还获得2009年度中国地理信息系统（GIS）优秀工程“一金三银”的成绩。2010年，公司获得国家发改委、财政部创业风险投资和科技部年度中小企业创新基金扶持；成为全国唯一的“城市高分辨率航空影像数据库”建设试点单位；空间信息服务共享平台、三维可视化应用平台被评为北京市自主创新产品并列入北京市政府采购目录。2011年，公司获得微软数码航摄相机中国独家代理权。① 除以上成就外天下图的“通过真正射影像快速构建三维建筑物场景的方法”和“防洪减灾应急指挥决策支持整体解决方案——无人机技术、像素工厂与三维GIS平台的综合应用”还同时获得了国家地理信息科技进步三等奖。此外关鸿亮本人以及公司研发团队也在不懈的努力下攻克了利用真正射影像生成建筑物模型和地面模型的方法，获得了发明专利。

基于先进的数据获取、数据处理及全自动三维建模技术，天下图提供了中低空航空摄影一体化解决方案。目前，这一方案已经成功运用于获取河北廊坊、贵州清镇等地的数据以及新疆乌鲁木齐、江苏常州等地的三维自动化建模，展现出了强大的技术力量和广阔的应用前景。

2012年，天下图推出数字城市三维空间信息共享服务平台，获得测绘科技进步二等奖；“TXLT地理国情应急监测车”获得地理信息科技进步一等奖；“机载多波段多极化干涉SAR测图系统”获得测绘科技进步奖一等奖。2013年公司获得国家发改委卫星及应用产业发展专项资金扶持，其北京市数字航空遥感工程技术中心通过了北京市科委的认定。同年，关鸿亮及其团队研发出了又一创新测绘装备产品——车载空间信息采集系统。这一系统集合了激光扫描仪、全景相机、车轮编码器和GPS/INS组合导航系统等先进的传感器和设备，实现了在车辆行进时快速采集道路两旁地物信息，并将数据同步存储在车载计算机系统中。而且在事后集成、融合及编辑处理之后能够形成各种实景专题数据成果。这一系统具有众多优势，通过本系统，可以将全景和激光技术应用在众多领域中，如文物保护、数字交通、数字公安、数字城管、数字旅游、数字酒店、数字房产、数字餐饮、数字商场等，市场应用前景十分广阔。这

① 张凯：《天下图七年耕耘完成业务全产业链覆盖》，中国测绘报，2013/10/24。http：//www. arceyes. com/down/news/html/2311. html。

一系统属于高端测绘装备的创新产品，已经取得国家主管部门的科技成果鉴定，其中全景图像采集装置、全景采集车顶平台、基于激光扫描与全景影像的车载测量集成系统分别取得了实用新型专利，车载式全景相机取得了外观设计专利。2014 年，基于该系统，关鸿亮主持研发的“基于全景影像的地图云服务平台与示范应用”项目获得测绘科技进步奖二等奖。

第四节 精进电动——蔡蔚：推动中国新能源汽车驱动电机企业占有世界一席之地

蔡蔚，1959 年 9 月生于山东，1985 年毕业于哈尔滨理工大学电机系，取得硕士学位，之后留校任教。1994 年赴美国在威斯康星（麦迪逊）大学做访问教授，1995 年底离开美国赴瑞士苏黎世联邦工学院电机所做高级科学家/访问教授，1997 年返回美国，1999 年获得美国克拉克森大学电气与计算机工程系博士学位，毕业后任职于美国雷米国际公司，先后担任车辆起动机和发电机首席设计师以及混合动力汽车技术总监，被雷米国际誉为“混合动力汽车用驱动电机产品之父”。

蔡蔚是全球知名新能源汽车电机和电驱动总成专家，掌握着世界上这一领域内最前沿的技术，而且他曾在亚欧美三大洲电机领域的学术与产业界累计工作了 30 余年，是世界上少数掌握先进的动力分流混合动力变速箱油冷双电机技术的专家之一。

2008 年，蔡蔚与合伙人余平创办精进电动科技（北京）有限公司，蔡蔚任首席技术官，并任北京市新能源汽车电机系统工程技术研究中心主任、北京市新能源汽车电机系统工程中心主任。精进电动被业内权威媒体《中国汽车报》连年评选为“中国优秀驱动电机供应商”。

2010 年，蔡蔚成为北京市朝阳区第一个入选国家“千人计划”和北京“海聚工程”的海外高层次人才，并当选为北京市朝阳区“凤凰计划”海外高层次人才和“高聚工程”2010 年度中关村高端领军人才。

一、创业历程

1978年，蔡蔚考取哈尔滨理工大学电机系。虽然当时哈尔滨理工大学电机系只有汤蕴璆和方孝慈两位教授，不过这两位教授却是当时我国电机界的大家。在业界导师的精心教导下，蔡蔚对电机产生了浓厚的兴趣，也表现出很高的天赋。1985年，他以优异的成绩硕士毕业，之后留校任教。1990年，他被破格晋升为教授，并担任电机系（原电机室）主任。

1994年后，蔡蔚接受美国电气和电子工程师协会（IEEE）特斯拉奖获得者美国工程院院士 Lipo 教授的邀请，到美国威斯康星大学麦迪逊分校的电机及电力电子中心 WEMPEC 做访问教授。1995年底，蔡蔚又离开美国到瑞士的苏黎世联邦工学院电机所做高级科学家。1997年回到美国后，蔡蔚在美国克拉克森大学从事电机的振动与噪音研究，1999年获得美国克拉克森大学电气及计算机工程的博士学位。

博士毕业后，蔡蔚加入了美国雷米国际公司，先后担任汽车与商用车启动机及发电机的首席设计师和混合动力技术总监。雷米是一家百年老牌企业，承担着北美轿车、轻型卡车的起动机以及中重型卡车的起动机和发电机领域内最大的制造业务。蔡蔚加入该公司以后，在他的带领下，这一百年老牌企业焕发了新春，雷米国际的混合动力汽车用驱动电机在业界内一枝独秀，蔡蔚因此多次被公司的首席执行官在公开场合称赞为雷米国际的“混合动力汽车用驱动电机产品之父”。2008年，美国汽车新闻把“世界汽车供应商卓越创新贡献奖”颁发给了蔡蔚，以褒奖他为汽车混合动力电驱动领域作出的巨大贡献。

因为在电机研究方面获得的巨大成就，他曾受邀参与了美国商务部的“21世纪的电动机和发电机”以及美国能源部的“汽车电机驱动系统”等重大产业研究项目，美国政府对新能源的重视程度让蔡蔚感触颇深。与此同时，国内也越来越重视新能源，各种新能源汽车相关项目也发展得如火如荼。然而在美国看不到一款来自中国的新能源轿车，甚至连新能源汽车关键零部件也没有看到过一个来自中国的品牌，这让蔡蔚内心感觉十分遗憾。

蔡蔚是美国汽车工程学会（SAE）的高级会员，他每年都参加新能源汽车的学术讨论。蔡蔚就是在 SAE 年会上与其合伙人认识并成了忘年之交。因此，当谈到回国创业做新能源汽车驱动电机系统时，二人一拍即合。很快便出台了一份商业计划书，加上他们两人在新能源汽车行业里的资历与声望，他们也很快获得了风投公司的资助。

2008 年，蔡蔚与合伙人带着第一笔风险投资金，在北京中关村电子城西区——朝阳区的望京科技园内创立了他们的“精进电动”。望京科技园从其创业之初就给予了他们大力支持，包括办公条件、办公场地，以及后来的人才培养、股投支持等。一向以金融和总部经济招商著称的朝阳区，在这一次却对这个视发展新能源汽车产业为己任的“微型”公司，从科研经费到人才扶持等方面都给予了全方位的帮助和扶持。朝阳区甚至还给予了这个新生的企业与许多大型国企和外商同样多的人才引进户口名额。朝阳区给予的种种政策扶持加之朝阳区舒适的居住环境、人才环境以及 CBD 的影响等，让蔡蔚他们决定让公司扎根朝阳，在这里一直发展下去。

对于自己的创业，在蔡蔚看来，那个时候回国是再合适不过的了。因为当时中国已经是世界上第一大汽车市场，全世界的汽车企业都把更多的精力放在了中国，而且在中国，不论是政府还是企业都把新能源汽车产业放在了一个战略性的高度上，并期望在新一轮的汽车行业竞争中获得先机，取得成功。基于此，国家和地方政府都不断出台了相关利好政策，各地也积极建立起了新能源联盟，所以他认为当时自己带着资金和技术回国创业是再合适不过了。

即使有风投资金以及政府的各项政策支持，但是创业还是很需要勇气和恒心的。创业之前，蔡蔚是美国最大新能源电机供应商雷米国际的技术总监；而回国创业之后，公司除了望京科技园的一间 100 来平方米的办公室之外几乎什么都没有，缺设备、无场地，更不用说电机研发和制造车间了。幸运的是，凭借着他的创业热情和在学术界、产业界的名声积累，一些抱着“学点东西”的态度或者有“试试创业”想法的年轻人陆续来求职了，这些年轻人便成了精进电动最早的一批员工。

通过校招、网招和猎头公司介绍，2008 年底，精进电动发展到了 12

名员工，其中包括来自马耳他、韩国LG研发部、英国帝国理工大学、中科院等地的各种人才。这些人才虽然都学识渊博，但是却没有一个人具备汽车电动化的专业知识。因此，蔡蔚安排公司懂电机的员工教他们电机知识，懂汽车的员工教他们汽车知识，绝大多数时间他都是亲自坐在员工的旁边一笔一画地教他们如何设计和控制电机。员工们来到公司的第一件事是学习，通过这种学习，公司从无到有，逐步培养起了自己的团队。在海外客户考察时，精进电动团队获得了客户们一致的称赞。

电动汽车作为当下内燃机动力汽车的替代品，世界各国都在大力投入支持这一领域技术的研发和推广。比如，日本政府把发展电动汽车作为“低碳革命”的核心内容，计划到2020年普及以电动汽车为主体的“下一代汽车”；美国政府2009年已经部署实施总额为48亿美元的电池与电动汽车研发及产业化计划。① 对此，我国一直坚持鼓励自主创新，但这是一个漫长而艰辛的过程，不是投入了就能马上见到产出的。尤其是对新能源汽车这样的新事物，自主创新、自主研发之路肯定更加艰难。在这样的大环境下，有人提出在新能源汽车领域，充分利用中国的市场优势通过“贸工技”的路线实现“超车”；也有人提出希望在“十二五”期间，通过综合利用经贸、金融、税收等政策，鼓励国内大量引进先进新能源设备、节能技术以及新能源汽车关键零部件、核心技术等。但是在传统汽车领域，当初的单纯从国外引进技术和合资，并没有让我国的汽车技术迅速赶上国际水平，如今发展新能源汽车，我们难道还要走这条老路吗？对于这个问题，行业内也一直存在很大的争议。

关于这个问题，蔡蔚给出了自己的答案，他认为：在新能源汽车技术和混合动力汽车方面，我们与世界先进国家存在差距，尤其是后者与国际先进水平的差距尤其大，这些都是不争的事实。所以，我们发展混合动力汽车，引进国外先进技术是一条可以选择的路。但引进技术是双刃剑，它一方面可以加快我们产品的研发进程；另一方面，也有极大的可能会降低

① 肖成伟：《要以国家的力量推动电动汽车的发展》，中国汽车报，http：//www. xnyqcw. com/news/7551785454/2014/06/09。

企业自主研发的积极性，进而削弱企业的研发能力。因此，我国应该吸取传统汽车单靠引进技术和合资的教训，在进行新能源汽车技术开发的过程中，始终以自主创新、掌握技术为根本目的，避免再次陷入技术被动的局面。

在传统汽车行业，我国目前没有一家拥有先进的发动机控制和自动变速箱技术的企业。一直以来，这些技术都被电装、博格瓦纳、德尔福、博世、西门子等国外企业牢牢掌握着。在新能源汽车中，电机就相当于传统汽车的发动机，而且能使传统变速箱结构得以简化。蔡蔚认为，在这一方面，精进电动的目标是：一定要走在世界新能源汽车电机的前列，在研发和产业化中，占据比传统发动机领域的博世更为显赫的地位。

2009 年，蔡蔚率领精进电动团队在北京发起并主持召开了“第一届国际节能与新能源汽车电机系统研讨会”。这一研讨会得到了与会的中外学术与产业界人士的热烈欢迎与高度评价。中国业界也因此了解到了精通汽车驱动电机系统和动力总成技术的蔡蔚以及他所创办的精进电动。2010 年底，蔡蔚带领团队在上海嘉定建成了中国第一条新能源汽车高性能驱动电机的生产线，年产能 6 万（双班 10 万）台，批量出口美国客户。① 作为新能源汽车电机产业化的标志性事件，对于蔡蔚来说，这不仅仅是代表着公司拥有了自主的电机系统研发能力，还代表着公司推动了中国新能源电机行业的产业化进程。

2013 年，成立仅 5 年的精进电动经过长达两年的竞标、样件试制和综合评估，以及 3 轮淘汰制筛选，打败包括日本、法国、德国、意大利和美国在内的全球顶级汽车电机供应商，最终赢得了美国三大汽车公司之一的新能源汽车电机的量产项目。这既是中国汽车电机供应商在竞标国际主流汽车核心部件大单时首次实现零突破，也是对放弃海外安逸生活和工作环境回国创业的蔡蔚的最好回报。

---

① 凤鸣朝阳．蔡蔚，做世界上最好的新能源电机．2015/02/12. http：//www. 08kan. com/gwk/MjM5NzQyODYwNQ/203397232/3/9eef5d3e150efe03a676fc08a8d32212. html。

二、创业成就

蔡蔚和团队自公司成立以来不仅瞄准公司的产业前景，更加重视技术创新能力，从而使蔡蔚和他的团队在业界内收获了很多个“第一”。例如：精进电动目前比较具有代表性的产品——目前国际上功率最大的车用永磁同步驱动电机（已经批量生产并出口美国菲斯科汽车公司），我国第一套插电混合动力汽车的油冷双电机系统，我国第一代动力分流式强混合动力双电机，以及国内节油节气节电效果最好的同轴混联双电机动力总成（该平台搭载了大多数中国混动、插电混动和电动大巴）。①

精进电动的这些进步和成就得到了国家和全行业的认可。“十二五”期间，精进电动承担或牵头了7项国家863项目，参加了4个国家新能源汽车创新工程项目以及多项北京市重大科技项目。

精进电动产销和出口新能源汽车驱动电机均列行业第一。2015年仅商用车电机和电驱动总成超过3万余套，占市场份额的1/4以上。公司与中国排名前10的乘用车公司的5个公司签订了批量供货合同。事实上精进电动2015年的新能源汽车产值在全球也名列前茅。在大力发展国内市场的同时，蔡蔚和他的团队在更加积极地开拓国际市场，目前已经为多个国外客户开发了插电混合动力电机系统，填补了中国在新能源汽车高端技术和核心零部件出口的空白。上文所述精进电动的成功竞标也为中国企业在新能源汽车关键零部件产业中变“中国制造”为“中国创造”和“中国品牌”作出了突出贡献。在中美两国首脑签署的“中美清洁能源汽车国际合作项目”中，精进电动是我国驱动电机企业的唯一代表。

如今精进电动已经在国际新能源汽车电机行业中占据了一席之地，世界舞台上终于有了一个来自中国的新能源汽车关键零部件品牌。蔡蔚也在其豪华混合动力汽车（宝马X6、卡迪拉克—凯雷德、奔驰ML450等）驱

---

① 凤鸣朝阳．蔡蔚，做世界上最好的新能源电机．2015/02/12. http：//www. 08kan. com/gwk/MjM5NzQyODYwNQ/203397232/3/9eef5d3e150efe03a676fc08a8d32212. html。

动电机缔造者的荣誉单上，叠加上了全球新能源汽车知名品牌驱动电机创新者的业绩。世界知名汽车公司的新能源汽车越来越多地跳动着“中国心”。凭借着先进的技术、丰富的产业化经验、一流的团队、国际化的管理和雄厚的财务后盾，蔡蔚和精进电动正在向成为世界级的汽车核心零部件高科技公司迈进。距离实现在中国“为汽车电动化做世界上最好的电机和电驱动系统”的梦想越来越近。

第十章
重点区域实施“海聚工程”成效

本章挑选了北京在引才方面做得较好的几个重点区域，即中关村国家自主创新示范区、北京经济开发区、朝阳区和海淀区四个区域，从区域特点、引才措施、取得成效等方面进行研究和剖析，以探索总结各区域在引才方面取得的经验。

第一节　中关村国家自主创新示范区：为海外人才打造“创新创业生态园”

中关村科技园区起源于“中关村电子一条街”，经过20多年的发展，空间范围不断扩大，逐渐形成分布于北京16个区县的“一区多园”空间格局，占地488平方公里。中关村科技园区是经国务院批准建立的国家级高新技术产业开发区和国家自主创新示范区，是中国第一个高科技园区，园区由中关村科技园管理委员会作为市政府派出机构进行统一领导和管理。

在空间格局方面，从中关村科技园自身格局看，构建出“一区多园”各具特色的跨行政区的发展格局；从中关村在北京市的功能格局看，中关村是首都的高端产业功能区（见表10—1）。

表10—1　中关村“一区多园”各具特色产业

	园区	所属行政区	特色产业
1	东城园	东城区	以文化为内涵、科技为手段，重点发展文化创意产业，形成了知识产权、数字内容、文化旅游休闲、中医药科技与文化四大产业集群。

续表

	园区	所属行政区	特色产业
2	西城园	西城区	以研发设计、金融后台服务、文化创意和高端交易为主要产业业态，以特色街区、主题楼宇为主要空间形态，打造首都高端创新型产业集聚区。
3	朝阳园	朝阳区	以发展电子信息产业为主体的，多功能、综合性的国家级高科技园区。
4	海淀园	海淀区	以电子信息产业为主导，重点培育金融服务业、创意产业、新材料和生物医药产业，培育潜在的具有自主知识产权的明星企业。
5	丰台园	丰台区	形成了以电子信息、生物医药、先进制造、新材料、新能源为核心的高新技术产业，以工程服务、轨道交通和航天军工为代表的特色产业，以文化创意产业和生产性服务业为具有发展潜力的新型产业。
6	石景山园	石景山区	重点发展文化创意、高新技术产业及科技服务等符合区域发展定位的新兴高端产业。
7	门头沟园	门头沟区	形成以数控装备、生物医药、仪器仪表、机械等行业为主体的产业集群。
8	房山园	房山区	主要发展石化新材料、高端制造业等。
9	通州园	通州区	重点发展国际一流、国内领先水平的光机电一体化、环保和新能源、高端装备制造产业，包括发展微电子、光电子、汽车电子、航空电子、先进装备制造业、智能仪器仪表、激光技术、数控机床、印刷机械、医疗设备、半导体材料、环保设备、汽车零部件等产业。
10	顺义园	顺义区	重点发展航空航天、高端装备制造、研发服务、信息服务等高端产业。
11	大兴园	大兴区	主要发展生物医药企业。
12	亦庄园	开发区	已形成电子信息、生物医药、汽车制造、装备制造四大主导产业。
13	昌平园	昌平区	以关键材料、新型能源、重大装备、信息服务、生命科学为主要产业。

续表

	园区	所属行政区	特色产业
14	平谷园	平谷区	以五个产业基地为依托，重点发展十大产业：食品加工、高端装备制造、通用航空、现代物流、音乐文创、生物医药、绿色能源、电子商务、轨道交通、节能环保。
15	怀柔园	怀柔区	主要发展科技服务产业、纳米科技产业和数字信息产业。
16	密云园	密云区	形成以北汽福田多功能汽车、万都汽车底盘系统为代表的汽车及零部件产业，以北新建材、仁创为代表的新型建材产业，以今麦郎、伊利为代表的食品饮料产业，以中国人保财险电子商务北方运营中心、远洋云谷为代表的电子信息产业，以康辰、美中双和为代表的生物医药产业等五大主导产业。
17	延庆园	延庆区	主要发展新能源产业、高端装备制造与通用航空产业，以及与主导产业相配套的现代服务业。

在产业经济方面，从产业规模看，2014 年中关村示范区总收入达 3.57 万亿元；从产业格局看，经过 20 多年的建设和发展，中关村形成下一代互联网、移动互联网和新一代移动通信、卫星应用、生物和健康、节能环保、轨道交通六大优势产业集群，集成电路、新材料、高端装备与通用航空、新能源和新能源汽车等四大潜力产业集群，聚集了以联想、百度为代表的高新技术企业近 2 万家。2014 年，中关村各大行业的企业数量、经济总量规模等指标确定了以计算机、通信和其他电子设备制造业等为代表的四大第二产业和以软件和信息技术服务业为代表的六大第三产业（见表 10—2、图 10—1）。

表 10—2　2014 年中关村十大行业经济指标

	类名称	企业数量（家）	总收入（亿元）	利润总额（亿元）
第二产业	计算机、通信和其他电子设备制造业	426	2446.5	86.7
	土木工程建筑业	62	1864.0	134.5

续表

类名称		企业数量（家）	总收入（亿元）	利润总额（亿元）
第二产业	房屋建筑业	29	1491.5	34.8
	汽车制造业	102	1448.8	106
第三产业	批发业	1575	7463.8	316.8
	软件和信息技术服务业	4429	3340.8	358.2
	专业技术服务业	965	2446.0	213.0
	商务服务业	726	2136.9	384.8
	零售业	633	1810.8	20.8
	科技推广和应用服务业	2187	1118.6	81.4

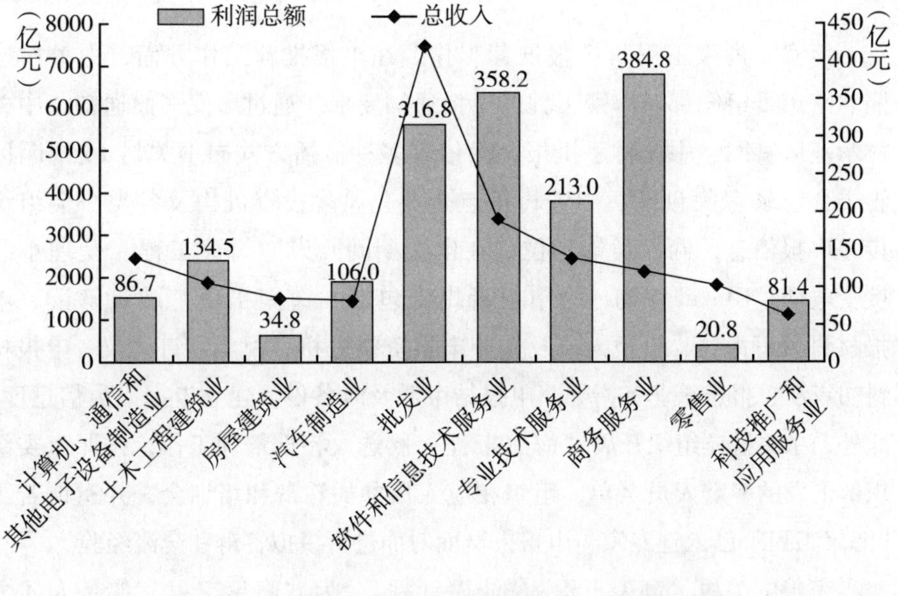

图 10—1　2014 年中关村十大行业总收入和利润总额

在人才资源方面，从科教智力资源分布看，中关村是我国科教智力资源最为密集的区域，拥有北京大学、清华大学等 40 多所高等院校，有中国科学院、中国工程院等 206 家科研院所，其中，国家级重点实验室 112 个，国家工程研究中心 38 个，国家工程技术研究中心（含分中心）57

个；从科技创新创业人才看，中关村是国内留学归国人员创办企业数量最多的地区，拥有大学科技园26家，海外人才创业园34家，累计创办企业超过6000家，留学归国创业人才超过1.5万人。

一、引才措施

为了更好实施北京市委、市政府统一部署的“海聚工程”，中关村管委会通过“建体系、搭平台、抓改革、强基础”等措施，用帮扶政策吸引海外人才，用创业生态留住海外人才，用创新和规范体制机制优化创新创业生态系统来激发和释放人才活力，将中关村科技园区打造成海外人才回国创新创业发展的首选之地。

（一）建体系，夯实人才储备开发新基石

落实“海聚工程”申报推荐工作。在申报推荐工作方面，中关村按照北京市委组织部对海聚工程的申报通知要求，通过印发书面通知、中关村示范区官网、中关村手机报、微信等多种传播方式向中关村16个园区管委会、34家海创园、中关村重点企业、风险投资机构及各类协会组织传递申报信息，确保通知到位。在申报期间开设“海聚工程”受理小组接受电话、E-mail咨询，为申报者提供包括“海聚工程”政策解读、申报材料填写指导、申报人员及企业申报资格分析、材料装订建议、申报材料初审汇总报送等业务指导。申报结束后及时备份，建立申报人员信息库。此外，中关村还组织开展“海聚工程”候选人答辩培训工作，按照市委组织部下发的答辩人员名单，组织相应人员参加答辩和培训会，并邀请若干“海聚工程”已入选专家与申报人员面对面进行模拟答辩和交流经验。

完善中关村“高聚工程”“雏鹰计划”，为“海聚工程”储备人才力量。一方面，完善中关村“高聚工程”。明确高聚人才分类评价、遴选与支持的措施，征求市委组织部、市财政局、市人力资源和社会保障局等市有关部门的意见，进一步修订《中关村高端领军人才聚集工程实施细则》。同时，联系中关村企业家顾问委员会细化高聚人才评价体系和工程实施方案。另一方面，开展市场选才的“雏鹰计划”，配套制定《中关村

雏鹰人才发展计划（2015—2020 年）》，整合政策资源、统筹社会资金，加快建立政府引导下的市场化人才开发与支持体系，为“海聚工程”储备培养可推荐人才。

完善海外人才开发体系。一是通过做好顶层设计来为人才开发做指引。研究制定《中关村人才管理改革试验区海外人才开发体系建设工作实施方案》，着眼于在全球坐标系中找准发展定位，发现和吸引人才，完善海外人才开发机制。支持国际孵化器打造中关村海外人才口岸，在创业大街开设政策咨询与服务窗口。二是通过完善海外联络工作机制，畅通引才渠道。采取政府购买服务方式，引导海外联络机构市场化、企业化运行，激发内在活力，增强发展动力。建立海外联络机构引进海外高端人才和前沿技术成果的协调运行机制与绩效考核体系。三是通过搭建宣传联谊平台，拓宽引才渠道。如：通过出版《中关村人才特区创业案例集》《中关村人才故事》，宣传海聚专家创新创业故事；通过开展“海聚工程”专家联谊活动，在丰富“海聚工程”专家的业余生活的同时，吸引更多人才；分批开展“海外创业人才培训”，帮助海聚入选者快速了解国内创业政策及环境。

（二）搭平台，开创人才创新创业新环境

搭建人才国际化发展平台。一是支持建设“中关村硅谷创新中心”，发挥中关村发展集团的作用，开发全球创新要素，对来源于硅谷的创新项目进行实地考察和直接投资，打造高端人才引进和创业项目孵化的境外平台。二是支持中关村企业联系境外高校、科研机构，并以企业为主体，投资建设开放实验室，利用国外科技条件、平台，增强企业技术创新能力。三是适时启动中美人才与协同创新平台建设工作，与美中合作发展委员会、美国新英格兰高教委等国际组织加强务实合作，积极引进先进技术成果和外籍高端人才。

建立海外人才社会联系网。一是利用中关村驻外联络处形成“海外人才圈”。发挥中关村驻外联络处的作用，联系驻外使领馆科技参赞、华人社团组织和国际学联组织，形成有利于发现和推荐人才的“海外人才圈”。二是举办“海外高层次人才考察中关村活动”，广泛宣传首都和中

关村的发展成就，促进创新要素的国际化流动。三是依托清华启迪孵化器建设第一个“校友会人才圈”。组织清华校友中的20余名海外高端人才齐聚中关村，共同参与“情系北京城·创业中关村”主题活动。四是发挥中关村青联、团工委作用，紧密团结海外青年企业家，营造中关村良好创新创业氛围。

搭建创新创业平台。一方面，充分发挥海创园协会的作用，统筹34个海外人才创业园资源，区分功能定位，根据产业特点引才聚才，强化人才发展与产业发展、技术创新的协同性。健全海外人才创业园入驻标准、管理规则和考核评价体系，强化制度建设。另一方面，建立走访机制。定期走访海聚工程企业，调研企业发展所遇到的问题及困难，积极协调有关部门予以解决。组织召开“海聚工程”专家参加座谈会并搜集政策需求及意见建议等。

（三）抓改革，打破束缚释放人才新活力

依托中关村人才特区建设的契机，推进海外人才发展体制机制改革工作，释放海聚人才创新创业活力。

推进人才管理改革试点工作，为外籍人才创业、工作、生活提供便利。编制《关于深化中关村人才管理改革的若干措施》，研究提出外籍人才居留与出入境、为外籍人才创业就业提供便利、扩大人才市场对外开放等8项改革措施。推进“绿卡”政策创新，联系协调人力资源和社会保障部、公安部到中关村开展专题调研，形成《关于深化落实“绿卡”政策 加快集聚外籍高端人才的报告》，争取并落实人力资源和社会保障部为中关村开通专门的外籍人才审核通道、公安部90天内完成“绿卡”审批的特殊政策。建立海外人才落地与服务的联动机制。

推进人才职称评审制度改革试点工作。深入实施“中关村企业教授级高级工程师职称评审直通车”项目，简化评审程序、优化评价机制，并在中关村的“一区十六园”全面展开。此外，中关村还在生命科学研究所等单位，启动“自然科学研究系列专业技术资格评价”试点工作，制定相关政策。

（四）强基础，建立法治规范人才新环境

推动海外联络机构规范化建设。依托海外联络机构，加强境外联系工作，已经与140余个高校、科研机构、华人社团组织、华文媒体等建立了长期合作关系，先后开展了对澳大利亚金融代表团、国家信息通信技术研究院、新南威尔士州政府、硅谷丁丁电视台等外事交流活动，扩大了中关村的海外影响。研究制定了《中关村海外联络机构运行机制改革实施方案》，经中关村管委会主任专题会审议通过后，多次与有关单位研究会商操作办法，基本完成了政府采购、招投标等准备工作。

深化人才理论政策研究工作，探寻人才及创新创业生态系统的规律。一方面，研究中关村人才及创新创业案例。会同浙江大学等单位，开展《中关村人才特区创业案例集》编写工作，提炼对创新创业生态系统的规律性认识。另一方面，研究中关村人力资源市场。组织开展中关村人力资源服务业大调研，摸清690家人才服务机构和专业代理机构发展情况，研究起草《中关村促进人力资源服务业发展的若干支持措施》。会同欧美同学会，研究编写《人才经》一书，对发展人力资源服务业提出了建设性意见。此外，依托人才研究机构，开展《聚集和用好世界高端人才》《中关村人力资源服务业发展研究》《中关村创新创业人才发现与培养机制》等重点课题研究。

二、引才成效[①]

自2009年中关村实施“海聚工程”以来，中关村科技园区已经形成了海外人才回国创新创业发展的首选之地。截至2014年底，北京市入选“海聚工程”共610人，其中，有70%入选者落户中关村。中关村在聚集人才方面取得了显著的成效，主要表现为：

---

① 此部分内容主要来自中关村科技园区管理委员会著《中关村国家自主创新示范区　人才特区发展报告》。

（一）国际人才高度集聚，形成了国际化的人才引进发展环境

海外联络处全面布局，形成了全球化的人才招聘体系。2012—2013年，中关村基本完成了全球联络处的布局，在美国硅谷、华盛顿、日本东京、加拿大多伦多、英国伦敦、德国慕尼黑、澳大利亚悉尼、比利时布鲁塞尔、芬兰赫尔辛基以及我国台湾地区设立10个驻外联络处。2013年，各联络处拜访国际科技园协会（IASP）会员单位近70家，并组织开展中关村海外人才考察团活动，组织200余名海外人才赴京参加中关村人才特区政策宣讲会。

国际人才大幅增加，形成了国际高端人才聚集地。2013年，中关村科技园国际人才总量为3.05万人，比2010年上涨83.1%；留学归国人员同比增长达22.74%，人数再创新高，达到1.98万人。其中，具有硕士学历的留学归国人员共计1.48万人，占所有留学归国人才的74.88%（见图10—2）。

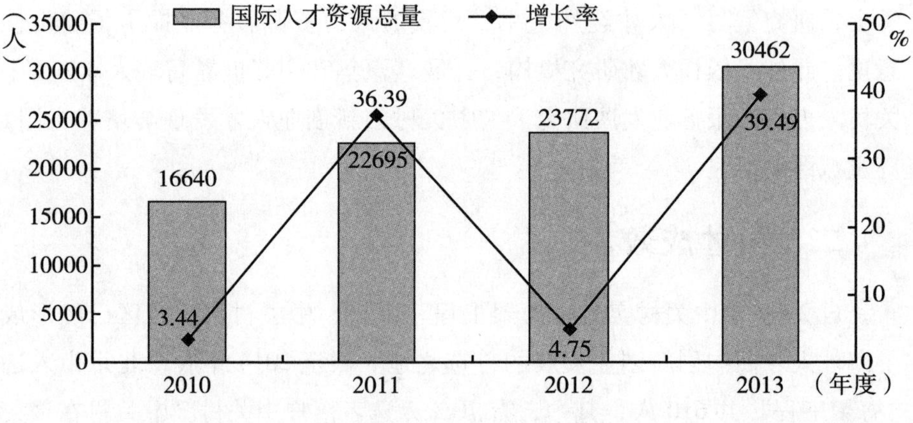

图10—2　2008—2013年中关村国际人才总量与增长率（未包括本土的国际化人才）

（二）创新创业成果突出，形成了系统化的创新创业生态环境

人才创新成果数量和质量提升。一方面，创新速度加快，专利拥有量

大幅增长。截至2013年，中关村万人拥有有效专利数达到404.75个，其中境外授权专利数为每万人11.15个。另一方面，中关村企业优秀科技成果数量进一步增多，2013年获奖成果个数为2852个，比2012年的2509个有明显增多。其中国家级获奖成果450个，省部级1652个，地市级747个（见表10—3）。

表10—3　2013年中关村企业科技成果获奖情况一览

获奖成果情况	2010年	2011年	2012年	2013年
获奖成果个数	1811	2329	2509	2852
其中:国家级	256	323	377	450
省部级	1015	1351	1318	1652
地市级	375	595	785	747
形成国际标准		18	38	64
形成国家或行业标准	1020	857	1425	1739

中关村具备各类人才创新创业基本要素，初步形成独具一格的创新创业生态系统。目前，海外人才创业园累计有200余人入选“海聚工程”，孵化企业4000余家。在中关村科技园区近30多年的发展和探索中，初步形成了独具一格的人才创新创业生态系统，即中关村具备了各类人才创新创业的基本要素，包括：研究机构、高校，是创新思想源泉；孵化器、企业，是创新创意想法实践的检验场；政府机构，为创新创业提供基础服务和政策支持；风险投资机构、咨询公司等专业服务机构，为人才创新创业提供资本与支持。也有为各类创新创业服务的社会中介组织机构，维系人才创新创业各种要素之间的衔接与信息沟通；有创新创业的文化，时刻鼓励创新思维的发展与延续；有各种良好的社会教育、保险、健康医疗等设备，为人才的创新创业提供支持与保障。这些要素在中关村人才创新创业体系中各司其职，相互作用、相互配合、协同发展，共同把人才创新创业的理念、思想与资本、技术等要素链接起来，通过市场的检验，并最终实现市场价值（见图10—3）。

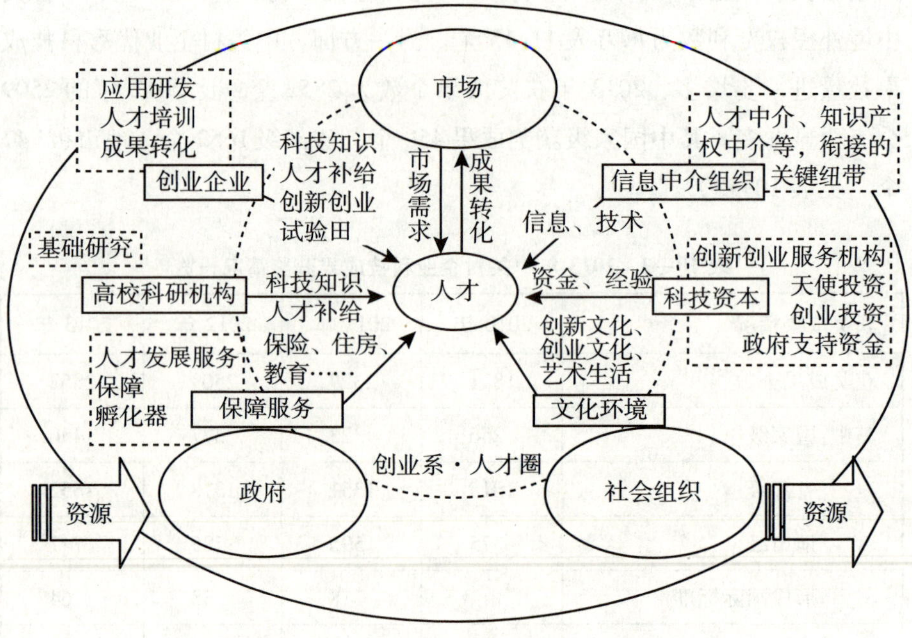

图10—3　中关村人才创新创业生态系统图

（三）人才结构不断优化，形成了具有影响力的特色产业环境

人才总量持续增长。从数量规模上看，截至2013年底中关村人才资源达到189.88万人，数量规模居全国高新区之首；从年增长率来看，2013年人才资源年增长率高达19.7%，为2008年后6年内的最高值（见图10—4）。其中，大专及以上学历人员、科技活动人员、工程技术人员三类人才等增长率创新高，拉动人才资源总体增长。三者的增长率均高于2013年人才资源总体总增长，分别达22.84%、24.24%、30.49%。

人才结构进一步优化。(1)人才资源的学历水平显著提高。截至2013年底，中关村大学本科学历人员总量达到74.70万人，占人才资源总量比重为46.97%；硕士学历人员达到18.33万人，占中关村人才资源总量的比重为11.53%；博士学历人员达到1.84万人，占中关村人才资源的比重为1.16%。(2)技术职称人才继续大幅增长，数量达52.49万人，占中

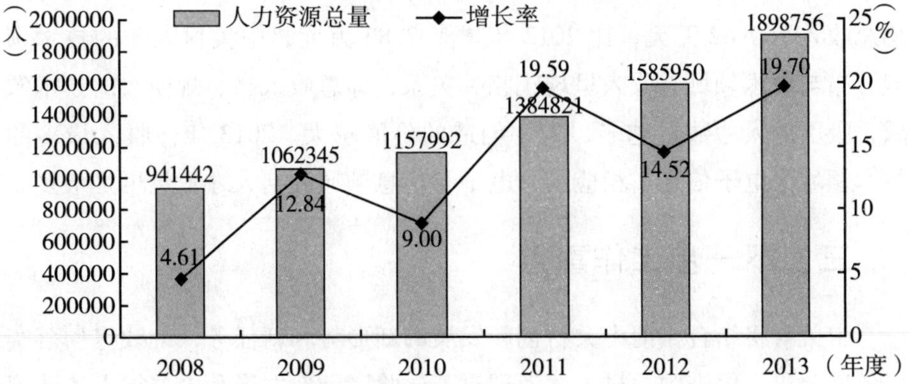

图 10—4　2008—2013 年中关村人才资源总量及增长率

关村人才资源总量的比重达到 27.65%。(3)中关村人才年龄结构较为稳定，年轻化特征十分明显，80 后逐渐成为创业主力军，大学生积极创业，出现了“21 岁现象”。2013 年，近一半的人才年龄为 30 岁以下（见图 10—5）。

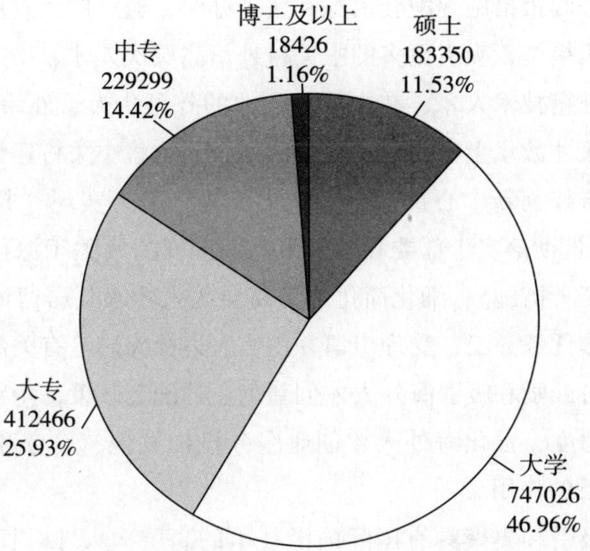

图 10—5　2013 年中关村人才学历结构

人才经济贡献率持续提高，人才分布领域合理。2013 年，中关村人均总收入 160.62 万元，比 2012 年增长 2.83 万元，中关村人才的技术领域分布与技术领域总收入呈现正相关关系，即总收入高、规模大的技术领域，吸引的人才数量越多，人才创造的价值越大。2013 年，收入最多的技术领域为电子信息，相应的，电子与信息领域囊括人才数量也是最多。

三、下一步工作重点

中关村将结合当前中关村创新发展的新形势和新任务，继续贯彻落实好各项要求，促进中关村人才管理改革试验区创新发展和中关村人才政策先行先试，争取在以下几个方面取得突破。

一是在深化人才发展体制机制改革方面实现突破，打造政策创新高地。争取公安部支持，重点结合中关村创新创业需求和现实需要，尽快出台关于支持中关村全面深化出入境管理改革的意见，同时会同市有关部门研究制定中关村出入境管理机构设置方案、中关村外籍高层次人才申请永久居留证办法、中关村外籍创新创业人才永久居留积分评估机制、中关村外籍人才服务政策措施等配套措施和实施办法，通过广泛宣传各类外籍人才出入境政策措施，吸引更多的中关村外籍高层次人才、中关村创业团队外籍成员和外籍技术人才、在中关村创业的外籍华人、外籍青年学生等，争取在外籍人才数量上实现一定程度的增长，为将中关村建设成为具有全球影响力的科技创新中心提供全球智力支撑，努力实现“择天下英才而用之”。深入贯彻落实十部委和北京市共同印发的《关于深化中关村人才管理改革的若干措施》，细化简化外籍高层次人才永久居留证办理程序等有关措施工作任务分工，受理申请并向市人力社保局等有关部门推荐。修订完善中关村鼓励和吸引海外人才创新创业的配套政策，特别是加大外籍人才的引进力度，强化海外人才创业服务机构发现、培育和推荐“高精尖”技术项目的作用。

二是在吸引和集聚具有国际前沿技术的高层次人才（团队）方面继续突破，增强对高端人才的服务能力。继续大力推进中央“千人计划”、北京市“海聚工程”、中关村“高聚工程”等中关村标志性人才工程，聚集海内外高层次人才，持续保持引领态势，落实高层次人才引进、医疗、住房等方面的服务政策，确保政策落地。注重充分发挥企业在开发和使用人才中的主体作用，延揽具有国际前沿技术的高层次人才（团队），强化以中关村海外联络处为结点的全球海外人才联络网作用和目标导向，提升工作水平，进一步发挥好海外联络处在全球范围内发现高层次人才（团队）的作用。支持在石景山、房山等分园区建设人才公寓，为优秀人才在中关村创新创业提供生活便利和服务保障。

三是在建立吸引顶尖人才（团队）工作机制方面有所突破，满足人才的个性化需求。紧盯海外前沿技术，依托中关村在硅谷、渥太华的国际孵化中心、中以国际技术创新合作转移中心以及赫尔辛基创新合作中心等平台挖掘前沿技术和项目信息，加大力度在全球范围内对接人工智能与大数据、信息安全与软件定义的下一代网络等十大前沿技术领域的顶尖人才（团队），制定中关村吸引和集聚国际顶尖人才（团队）工作机制。深入研究北京纳米所王中林院士等顶尖人才引进经验，对于中关村计划引进或已经引进的国际顶尖人才（团队），按照“一人一办”方式，制定创新创业全方位支持整体方案，落实配套政策和支持措施，满足人才的个性化需求。

四是在科研机构科研管理体制和人才发展机制创新方面有所突破，支持新型科研机构发展建设。继续加强对北京生命科学研究所、国家作物分子设计工程研究中心、北京纳米能源与系统研究所等新型科研机构的支持力度，深入了解科研管理和人才发展方面存在的有关问题，建立起联系服务人才的长效工作机制，支持其创新科研管理体制和人才发展机制，凝心聚力打造科技创新与成果转化平台。

五是在全面提升国际人才服务水平方面实现突破，积极对接分园区建设。积极落实《中关村国际人才创新创业生态系统建设工程》，制定“中关村国际人才港”建设方案，在海淀、石景山等条件成熟、积极性高的园区分步分阶段探索建设“中关村国际人才港”，致力于打造国际人才创新创业平台，面向国际人才提供政策讯息、项目受理、人才交流等“一站式”高效服务，同时提供国际人才日常生活支持等。通过提升国际人才服务水平，充分发挥好集聚国际人才储备供给、全球科研成果转化应用、京津冀协同发展辐射带动、国际交流合作平台集散等系统性职能，建设国际化人才尤其是外籍高端人才来京创新创业的优质“软口岸”，为国际人才落脚北京创新创业营造优良的环境。

六是在为各类人才营造良好的交流融合环境方面继续突破，推动人才创业基地建设。联合市国资委共同举办市属国企及中关村民企党校培训班，搭建市属国有企业与中关村科技创新企业的交流平台，促进企业间的深度融合和不同班次学员交流。进一步推动中关村高端人才创业基地和雏鹰人才创业基地建设，对接好人才、资本、技术等创新要素的融合，引导各类人才基地在房山等远郊区县布局，积极推动新一代信息技术、新材料、新能源、节能环保等战略性新兴产业的领军人才创办的企业入驻人才基地。

第二节　北京经济技术开发区：多措并举打造高端产业领军人才示范区

北京经济技术开发区，又称亦庄开发区，坐落于北京市大兴区的东北部。北京经济技术开发区于1992年开建，1994年被国务院批准为国家级经济技术开发区，2010年，经北京市委市政府整合，与大兴区整合为南部新区—亦庄新城，占地面积由原来的46.8平方公里扩增为1052平方公里。北京经济技术开发区是北京市唯一同时享受国家级经济技术开发区和国家高新技术产业园区双重优惠政策的国家级经济技术开发区，致力于建设面向国际市场的高端产业园。

在功能配套方面，开发区在为企业和人才提供完备的金融、教育、医疗、娱乐休闲等功能外，更为企业和人才提供宜居的“九通一平”基础设施，创建良好的生产、生活环境。其中，“九通”指“市政道路、雨水、污水、自来水、天然气、电力、电信、热力及有线电视管线”通，“一平”指开发区土地地貌平整（见表10—4）。

表 10—4　开发区生活功能配套

	配套
商业	商业中心、商业港
金融	外汇管理、银行
教育	亦庄中学、北京二中和史家胡同小学合作建设的开发区实验学校、二十一世纪幼儿园、北京高等职业教育学院、国际艺术学校、洛杉矶社区学院等
医疗	同仁医院开发区分院、亦庄医院等大医院；宝天中医诊所、北京正安门诊、敬仁综合门诊等中型医院，以及其他一些社区卫生站
休闲娱乐	百货公司、超市、专营店、快餐店、影院、俱乐部、体育中心
公共基础设施	市政道路、雨水、污水、自来水、天然气、电力、电信、热力及有线电视管线

在产业经济方面，从产业格局看，开发区发展电子信息产业、装备制造产业、生物工程和医药产业、汽车及交通设备产业四大主导产业，培育高端服务、文化创意、临空经济、节能环保四大新兴产业，形成“4 + 4”的产业发展格局。截至 2014 年底，开发区规模以上工业企业完成工业总产值 2380. 3 亿元，其中，四大主导产业产值 2111. 1 亿元，占规模以上工业产值比例达 90%，连续九年保持国家级开发区领先水平。从产业特点看，生态工业是北京经济技术开发区一大特点和优势。2014 年北京经济技术开发区万元 GDP 能耗 0. 17 吨标煤，万元 GDP 新鲜水耗 2. 8 立方米，污水处理率保持 100%，工业高品质再生水使用量 3. 1 万吨/天，居全国领先水平（见图 10—6）。

在企业人才方面，从企业发展看，开发区汇聚了来自全球 40 多个国家和地区的企业近 9000 家，投资总额超过 400 亿美元。其中，年产值亿元以上企业 157 家，世界 500 强企业投资项目 120 个，国家级高新技术企业 415 家；从人才集聚情况看，2014 年，北京经济技术开发区启动高端产业领军人才发展示范区建设，统筹开发利用国内国际两种人才资源。截

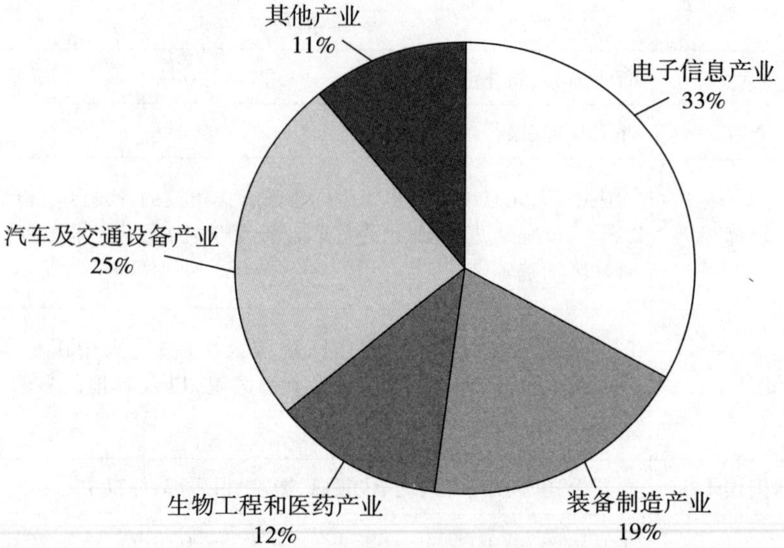

图 10—6　北京经济技术开发区工业产值分布图

至 2014 年底，开发区通过国家“千人计划”引入的 50 位入选者，通过北京市的“海聚工程”共引入 90 名目标人才，累计认定海外高层次人才达 247 人，开发区产业领军人才数量、水平位居国家级开发区前列。其中，在“海聚工程”引入的 90 位入选者，分布于生物医药产业，电子信息产业，新能源、新材料产业，汽车及装备制造业四大主导产业的 45 家企业中（见图 10—7）。

一、引才措施

开发区充分发挥政府引导、企业主导、园区辅助的作用，深入实施人才强区战略，以吸引、留住海外高层次人才为重点，通过配套出台鼓励和吸引海外高层次人才入区创新创业的优惠政策，搭建人才开发平台，推进产业转型升级，完善人才服务机制和建立多维度的宣传推广体系，最大限度激发人才活力，不断壮大人才队伍。

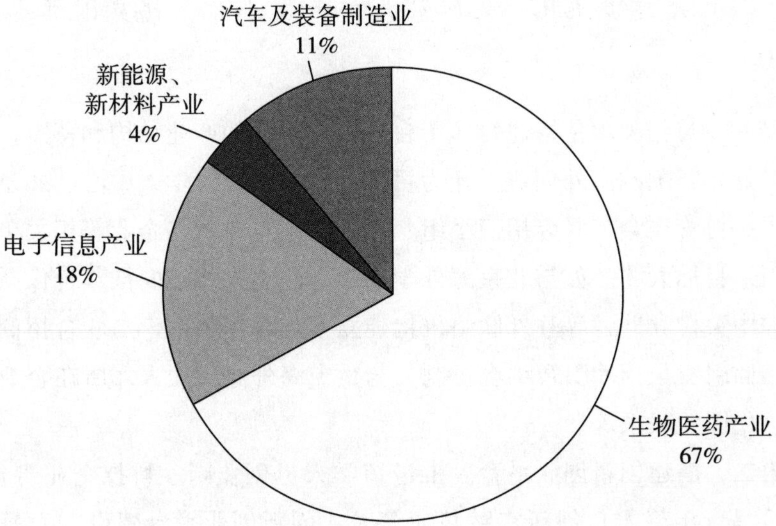

图 10—7　北京经济技术开发区“海聚工程”人才分布

（一）建立全方面、立体化人才政策体系，创建优越人才政策环境

开发区结合《国家中长期人才发展规划纲要（2010—2020 年）》《首都中长期人才发展规划纲要（2010—2020）》，在积极实施国家“千人计划”和北京“海聚工程”等政策文件基础上，针对开发区区域的实际情况和特点，配套出台了《关于鼓励和吸引海外高层次人才来北京经济技术开发区创业和工作的意见（试行）》《北京经济技术开发区科技创新专项资金管理办法（试行）》《北京经济技术开发区产业扶持和鼓励办法（试行）》等涵盖创业扶持、创业服务、创新支持、创业鼓励、生活服务、贡献奖励的多项政策，如制定股权、期权、分红等综合激励措施，建立起全方位、立体化的政策体系，为吸引人才创造环境和条件。通过优越的政策环境成功吸引了“海聚工程”入选者何有文博士、张兴民博士、刘明博士等 10 余家公司创办人落户北京经济技术开发区。

（二）搭建多元化、无障碍人才开发平台，拓宽国际人才引进渠道

第一，与相关单位搭建合作平台。结合自身的产业结构和特点，以引进与产业相匹配的海外创业人才为目标，与北京海外学人中心、北京市侨办、中关村管委会、联合招商小组、海外高层人才所在企业等相关单位合作，引入目标人才。如与北京海外学人中心建立人才定向推荐合作联系机制，与中关村驻硅谷等驻外联络机构建立推荐合作关系，与联合招商小组建立招商引资与招才引智结合机制，与重点海外高层次人才所在企业建立长期、稳固的联系等。

第二，搭建创新创业平台。推进留学人员创业园、科技企业孵化器、博士后（青年英才）创新实践基地等人才创新创业平台建设，为海外人才引进及培养提供载体。

第三，搭建信息对接平台。通过信息平台及时发布人才工作信息、人才政策，畅通海外学人与开发区的沟通渠道。

第四，举办座谈会和招聘会等活动。如举办外籍人才招聘会、北京市留学人员招聘会，利用北京科博会、大连海创周、广东留交会等参展活动，全方面扎实开展引才工作。

（三）构建特色化、高端化现代产业格局，优化人才集聚载体

开发区通过优化产业格局，吸引目标人才落户和集聚。开发区提出“4+4”主导产业+新兴产业的产业格局，即做大做强电子信息产业、装备制造产业、生物工程和医药产业、汽车及交通设备产业四大主导产业，培育高端服务、文化创意、临空经济、节能环保四大新兴产业；瞄准集约度高、附加值高、科技含量高、资金密集型的产业链和价值链高端环节，推进第二、第三产业融合发展。广阔的产业发展空间吸引了大量具备较高科技素养、创新能力强的海外高层次人才在开发区创新创业，为开发区经济产业发展增添了新的活力。同时，海外高层次人才的集聚也提升了开发区产业层次，带动相关产业发展。“海聚工程”入选者易美芯光科技有限

公司的范振灿博士、刘国旭博士领衔的海外高层次人才团队，被开发区的产业发展环境所吸引，从海淀迁至开发区。目前，易美芯光科技有限公司已经成为京东方8.5代线的重要配套供应厂商。

（四）建立高效化、便捷化人才服务机制，营造具有吸引力的工作生活环境

第一，在创业、工作方面，建立“一站式”“直通车”的服务模式。一是为海外学人创办企业提供“一条龙”服务，即为海外学人创办企业提供办理工商注册、税务登记、银行开户的一条龙服务。二是设立外籍人员来京工作“一站式”服务窗口，即为外籍人才、领军人才入区工作开辟绿色通道，提供如外国专家证办理等服务。三是开通教授级高工评定直通车，为非公有制企业高端人才职称评定提供畅通渠道。四是举办海外学人创办企业风险投资洽谈会，为企业解决融资难的问题。五是采用“一事一议”的方法，提高服务效率和实效。

第二，在生活方面，创建便利、无忧的生活环境。一是住所安置，为区内海外高层次人才提供人才公租房。二是子女上学，引进保华国际教育园、北京十一中学分校、北京二中分校、北京八中分校等优质教育资源，推进区域国际化教育水平。三是医疗保障，为海外高层次人才开通同仁医院就诊绿色通道，提供高水平的就医就诊服务，并组织高层次人才免费进行年度健康体检。此外，开发区还为海外高层次人才出国探望配偶和子女、参加国际会议提供首都机场贵宾通道，并每年报销两次国际往返旅费，努力为海外高层次人才在开发区工作营造舒适生活环境，为人才入区发展解除后顾之忧。

（五）建立多维度、国际化人才引育宣传体系，创建更加开放的人才引进环境

依托媒体，提升开发区影响力。依托媒体的宣传，扩大园区知名度和影响力，同时，对接目标人才、产业等信息。在主流媒体方面，与中央电视台、《人民日报》《北京日报》《科技日报》、新华网、北京电视台等主流媒体合作，以“招才引智”和“招商引资”为目标，宣传开发区在产

业发展、科技创新、人才引进、人才服务等方面的政策优惠及取得的成绩。如《北京日报》每周一期的《海外学人创业季》介绍了开发区 50 多个海外高层次人才或团队。在自媒体方面，开发区建立海外学人中心网站，在《亦庄时讯》《开拓者》等报刊杂志上刊登《世界英才在亦庄》系列报道，让目标人才第一时间掌握开发区人才工作信息、人才政策、岗位需求情况以及开发区现有人才情况。

通过举办与参与各种活动，开发区的知名度得到进一步提高。在举办活动方面，开发区坚持“走出去”与“引进来”相结合，先后随团出访英国、美国、加拿大、德国等地，并举办海外学人宣讲会，全方位地介绍开发区发展、人才政策、人才服务等情况。同时，积极组织接待海外高层次人才考察访问，接待海外学人现场垂询，设置 24 小时专线电话，让更多的海外学人了解开发区创业、产业发展、生活环境，把海外人才“请进来”。在活动参与方面，积极参与并利用北京科博会、大连海创周、广东留交会等参展活动，落实引才工作。通过开发区人才的不断聚集和所取得成绩的逐渐积累，让更多他们身边的海外学人看到开发区的发展潜力和优势，并吸引越来越多的人来开发区创业和就业，形成人才引进的良性循环，形成“滚雪球”效应。

二、引才成效

截至 2014 年底，北京经济技术开发区共有“海聚工程”入选者 90 人，占北京市“海聚工程”总入选者的 14.7%。开发区通过各种人才引进措施的实施，高端人才初具规模，并形成了人才“雁阵”效应。在人才带动和引领的作用下，开发区取得了以下几个主要成效：

（一）高端人才集聚初具规模，形成了聚集和培养的人才“雁阵”效应

截至 2014 年底，开发区通过国家“千人计划”引入 50 位入选者，通过北京市“海聚工程”引入 90 名目标人才，累计认定海外高层次人才达 247 人。引入的 90 名“海聚工程”入选者，学历层次高，90 位

“海聚工程”入选者中，博士学位拥有者86人，约占95.6%，硕士学位拥有者4人，约占4.4%；年龄梯队较为合理，90位“海聚工程”入选者平均年龄49岁，骨干中间力量在整个人才队伍中占绝对比重。其中，年龄在50—60岁的47人，占总人数的52.2%；年龄在40—50岁的33人，占总人数的36.7%。总的来说，开发区产业领军人才数量、水平保持国家级开发区前列。通过这些人才创新创业和自身拼搏，带动产业发展，形成产业优势，让更多的人才看到开发区的发展优势和潜力，为开发区吸引集聚更多人才，人才与产业间形成了良性循环。海外高层次人才的不断聚集和人才与产业间良性循环，使开发区逐渐形成了领军人物主导发展、高端人才引领创新、创新团队合力攻关的“人才雁阵”。

（二）自主创新能力逐步增强，逐渐开始填补国内科技创新空白

北京经济技术开发区坚持人才引领战略，通过对创新创业人才的集聚，积极探索创新，不断增强企业的自主创新能力和国际竞争力，创造了大量国内短缺的科技成果，填补了国内空白。由5位“海聚工程”入选者创建的北京义翘神州生物技术有限公司，建立了全球第二大的重组蛋白靶点和工具库，打破了我国在蛋白和抗体科研工具等高端试剂领域对进口试剂的依赖；由4位“海聚工程”入选者创建的易美芯光科技有限公司，成功开发出了国内第一家1—10W的大功率垂直机构LED芯片；如由宣奇武博士创办的阿尔特汽车技术股份有限公司，打造了我国唯一一家兼具整车及发动机设计能力的汽车设计及工程服务公司。

（三）高新技术企业规模扩大，促进了区域经济发展水平不断提高

一方面，随着高层次人才的集聚，高新技术企业规模的不断壮大，开发区产业结构不断优化，有力地推动了开发区经济的迅速增长。以几个优秀企业为例，“海聚工程”入选者范振灿博士带领的易美芯光2013年营业收入近2个亿，实现3年增长7倍的高成长性；沈月雷博士带领的百奥

赛图在三年时间内营业收入增长3倍，公司产业化规模逐年扩张；何有文带领的旷博生物成立短短三年时间，2011年较2010年营业收入增长近5倍，入选“德勤亦庄高科技高成长20强”的第二名。另一方面，随着高层次国际人才队伍的初具规模，人才的国际化带动了企业乃至产业的国际化，进而推动着开发区国际化战略目标的进程。以单个企业为例，义翘神州的“重组人呼吸道合胞病毒融合蛋白”和“顶板特异性脊椎蛋白1”两个重组蛋白试剂已经销往美国、德国、瑞士等十几个国家；新博医疗联合美国哈佛医学院BWH医院国家图像导航治疗中心，共同开发多影像平台融合导航系统及形成新的临床应用规范。

三、下一步工作重点

面向未来，北京经济技术开发区将按照首都城市新定位和京津冀协同发展的战略部署，重点以政策、产业环境和创新创业平台为抓手，加快人才的集聚和培养，全面构建高精尖经济结构，努力将北京经济技术开发区打造成与中关村南北呼应、两翼联动的具有全球影响力的科技创新中心。

（一）以政策为抓手，支持领军人才示范区建设，扩大“人才雁阵”效应

2015年，新区将全面落实《关于北京经济技术开发区建设高端产业领军人才发展示范区的实施意见》，争取一批国家和市级科技重大专项、重大科技基础设施、战略性新兴产业工程和项目优先在领军人才示范区布局，完善人才与项目对接服务机制。深入实施中关村“1+6”先行先试政策、“新四条”政策、13项特殊政策，结合领军人才示范区工作实际，集成特色政策。面向入选国家“千人计划”“万人计划”，北京“海聚工程”“高创计划”，中关村“高聚工程”以及开发区“新创工程”的领军人才，落实重大项目布局、科技经费使用、进口税收、股权激励、居留和出入境、医疗、落户等服务政策。在1亿元人才发展专项资金基础上，新设立1亿元创新创业扶持专项资金，引导社会资本和国际风险资本聚集，支持创新能力强、成长性好的中小企业发展。

（二）以产业环境为抓手，形成“总部+研发”产业发展模式，提升产业优势

产业环境促进海外人才聚集，新区作为首都高技术制造业和战略性新兴产业聚集区，是首都实体经济发展的主阵地。下一步，新区将按照“战略产业新区、区域发展支点、创新驱动前沿、低碳绿色家园”的发展定位，走“一体化、高端化、国际化”道路，形成以北京经济技术开发区为核心，生物医药园、新能源汽车产业园、新媒体产业园、生产性服务业产业园、军民结合产业园、新空港产业园为支撑的“一区六园”的空间发展格局，重点发展电子信息、生物医药、装备产业、汽车产业等四大高端制造业的核心环节，着力培育生产性服务业、文化创意产业、临空服务业、节能环保四大服务业，推动形成“总部+研发”的发展模式，以产业环境促进海外人才聚集。

（三）以创新创业平台为抓手，构建人才创新创业基地，丰富引才渠道

新区将通过搭建产学研合作平台、企业孵化平台、国际化人才发展平台来丰富引才渠道。一是搭建产学研合作平台。支持区域内企业与高校、科研院所和国有企业共建联合实验室、技术研发中心、博士后工作站、院士工作站及新型产业技术研究院等科研平台，合作开展核心技术研发与科技成果转化，推动产学研用一体化发展。激励人才围绕主导产业和优势产业开展科技攻关，支持人才从事重大原始创新项目和具有重大市场前景的应用项目研究，形成一批先导性创新技术和成果。二是搭建企业孵化平台。支持以汇龙森企业孵化器、大兴创业园为代表的一批留学人员孵化器和创业园发展，借鉴国外孵化器建设的先进经验，建立健全以市场需求为导向、以政府投资为引导、广泛吸引社会资本和国际风险资本投入的市场化运行机制，完善创业项目孵化机制和优秀初创企业发掘机制。推广云基地、车库咖啡、创新工场、联想之星等新型孵化模式，培育一批新型创业孵化载体，探索构建“人才+项目+创投”的创业扶持体系，提高企业

孵化水平。建设一批高端人才创业基地，依托中关村高端人才创业基地支持资金，为入驻企业提供租金补贴等支持。三是创建人才国际化发展平台。鼓励规模以上企业与跨国公司研发中心、国际知名研究机构合作建立国际一流的实验室或创新中心，开展国际科技重大项目合作，承接国际技术转移和促进自主创新技术海外推广。支持企业与全球有影响力的科技园区、行业组织、知名智库建立长期战略合作关系，通过联合共建境内外人才培养基地、开展EMBA培训项目、组织学术交流与经贸洽谈等多种形式，建立跨境合作机制，深化国际化人才培养。充分发挥国际化人才作用，引导企业积极开拓海外新兴市场。

第三节　朝阳区："凤凰计划"领衔区域引才机制，构建国际人才聚集地

朝阳区是北京市六大城区之一，全区面积470.8平方公里。区域内高端要素集聚，多元文化聚合，朝阳区被赋予了国际交往的重要窗口、中国与世界经济联系的重要节点、对外服务业发达地区、现代体育文化中心和高新技术产业基地的功能定位。

在产业经济方面，从产业规模看，近10年，朝阳区GDP年均增长15.3%，2014年GDP实现4337.3亿元，占全市生产总值的20.3%；从产业格局看，金融、高新技术、现代服务和文化创意是朝阳区的四大支柱产业；从产业地位看，朝阳区内坐拥CBD核心区、奥运功能区、大望京科技商务区等十大产业基地，是高端产业落地的重要空间承载。

在国际化方面，朝阳区集中了北京95%以上的驻华使馆（除俄罗斯外的所有驻华使馆）、90%的国际传媒机构、80%的国际组织和国际商会、70%以上的世界500强地区总部或办事处、65%的外资金融机构和62%的国际工业协会，北京50%以上的国际会议，1/3的国际展览在朝阳区举办，与20个国家（地区）的26个友好城市（区）及机构建立了友好关系。朝阳区是北京乃至中国面向世界的一扇窗口，是北京国际交往的重要窗口，拥有良好的市场化、国际化氛围。

在企业和人才方面，截至目前，朝阳区共有“凤凰计划”海外高层次人才134人，“海聚工程”专家104人，“千人计划”专家133人。六年来，凤凰计划共资助了46家海外高层次人才创业企业（现代服务7家、金融1家、文化创意11家、高新技术23家、社会事业10家），支持了86名工作类高层次人才（从事现代服务业19名，金融业23名，文化创意8名，高新技术26名，社会事业10名）此外，朝阳区“凤凰计划”还资助了107家优秀海外学人初创企业、9支人才团队，以及150家引进了海外学人的企事业单位。150家创业企业注册资金总额116850万元。2014年一年形成区级财政5170万元，2015年1至9月份形成区级财政7800万元，共拥有专利174项，专有技术139项。

一、引才措施

朝阳海外学人中心在朝阳区委区政府的领导下，积极发挥自身的主动性和优势，通过建立以“凤凰计划”为引领的引才机制，完善政策配套、资源整合和服务体系建构，用5—10年时间，在CBD、电子城、奥运村等重点功能区和储备区，聚集一批由科技领军人才领衔的高科技创业团队，初步探索出一条具有区域特色的人才发展之路，带动区域经济社会的全面发展。

（一）以“凤凰计划”为抓手落实“千人计划”“海聚工程”

制定与国家“千人计划”、北京市“海聚工程”一脉相承的“凤凰计划”，吸引优秀海外学人来朝阳创业和工作。为落实中央、北京市关于大力引进海外人才的有关精神，配合完成“千人计划”和“海聚工程”的工作，朝阳区结合自身高度国际化的特征，于2009年制定了以“1+1”《朝阳区关于大力推进海外学人工作的实施意见》和《朝阳区鼓励海外高层次人才创业和工作暂行办法》政策体系文件为核心的引进、服务海外高层次人才的“凤凰计划”。2013年对暂行办法进行了修订，制定《朝阳区鼓励海外高层次人才创业和工作暂行办法》和《优秀海外人才引进资助暂行办法》，形成了与“千人计划”“海聚工程”一脉相承的海外高层次人才引进、服务政策体系，以“凤凰计划”为抓手，推动人才工作发展。

充分利用“凤凰计划”入选者在管理或技术方面的先进理念、成功经验和海外资源的优势，带动引进和培养一批人才。“凤凰计划”入选者普遍具有一定的行业影响力，这些入选者有一部分国际金融、高端现代服务业等国际500强企业中身居高职，有一部分在医疗卫生、文化教育等社会领域具有技术或学术权威，还有一部分创新创业人才拥有核心技术和自主知识产权。充分利用这些人才优势，鼓励其带领培养建立一批专业团队，在提升国内人才的国际化水平的同时，加速企业的发展与变革。

（二）建立全套的良性循环人才政策体系，营造良好人才政策环境

建立制定政策——宣传政策——落实政策——反馈政策——完善政策的良性循环体系。

建立“1+2”人才政策体系。为了保证“凤凰计划”的顺利实施，结合朝阳区现有的发展状况以及现行产业发展和人才政策，朝阳海外学人中心制定了“1+2”人才政策，为朝阳区海外学人工作提供了制度保障，确保人才评选、认定、资助等各项工作的顺利运行。“1+2”政策模式，即：“一个意见、两个办法”。其中，“一个意见”，即《朝阳区关于大力推进海外学人工作的实施意见》，主要对海外学人工作的指导思想、基本原则提出方向性要求，是面向全体海外学人、涵盖服务和政策保障等各个方面的纲领性指导性文件。“两个办法”，即《朝阳区鼓励海外高层次人才创业和工作暂行办法》和《朝阳区优秀海外人才引进资助暂行办法》，前者是具体的操作性规定，为来朝阳区工作和创业的海外高层次人才量身定做了一系列特殊优惠政策，后者主要侧重于对在吸引海外高层次人才方面表现优异的中介机构和企业、事业单位将给予资金资助和表彰。

建立与时俱进的政策宣传体系。政策的出台很重要，政策的宣传同样十分重要，只有通过好的宣传，才能让人才政策走向社会，让更多的人才获得政策红利。朝阳区把传统媒体和新媒体结合起来，形成了一套切实有效的人才政策宣传体系。一是网络宣传。朝阳海外学人中心通过门户网站

（朝阳国际人才港）、官方微博、微信对外统一宣传，利用百度、谷歌搜索引擎关键字等新媒体进行推广。二是媒体宣传。中心利用海外学人企业媒体资源，如BON（蓝海电视台）、凤凰网等制作电视专题，加强“凤凰计划”的自主宣传，提升品牌效应。利用《人民日报》、《中国日报》、《北京日报》、《北京青年报》、《人民日报》（海外版）等知名媒体，宣传区域产业发展、人才政策、人才环境，营造人才聚集氛围。通过“朝阳有线”、《朝阳日报》等将入选“凤凰计划”的海外高层次人才中积极申报“千人计划”“海聚工程”的候选者向市级报送，宣传朝阳区“凤凰计划”招才引智功能。

（三）搭建全方面、多领域的人才开发平台，借助市场和社会组织力量扩大人才引进力度

通过成立“知名人才顾问机构朝阳联盟”（以下简称猎头联盟）“海外知名高校北京校友会人才联盟”（以下简称“校友会联盟”）“海外学人创新创业空间联盟”、“海归投资人联盟”等联盟，举办北京朝阳海外学人创业大会（OTEC），搭建全方面、多领域的人才开发平台，支持、鼓励非公有制企业和民办非企业单位开展引进海外高层次人才工作，借助市场和社会组织的力量，扩大海外学人工作的覆盖面。

成立猎头联盟。猎头联盟主要负责确立以联盟理事会为核心的工作机制，通过参与政策制定、政策宣传、“凤凰计划”评审、交流合作等形式，探索实践人才、技术、市场等资源的共享机制，促进人才资源中介机构在各领域的沟通协作。有针对性地为区域经济社会发展引进高端海外人才，撬动市场杠杆，发挥招聘公司作用，提升区域人才配置水平。如，在近两年“凤凰计划”的评审认定中，通过与“知名人才顾问机构朝阳联盟”成员单位、天使基金、风险投资等机构开展合作，邀请知名人力资源专家参与，提高被认定海外高层次人才的质量。同时，还邀请区“两代表一委员”对评审认定工作全程参与、全程监督。

成立校友联盟，负责将人才引进政策和需求高效地宣传到海外目标群体，拓宽人才引进渠道和政策宣传渠道。校友会联盟是优秀海外人才的储

备库，是重要的宣传阵地。通过不断加强与各校友会的联系对接，与麻省理工学院、哥伦比亚大学、南加州大学、明尼苏达大学、剑桥大学等20余所海外知名高校取得进一步的联系。通过校友会联盟，中心与英国伦敦、美国东部名校的海外人才和留学生创业组织等机构合作，为北京朝阳海外学人创业大会推荐海外留学生创业项目回国参赛，同时也为海外学人来到朝阳创新创业提供了政策咨询服务。

举办北京朝阳海外学人创业大会（OTEC）。从2013年起，朝阳区连续两年举办北京朝阳海外学人创业大会，坚持“国际化、专业化、市场化”的原则，充分发挥政府引导作用和市场在资源配置中的决定性作用，引进新型创业服务机构和支持机构，整合各类市场化资源，促成“人才、技术、产品、项目、资本、市场、政策、空间、服务”全面对接，为海外学人创业提供全方位支持。创业大会将创业领域优秀资源、民间智库、国际商会、国际名校校友等资源整合，以“政府搭台，市场、人才唱戏”为工作思路，形成“1+1>2”的引才合力。创业大会举办三年来，共吸引了来自美国、英国、韩国、以色列等19个国家和地区的近8000名创业者、2000多个项目，60位创投机构领袖参与其中。300多个项目通过创业大会的平台找到了投资、150个项目落地北京、深圳等地。吸引了天津、河北、山东、江苏、浙江、广东、重庆、贵州、四川等9个省市的40多个地市60多个园区在创业大会发布政策，吸引创业项目。中央电视台、人民日报、CNN、福布斯、Tech in Asia等国内外媒体对大会作了多篇报道，创业大会专刊发行超过10000册。

（四）建立高端、面向全体的人文服务体系，创建最优人才服务环境

建立“五位一体”服务体系，即以朝阳海外学人工作联席会、海外学人俱乐部、海外学人党支部、朝阳国际人才港网站、海外学人服务窗口为主体的“五位一体”服务体系，满足海外学人不同的服务需求，为海外人才提供医疗、子女入学等协调、保障工作。其中，朝阳海外学人工作联席会主要负责为朝阳区引进海外高层次人才提供全方位服务和政策支

持，营造优秀海外学人创新创业氛围。同时，配合做好北京海外学人中心有关高层次人才开发引进工作和有关政策的宣传研究工作。如，提供海外高层次人才认定、优秀海外学人创业团队资助、优秀海外学人初创企业资助、引进优秀留学人员单位资助以及引进海外高层次人才单位资助等服务。“朝阳海外学人俱乐部”，下设“建言献策委员会”“公益服务中心”“专家顾问委员会”“HR 交流中心”“女性沙龙”5 个工作组，以“融入朝阳、实现梦想”为宗旨，按照：“服务学人、服务社会、自我服务”的原则根据海外学人回国创新创业的迫切需要，通过“对话朝阳、走进朝阳、融入朝阳”系列活动，加深海外学人对国情、市情、区情的了解，促进海外学人沟通、交流及合作（见表 10—5）。

表 10—5　“五位一体”服务结构体系

服务体系	具体职能
朝阳海外学人工作联席会	负责为朝阳区引进海外高层次人才提供全方位服务和政策支持,负责联席会的日常办事机构,同时做好相关人才引进和各项政策的宣传工作
海外学人党支部	发挥人才吸纳作用
海外学人俱乐部	提高海外人才交流平台
专属服务窗口	提供“全程代理服务”
朝阳国际人才港网站	海外人才网上之家(www. tocbd. gov. cn)

建立朝阳海外学人工作联席会制度。为全面落实“凤凰计划”，朝阳区成立了由朝阳区委组织部、区财政局、区发改委、区教委、区人力资源和社会保障局、区科委、区商务委、区金融办、区文创办、CBD 管委会等 29 家单位组成的朝阳海外学人工作联席会，并制定了相应的工作制度，为“凤凰计划”的全面落实提供保障。建立“凤凰计划”学人及学人企业服务专员制及走访制度，在引才数量多的企业召开座谈会，随时了解并收集学人及学人企业的现状、需求与问题，建立“凤凰计划”学人及学人企业走访台账，有针对性地开展服务。对问题分类整理，属于学人中心

职能范围的，立行立改；超出职能范围的，如人才子女入学困难、看病难、公寓紧张、签证办理等复杂问题，集中向有关部门反映，协调联席会相关单位予以帮助支持。

二、引才成效

朝阳海外学人中心在朝阳区委区政府的领导下，积极响应国家“千人计划”、北京市“海聚工程”，通过“凤凰计划”落实引进高层次人才，特别是具有国际化视野的海外高层次人才，在人才引进和集聚方面取得了显著的成效，主要有以下几个方面。

（一）形成了“高精尖”人才结构，优化了人才生态环境

自2009年“凤凰计划”实施以来，完成了六批海外高层次人才的认定工作，引进认定海外高层次人才134名，其中，13人入选“千人计划”，22人入选北京市“海聚工程”，为朝阳区聚集了一批具备较高专业素养和丰富海外工作经验、掌握先进科学技术、熟悉国际市场运作、具有广泛国际联系、能够发展高新产业、带动新兴学科的“高精尖”人才。在入选“凤凰计划”的134名高层次人才中，拥有硕士及以上学历的占95%，博士以上学历的占48%（见表10—6）。

表10—6 “凤凰计划”各批次人才引进和资助情况

	2010年第一批	2011年第二批	2012年第三批	2013年第四批	2014年第五批	2015年第六批	总计
工作类海外高层次人才	18人	20人	14人	12人	12人	10人	134人
创业类海外高层次人才	8人	8人	6人	8人	8人	10人	
初创企业资助	0	0	9家	14家	37家	49家	109家
创业团队资助	0	0	4家	1家	2家	2家	9家
企业引才资助	海外硕士1590人、海外博士128人						1718人

（二）形成了人才带动发展效应，优化了人才发展环境

高层次人才引进后，不仅能够培养本地区人才，同时也成为后期引才的重要桥梁和纽带。从人才来京后培养人才的状况来说，引入的134名海外高层次人才，直接或间接培养出411名人才。其中技术骨干有245人，比例达60%，同时有32名博士生，132名硕士生；从人才来京后协助引进人才的状况来说，有近3/4的本土人才由“凤凰计划”人才协助引进，“凤凰计划”入选者对本土人才的影响比较大。

从引进海外高层次人才所学的专业看，计算机与电子工程，工商管理学类和金融学较多，其比例分别达到26%、19%和11%，同时来自于法学、工学和国际传媒的比例也不少，与目前朝阳区的国际金融、高新技术、文化创业和现代服务四大产业部门基本吻合。从人才回国后工作所在的行业领域分布来看，高新技术业最多，比例达32%，其次是现代服务业25%、文化创意（18%）、社会发展（14%）和国际金融（11%）。朝阳区实现了人才、产业的高度匹配（见图10—8）。

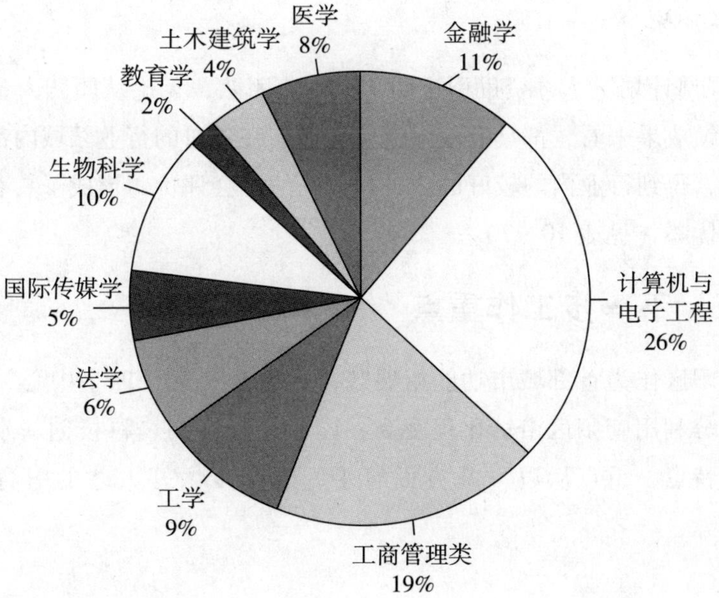

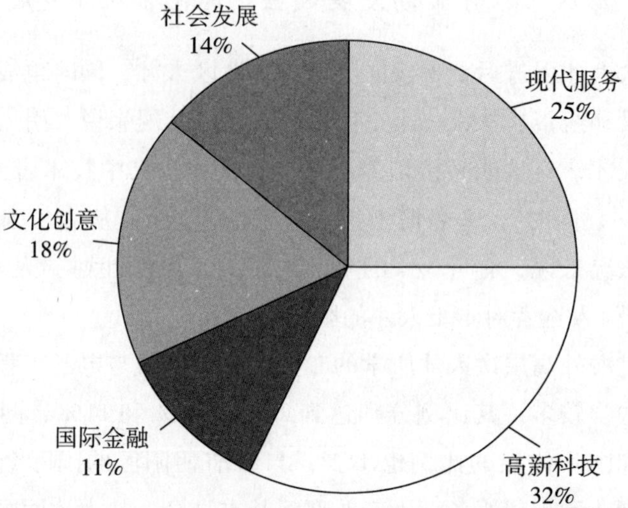

图 10—8　朝阳区人才所学专业、从事行业比例图

（三）形成了突出的创新创业成果，构建了具有竞争力的优势产业环境

“凤凰计划”人才资助引进的 9 家创业团队，无论从团队人员的质量还是业绩成果来看，都具有较强的代表性，在各自的行业领域内都具有较高业绩，得到行业内的较好的认可和较高的社会评价，形成了具有竞争力的产业优势（见表 10—7）。

三、下一步工作重点

朝阳区作为首都城市功能拓展区，将结合北京“四个中心”的新定位，充分利用朝阳区市场化程度高、国际化程度高、科技创新水平不断提升的特点，重点从以下几方面着手，进一步做好人才的引育和集聚工作。

表 10—7 部分入选团队的情况

	人才质量	技术创新荣誉称号或名称
海湾环境科技（北京）股份有限公司	核心团队8人，入选北京市海外高层次人才数量1人；留学人员总数9人，其中博士2人，硕士7人	1. 申请专利数量26项，其中发明专利数量12项； 2. 授权专利数量18项，其中发明专利数量5项； 3. 获得软件著作权数量6项。 2010年入围清科中国最具投资价值企业50强（第36名）；2011年入围福布斯非上市潜力企业100强（第85名）；2012年入围福布斯非上市潜力企业100强（第59名）；入围德勤高科技高成长企业中国50强（第46名）；2012年入围清科中国最具投资价值企业50强（第6名）；“北京企业评价协会技术创新奖—优秀企业奖”，魏巍先生荣获“北京企业评价协会科技创新奖—卓越领导者”；2013年入围德勤“2013中国清洁技术20强”（第1名）；2014年入围福布斯中国非上市潜力企业100强（第88名）。
航美传媒集团有限公司影视团队	留学人员总数3人；核心团队3人	产品/服务的主要功能特色： 覆盖全国26个重点地区、遍布国内重点各线城市，影响超过90%的国内航空旅客，形成国内庞大的视频传播网络，与国内外多家电视台和制作机构有广泛而深入的合作； 独家提供300多部国内外优秀机上娱乐影片及数字电视点播影片，与中国电影集团、上海电影集团、上海文广集团、博纳影业、华谊兄弟、星美影业、小马奔腾影业、光线影业、安乐影业、新视野影视、新画面影业、宁夏电影制片厂、其欣然影业、橙天、福克斯、哥伦比亚、华索影视、相对论等众多国内外著名影视机构达成战略合作，为国内10家航空公司的机上节目和全国53家主要机场电视系统提供节目内容。
蜜蜂四叶草动漫制作（北京）有限公司	留学人员总数5人，核心团队5人，入选朝阳区海外高层次人才数量5人	《小巴布》系列3D幼儿教育软件是由蜜蜂四叶草动漫制作（北京）有限公司自主研发的针对2—6岁的幼儿园儿童的一款全方位的幼儿互动英语教学软件。该软件以当今愈发流行的手机、平板电脑等移动设备为发行平台，用更生动、功能更强大的3D图像技术在技术和艺术上对以往2D幼儿软件进行突破和创新，以图像、声音、文字三维对位为基础，通过高互动性的小游戏增强软件的趣味性，在寓教于乐的过程中将单词、词组、句型、对话和歌谣等内容教授给孩子。

（一）加强市级层面对各区县“海聚工程”统筹协调

向上级有关部门建议：

第一，将各区县人才引进计划纳入市级“海聚工程”，扩大引进海外高层次人才工作成效。针对目前“凤凰计划”等各区县级海外人才政策不能与“海聚工程”对接的现状，下一步，将向上级相关部门建议，希望能调整、打通相关人才政策和服务渠道，将区县人才引进计划作为全市“海聚工程”的一个子项目，促进区县深入落实“海聚工程”，扩大引进海外高层次人才工作成效。

第二，统筹协调各区县人才引进计划，减少人才多地享受政策、获取奖励资金的情况。针对在“凤凰计划”的评审和服务过程中，存在部分申请人多地申报，并有同时获得多地人才奖励资金的现状，建议在市级层面统筹协调各区县级人才引进计划，减少人才多地享受政策、获取奖励资金的情况，提高政府资金利用效率。

第三，适当增加申报“千人计划”渠道。针对目前推荐申报“千人计划”的范围只能是入选“海聚工程”的海外高层次人才。因此，为给更多优秀的海外高层次人才机会，建议可加大区县组织部门的推荐力度，如“凤凰计划”海外高层次人才可直接推荐申报“千人计划”。

（二）积极搭建各种平台，加大人才的开发与培养力度

在创新创业平台方面，一方面，继续做好“海外学人创业大会”（OTEC），提升朝阳区对海外学人创业项目的吸引力和影响力，吸引最新、最优秀的海外学人创业项目落户朝阳，为区域经济社会发展提供源源不断的新鲜血液，营造优秀的海外学人创新创业氛围。另一方面，探索建立“海外学人创业创投联盟”。整合一流优质投资资源，为创业者、投资人、创投机构搭建一个互通共赢、可持续地交互和投融资平台，支持海外学人初创企业顺利启动和快速成长，激发区域创新创业、创业投资活力，最终实现创业者与投资人、创业机构、创业园区、孵化器的无隙对接，吸引人才、创业项目、资金落户朝阳。

在引育人才平台方面，一方面，充分发挥已有平台“知名人才顾问机构朝阳联盟”“海外知名高校校友会人才联盟”在人才引进中的作用，通过市场手段帮助区内企事业单位引进高端海外人才，提升人力资源管理水平，用好、留好海外人才。做好海外知名高校校友会人才联盟成员入会工作，提升海外人才引进工作实效。另一方面，开展多种形式人才培训。统筹党校、高等院校、科研院所、社会培训机构、优秀企事业单位等培训教育资源，开展多种形式多种层次的人才开发培养，提高人才开发培养的针对性和实效性。针对海外高层次人才的实际需求，创新培训形式和方法，逐步推广个性化培训、订单式培训、技能提升培训、创业培训，构建起多渠道、社会化、充满生机与活力的培训格局。

（三）进一步完善服务体系，优化人才创业、工作和生活环境

进一步优化“五位一体”人才服务体系（朝阳海外学人工作联席会、海外学人俱乐部、党支部、学人服务窗口、朝阳国际人才港），加强与学人、学人企业的日常联系和沟通反馈，探索落实、优化国际人才签证、居留许可、购车、住房等政策。

疏通海外高层次人才签证、居留许可证等办理通道。针对通过人才走访反映出的办理签证、居留许可证等证件存在诸多不便的问题，特别是已入外国国籍的华人恢复国籍、入选“海聚工程”特聘专家办理永居等困难，将沟通协调有关部门，加快推动能够覆盖区县认定的海外高层次人才在内的海外高层次人才北京市人才签证的推出和实施，简化人才办理签证、居留许可证等证件的手续，缩短办理时间。

疏通高层次人才购车、租房的通道。“海聚工程”规定高层次人才可免税从境外带回一辆自用车（前提是需要有小客车指标）。针对高层次人才购车、租房难的问题，努力协调疏通高层次人才购车、租房的通道。同时，加大力度建设人才公寓，解决人才的住房困难。

构建优质人才创业环境。发挥政策优势，整合资源，在场地、人才、资本等创业服务要素上更好满足海外学人创新创业的需求，通过创业项目落地、创业投资落地，促进朝阳区重点产业、功能区快速发展及转型升

级。充分整合发挥投资机构、科技服务、创业服务等社会组织的作用，引导市场要素向海外高层次人才及其创业企业汇集，支持科技成果转化和技术转移创业项目落地。支持建立创业孵化器，建设一批“海外学人创业基地”，配合项目落地引进人才，建立优质创业“生态圈”，为人才创业提供服务。

第四节 海淀区：积极引进海外高端人才，助推区域竞争力的提升

习近平总书记在中央政治局第九次集体学习时指出，要制订更加积极的国际人才引进计划，吸引更多海外创新人才到我国工作。作为中关村国家自主创新示范区核心区，海淀区从高新技术产业发展实际需要出发，深入推进“海聚工程”落实，坚持面向全球延揽高端创新创业领军人才，通过加强组织领导、实施重点工程、搭建平台载体、优化发展环境、提升服务保障等措施，加快海外高层次人才的吸引聚集。截至 2015 年底，海淀区累计入选“海聚工程”人才 267 名，初步形成了区域高层次人才竞争比较优势。

海淀区位于北京城区西北部，是北京市六个中心城区之一，全区面积 430.8 平方公里，是首都功能核心区。海淀区是“中国硅谷”中关村的所在地，也是中关村国家自主创新示范区的核心区和全国科技创新中心核心区。海淀区正以其独特的旅游资源、密集的科教资源、发达的高新技术产业，成为当今中国最富魅力、最具活力与创新精神的地区之一。

在旅游资源方面，海淀区皇家园林和寺庙资源丰富。从皇家园林资源看，海淀区有以“三山五园”为代表的皇家园林，包括香山、玉泉山、万寿山和静宜园、静明园、颐和园、畅春园、圆明园；从寺庙资源看，有卧佛寺、大觉寺、碧云寺等寺庙资源。

在科教资源方面，海淀区域内有北京大学、清华大学、中国人民大学、中科院等一批国内外著名院校和科研机构。工作和生活在区域内的两院院士占全国院士总数 36%，占北京市的约 60%，是科研力量雄厚、智

力密集的中国“知识创新第一区”。

在产业经济方面，海淀区聚集了大批国际国内著名的高新技术企业，电子信息、生物医药、环保节能、新材料等新兴产业逐渐成为海淀区的主导产业。尤其是信息服务业，其中软件业产业规模位列全国第一，约占全国的20%。同时，海淀区还是我国最大的互联网产业基地，区域内有新浪、搜狐、百度、网易、腾讯等21家全国百强商业网站。2015年，海淀区实现地区生产总值4613.5亿元，同比增长7.5%，占北京市20%。

丰富的科技、教育、文化资源，为海淀经济社会的发展奠定了基础，引领着我国高新技术产业的发展方向。自20世纪80年代以来，海淀区完成了由引领时代潮流的“电子一条街”到全国第一个“新技术开发试验区”、从全国第一个“国家自主创新示范区”核心区到今天全国“科技创新中心”核心区的深刻转型，涌现出曙光超级计算机等一批重大科技创新成果，大唐电信TD－SCDMA等成为国际标准，联想等一批标志性高科技企业成功迈向国际化，逐步形成了我国规模最大、自主创新能力最强的高新技术聚集区。

近年来，海淀区大力实施促进科技创新的先行先试政策，以建设具有全球影响力的科技创新中心为目标，整体布局并全力推进北部生态科技新区、中部“三山五园”历史文化景区、南部中关村科学城“三大功能区”建设，致力于打造各类优秀人才创新创业的首选地、事业发展的沃土、成就梦想的乐园，加快将海淀区建设成为全球高端创新创业要素聚集、扩散、辐射中心和全球最具吸引力的创业中心。截至2015年底，海淀区累计入选“海聚工程”人才267名。

一、引才措施

海淀区结合自身特点，从高新技术产业发展实际需要出发，深入推进“海聚工程”，坚持面向全球延揽高端创新创业领军人才，通过加强组织领导、实施重点工程、搭建平台载体、优化发展环境、提升服务保障等措施，加快对海外高层次人才的吸引聚集。

（一）加强领导和组织实施，形成引进海外人才的工作合力

海淀区把引进海外高层次人才作为提升区域自主创新能力、增强区域核心竞争力的重要举措，从推进区域发展战略的高度加强海外高层次人才引进工作的总体布局和组织领导。区委常委会、区政府常务会议多次专题研究，明确提出要吸引和聚集全区产业发展尤其是战略性新兴产业发展急需的各类海外高层次人才，并在全区经济社会发展“十二五”规划、中长期人才发展规划纲要中制定了具体的引才目标。区委区政府主要领导多次就此项工作做出批示，要求加强领导、加大力度、提高层次、优化服务。为提高引才工作水平，海淀区建立了专门的引才工作体系，在区人才工作领导小组领导下，由组织部、人力社保局、海淀园管委会牵头负责，发改委、卫计委、教委、住建委、投促局、房管局等十多个部门共同参与，区域内留创园、孵化器、专业园区、行业协会等数十家机构各司其职、分工协作，为引才工作提供了有力的组织保证。

海淀区把深入推进落实北京市“海聚工程”作为引才工作的重中之重。一是广泛开展宣传动员。通过门户网站、官方微博、电子邮件以及孵化器、专业园区等多种渠道，全方位、多层次地宣传引才工程的政策和申报指南，有效地提高了申报人才的质量。二是充分发挥孵化器、科技园区的引才主体作用。积极组织孵化器参加中国创新创业大赛等活动，搭建高层次人才引进推介平台。每年从人才发展专项资金中列支数百万元，对引进海外领军人才数量多、质量高的单位予以奖励。三是积极做好申报服务。在组织部、人力社保局、海淀园管委会设置专人，做好政策咨询、申报受理和材料初审，既坚持严格申报标准，又注意提供人性化服务，得到了人才和申报单位的一致好评。

（二）实施区级“海英计划”，推动市、区人才引进有效衔接

2012 年，海淀区启动实施了区级高层次人才聚集和培养计划（简称“海英计划”），配套 8000 万元人才发展专项资金，重点引进一批高端创新、创业领军人才，培养一批青年英才，打造人才品牌。“海英计划”与

“千人计划”“海聚工程”等人才工程相衔接，且区内高科技企业“海聚工程”入选人才自动入选“海英计划”，构建了区域性的立体化、梯队式人才培养政策体系。

作为区级引才品牌，“海英计划”有以下三个特点：一是在引进支持对象上，聚焦战略性新兴产业领域。主要面向海淀区重点发展的移动互联网和下一代互联网、生物工程与新医药、新能源新材料、导航与位置服务等战略性新兴产业领域以及其他优势产业领域引才聚才，保持和提升了区域战略性新兴产业的竞争优势。二是在评选认定方式上，充分发挥市场的作用。从引才对象主要是产业人才而非学术人才、传统专家评审方式难以准确评价其创业素质和市场潜力这一实际出发，将专家评审改为邀请知名创投机构、行业协会、产业联盟来推荐和评价人才，而且规定入选创业领军人才条件之一是已取得500万元以上创业投资，确保入选的都是真正的产业领军人才而非一般的“技术专家”。三是在支持服务上突出针对性和实效性。对于入选人才，除了给予个人奖励、股权投资、办公用房补贴、研发项目补贴等资金支持，海淀区还注重优化人才成长发展环境，积极为入选人才协调解决住房、子女教育、医疗、新技术新产品推广应用等实际困难。比如，筹集210套高级人才公寓作为“海英计划”人才中转住房，近年来共为200多名人才解决了子女入学问题。

（三）打造创新创业载体，为人才施展才华提供广阔舞台

从20世纪90年代起，海淀区逐步建立了数量庞大的科技企业孵化机构百余家，已成为全市乃至全国孵化机构最密集、孵化服务最健全的区域。海淀留学人员创业园是全市首家专门吸引留学人员回国创业的科技企业孵化器，2007年10月成为国家人事部和北京市政府共建单位。

2012年起，海淀区政府投入3500万元，与中关村管委会、北京科技大学共建“中关村高端人才创业基地”，采用“高端人才+高端项目+高端服务”模式，重点引进“千人计划”“海聚工程”等高层次人才创办企业入驻，并对通过评审批准入驻的高端人才创业企业给予房租及服务费减免补贴。目前已入驻创新型企业近百家，并引入国际纳米科

技界顶尖科学家王中林院士创办的“中科院北京纳米能源与纳米系统研究所”。

紧跟国际创业孵化理念的最新发展，2013 年海淀区首批认定创新工场、车库咖啡、3W 咖啡、创客空间等 14 个新型产业孵化器，全市首家设立 11 个初创期企业集中办公区，并在美国硅谷设立首个国际孵化器——中关村科创硅谷孵化器，实现孵化体系升级换代。李开复创办的创新工场采用“孵化 + 创投 + 辅导”新模式，既为人才提供企业孵化，还对其进行天使投资、创业辅导、市场支持，大大提高了人才创业成功率。在苏菂创办的车库咖啡，创业者只需点一杯咖啡，就可免费享用一天开放式办公场所，还能享受公共测试平台、天使投资对接等创业服务，成为最受创业人才青睐的新型孵化器。

（四）优化创新生态环境，为人才干事创业提供全方位支持

人才创新创业，往往需要技术、资金、知识产权、技术交易等创新要素的支持。海淀区充分利用高校、科研院所云集的区位优势，积极吸引国内外一流创新要素聚集，先后建成中国技术交易大厦、首都创新人才发展大厦、首都科技中介大厦、PE 大厦、中关村知识产权大厦、自主创新示范区展示中心并投入运营，以中关村西区为核心形成了科技金融、知识产权、人才服务、技术交易、产品展示、科技中介等六大创新要素聚集区。在此基础上，海淀区挂牌国家技术转移集聚区、中国国际技术转移中心和中关村互联网金融中心，以良好环境为人才创新创业提供了全方位支持。

2013 年以来，海淀区大力推进以上地地区为核心的中关村软件城，以中关村西区为核心的创新创业孵化一条街、科技金融一条街、知识产权保护和标准化一条街等“一城三街”建设。2014 年 6 月，由原海淀图书城步行街改造而成的“创新创业孵化一条街”即中关村创业大街开街，聚集车库咖啡、3W 咖啡、36 氪、联想之星、亚杰商会、天使汇等 40 余家国内一流的创业服务机构，孵化创业团队近 1800 家，其中约 600 个团队在街区孵化，构建了全国瞩目的创新创业微生态。“科技金融一条街”已经初具规模，“知识产权和标准化一条街”将大力聚集起知识产权代

理、资产评估、专利咨询、知识产权商用化等机构，建设标准检测认证功能区，促进各类资源在知识产权服务链条上流通并形成“聚变效应”。

（五）整合全区资源提供贴心服务，帮助人才解除后顾之忧

为优秀人才提供优质服务，既是党管人才的应有之义，也是吸引人才、留住人才的重要保障。

优化工作生活环境。每年投入近300万元与北京海外学人中心共建海外学人服务大厅，使其成为服务“千人计划”“海聚工程”等海外人才的专门窗口和绿色通道。全面改善中关村人才市场硬件设施和服务水平，集成“千人计划”“海聚工程”等人才所创办企业等中小微企业规模性人才需求，实施“捆绑式”人才招聘，在境内外举办中关村人才特区优势产业集群校园系列招聘活动，积极为企业破解“招人难”问题。开辟高层次人才就医“绿色通道”，确定301医院、北医三院、海淀医院为定点体检医疗机构。出台《核心区企业人才租赁住房管理暂行办法》，以“千人计划”“海聚工程”人才创办企业为重点，筹集6000余套人才公租房，缓解企业人才住房困难。

搭建交流合作平台。2012年，海淀区以“千人计划”“海聚工程”等高层次人才为主建立“海淀区高层次人才发展促进会”，已吸纳135名高层次人才、416家“十百千工程”企业及区重点企业入会。积极组织会员开展交流与服务，一方面，定期走访会员，了解需求和问题，并及时对接有关部门帮助解决；另一方面，举办人才沙龙、调研、参访等各类活动，组织会员围绕共性问题开展交流，促进人才与企业、政府间联系合作。高促会成立以来，共举办各类活动100余次，2000余人次参加，有效畅通了政府与人才之间沟通交流、信息联络、促进合作的对接渠道，受到人才和企业广泛欢迎。

加强培训宣传服务。2012年开始，海淀区累计投入1500多万元专项资金，面向“千人计划”“海聚工程”入选者等高层次人才举办“海淀英才高级研修班”“海淀区高成长型企业家培训班”等30余期人才培训班，帮助人才提升管理能力、实现从技术专家向企业家的转变。加强人才宣传

力度，制作《人才海淀·梦想乐园》宣传片、《星耀核心区——海淀区领军人才系列报道集萃》和《揽天下英才、筑创新海淀——海淀人才工作巡礼》，在《人民日报》《光明日报》《北京日报》《海淀报》等媒体上开辟专版专栏，对海淀人才工作和优秀人才进行宣传报道，扩大海淀对人才的吸引效应。

高端人才的引进聚集，是海淀区率先实现创新驱动发展格局、建设全国科技创新中心的根基所在。近年来，海淀区在各相关部门的指导及协助下，深入贯彻落实“海聚工程”等人才工程和各项人才政策，大力推进人才政策机制改革创新，聚集了一批具有相当竞争力的领军人才和创业团队。面对新形势、新任务、新要求，海淀区将站在新的起点上重新审视和梳理海外人才引进聚集工作，更加充分地发挥智力资源集中的区域优势和创新创业生态环境的竞争优势，努力构建市场主导、政府引导、社会力量广泛参与的海外人才工作体系，谋划制定更有针对性和灵活性的人才支持政策和服务体系，进一步提升人才引进的层次和水平，支持全球拥有科技成果、应用科技成果及商业模式创新的人才或团队到核心区创业，吸引全球顶尖科学家、科技领军人才、工程师和高水平创新团队，为海淀区建设具有全球影响力的科技创新中心提供更加有力的人才保证和智力支持。

二、引才成效

海淀区作为中关村国家自主创新示范区和中关村人才特区核心区，近年来，紧紧围绕建设具有全球影响力的科技创新中心战略蓝图，通过引进、培养、使用、服务等多种举措，全面实施支持创新创业的政策体系，大力营造人才发展良好环境，初步形成人才推动科技创新、科技创新带动产业发展、产业发展聚集优秀人才的良好局面。海淀区在招才引才方面取得的成效主要表现在：

（一）初步形成了区域人才竞争比较优势

通过“千人计划”“海聚工程”以及“海英计划”实施，截至2014年底，海淀区人才资源总量达157.6万人，占全市的25.6%，其中高新技术产业人才80余万人。区域高端人才聚集，有国家最高科学技术奖获得者13人，占全国的3/5；引进和扶植了罗永章、邓中亮、雷军等159位优秀创新创业人才，极大带动了区域相关产业的发展；截至2015年底，海滨区高新技术产业总收入达1.63万亿元；入选“千人计划”927人、“海聚工程”267人、“高聚工程”184人，分别占全市的70%、36%、68%，其中高新技术企业分别入选100人、233人、184人，入选人才数量均居全市各区县之首，初步形成了区域高层次人才竞争比较优势。同时，区属人才队伍建设富有特色，其中“政法人才”“教育人才”“文化人才”在全市乃至全国都具有重要影响，产生了“海淀政法现象”“海淀教育”“中关村金秋演出季”等品牌效应。

（二）形成了北京市乃至全国的企业孵化高地

从20世纪90年代开始，海淀区逐步建立了数量庞大的各类人才创新创业平台。目前全区共有科技企业孵化器54家、留学人员创业园21家、大学科技园19家、加速器7家、高端人才创业基地1家，产业技术联盟近80个，行业协会30余家，总孵化面积260万平方米，累计孵化企业9000余家、吸引海归人才8000余名。这些机构不仅为创业人才提供办公场所，还提供包括工商注册、税务登记、政策咨询、市场开拓、融资贷款在内的各方面服务。以海淀留创园为例，累计孵化企业1400余家，其中留学人员企业900余家，培育出奥瑞金、启明星辰、神州泰岳、软通动力、诺思兰德等众多明星企业，入选“海聚工程”人才44名。

（三）形成了创新产业和高端产业集聚区

据初步梳理，截至2014年底，海淀区国家级高新技术企业、“十百千工程”企业分别累计达到5315家、214家，均占中关村示范区1/2；发明专利授权量达1.1万件，占北京市49.6%，每万人发明专利拥有量达到150件，是全国平均水平的30倍，高于美国硅谷地区；实现技术合同成交额1367亿元，占全国高新区1/7；国内外具有重大影响的科技成果217项，部分核心技术已达到全球领先水平；培育和引进了260家具有全球竞争力的企业，成为支撑和引领区域产业发展的核心骨干；形成了新浪、小米、联想、血脂康胶囊、四维图新、爱奇艺、中科三环、碧水源等120个国际知名品牌。

三、下一步工作重点

面对新形势、新任务、新要求，海淀区在系统调研人才引进工作的基础上，重新审视和梳理海外人才引进聚集工作，更加充分地发挥智力资源集中的区域优势和创新创业生态环境的竞争优势，以构建市场主导、政府引导、社会力量广泛参与的海外人才工作体系，为海淀区建设具有全球影响力的科技创新中心提供更加有力的人才保证和智力支持为目标，下一步将重点做好以下工作：

（一）提升人才引进的层次和水平，面向全球引进一批顶尖人才团队

针对海外人才引进的层次和水平与建立全球科技创新中心的功能定位还有较大差距的问题，将开展以下工作：一是继续深入实施“海英计划”和“创业火炬”工程，支持全球拥有科技成果、应用科技成果及商业模式创新的人才或团队到海淀创业，吸引世界顶尖科学家、科技领军人才、工程师和高水平创新团队在海淀聚集。二是积极创建一流的创新创业生态系统，与知名天使投资、创业投资和科技服务机构及行业领军专家建立合作引才机制，统筹利用区域内孵化器的“流转”空间，与引进的人才和项目对接，既促进国际前沿技术成果和项目到海淀落地，又不断用“高精尖”项目来替代一般项目，实现现有孵化空间的“腾笼换鸟”。三是要进一步发挥政府主动性，依靠企业、孵化机构等社会组织，直接掌握、吸引一批顶尖人才团队。

（二）制定差别化、更有针对性、灵活性的人才支持政策和服务体系

当前，市、区两级在人才方面投入的政策资源总量并不少，但这些政

策资源基本是普惠式、无差异化的，导致资源使用过于分散，重点集中支持不够，使政策的吸引力和使用效果打了折扣。在下一步的工作中，将区分企业与中介组织、企业不同成长阶段以及人才发展环境的不同方面，制定更具针对性和灵活性的政策支持和服务体系。针对引进的创业人才与创新人才、企业中高层次人才与青年人才等不同层次人才的实际需求，修订完善现有人才支持服务政策，提高政策资源的使用效率和效果。围绕移动互联网、大数据、云计算等新兴产业领域企业人才需求，联合社会机构建立一批人才实训基地，加大新兴产业技术骨干培养力度，逐步缓解新兴产业人才储备不足、高校缺少相关专业设置带来的人才供需矛盾。着力建设现代人才服务业，特别是加大对符合新兴产业人才需求的新型专业服务机构的支持力度。

（三）构建市场主导、政府引导、社会力量广泛参与的海外人才工作体系

人才作为核心生产要素，其流动、使用由市场决定，企业、孵化机构、专业园区等市场主体是人才资源配置的主导力量，而在当前的人才管理体系中，市场、政府和社会力量没有形成有效的分工协同体系。因此，除了通过引才计划、支持政策、服务窗口等直接推动人才资源配置的手段外，进一步把工作的方向和重心逐步转移到更好地发挥引导作用上来，即以政策、服务为杠杆，进一步调动市场主体和社会力量开展海外人才引进聚集的积极性、主动性。海淀区将积极承接中央、北京市有关中关村人才发展体制机制改革的相关试点，大力争取中央、北京市有关部门的指导支持，特别是积极落实好公安部支持北京创新发展的20项出入境政策措施，充分发挥中关村人才管理改革试验区的优势，为外来人才提供更加便利、高效的服务。

第十一章
留创园实施“海聚工程”成效

第一节　海淀留创园：留学人员归国创业的“孵化园”

北京市留学人员海淀创业园（以下简称“海淀留创园”）坐落于中关村科技园区上地信息产业基地，成立于1997年10月，由北京市人力资源和社会保障局及中关村科技园区海淀园创业服务中心共同创立，是北京市第一家留学人员创业园，同时也是国家留学人员创业园示范建设试点单位。

截至2015年3月，海淀留创园在园企业187家，其中留学人员企业157家，留学人员总数为175人；累计孵化企业888家，共引进783名留学人员入园创业；累计培育出奥瑞金、启明星辰、神州泰岳、国瑞升等12家上市企业，上市板块涵盖纳斯达克，纽交所，深交所主板、创业板、中小板、新三板。在高端人才的引进与聚集方面，海淀创业园累计推荐入选（引进）国家“千人计划”26人、北京市“海聚工程”39人（3名引进、36名自主培养）、中关村“高聚工程”18人。其中，39名“海聚工程”入选者中，包括31名创业类、7名工作类、1名青年项目。

一、支持园区留创企业的政策和举措

海淀留创园主要从事科技型小微企业尤其是留学人员归国创办企业的孵化服务工作，涵盖电子信息、生物医药、节能环保、新材料、光机电等行业，在吸引海外人才来京创新创业方面形成示范效应。

（一）梳理建立一脉相承的政策体系和宣传体系

梳理各级政府关于支持高新技术企业发展和留学人员创业的相关优惠政策和支持，包括国家、北京市、中关村科技园、中关村科技园区海淀园等，并通过创新政策宣传方式，综合运用新闻发布会、政策宣讲培训会等方式加强宣传，灵活运用微信、微博等现代社交媒体精准推送，探索与各类重大活动和日常调研走访相结合等行之有效的宣传方式，提高政策宣传的及时性、可及性、有效性和精准性，帮助企业用好用足各项支持政策，如表11—1所示。

表11—1　北京市海淀留创园优惠政策

	政策内容
1	协助入园留学人员企业申报留学人员企业开办费，通过北京海外学人中心评审的，可获得10万元的企业开办费。
2	入驻创业园的留学人员，条件特别优秀者，符合国家及北京市引进海外高层次人才计划的，将推荐申报“千人计划”“海聚工程”“高聚工程”，入选者享受高层次人才的相关政策。
3	入驻创业园的企业在三年孵化期内可以享受一定面积的房租优惠。
4	协助入园企业申请各级政府资助项目，协助办理专利注册申请，并提供知识产权补贴。
5	协助入园企业申请科技部“科技型中小企业技术创新基金”“北京市优秀留学人员科技项目择优资助”及中关村科技园区为留学人员提供的其他专项资助基金。
6	推荐并协助入园企业申请海淀园各项政策支持。
7	推荐优秀企业获得小额信誉贷款担保。
8	运用“海淀创业园企业评估系统”，为企业提供创业咨询与孵化服务，推荐企业获得金融机构的资金支持。
9	来京创业的留学人员在居留权、配偶及子女入北京户籍、购房及子女入学方面享受北京市政府提供的有关优惠政策。

续表

	政策内容
10	提供专业的创业咨询服务,包括国家及北京市对留学人员在京创办企业相关政策的咨询服务、关于人才引进(留学人员)的相关政策的咨询服务、关于留学人员在留学人员海淀创业园创办企业的相关优惠政策及管理办法的咨询服务、为留学人员创办企业提供公司注册流程咨询服务以及针对留学人员在创办、经营企业中的其他相关问题的咨询服务。
11	定期组织企业参加项目推介会及融资洽谈会。
12	为特别优秀的企业项目提供产业化用地等方面的咨询。
13	定期组织入驻企业参加各种人才洽谈会、产品展示会、展览会等;免费为入驻企业举办各种培训班和专题讲座。
14	为入驻企业提供可靠的中介服务机构,包括律师事务所、会计师事务所及专利事务所及企业管理咨询机构。

(二)建立“众创空间+企业孵化+产业孵化”体系

海淀留创园下设金种子创业谷、留学人员创业园、留学人员发展园、中关村生物医药园四大孵化基地，构建了“众创空间+企业孵化+产业孵化”的孵化体系，总孵化面积约8万平方米。

众创空间——金种子创业谷，以“零成本零门槛创业+全链条孵化”与“聚集服务资源+完善创业生态”为特色，通过为入驻企业提供“拎包”入驻的开放办公区、免费的网络等基础服务，法律、财税等咨询专项服务，以及创业辅导、投融资对接等多项增值服务，在战略性新兴产业培育企业和高层次创新创业人才。

企业孵化——留学人员创业园，以留学人员新办的科技型中小企业为服务对象，为企业及创业者提供涉及政策、管理、融资等创业辅导服务，提供办理工商、税务、知识产权代理等相关事务的协助服务，以及优惠的办公场所，使创业园进入快速发展轨道。

产业孵化——留学人员发展园，重点以在留学人员创业园毕业的企业为服务对象，通过为其提供配套的办公场地和融资、宣传推广等服务，为留学人员企业提供更为广阔的发展空间，以满足孵化企业发展壮大的需要。

专业孵化器——中关村生物医药园，面向生物产业创新、医药产业创新的专业孵化器，集中为这两个领域的创新型企业、成果持有人、留学人员以及创业企业提供办公室、实验室、大型仪器设备、开放实验室、中试车间、试生产车间等系列化的、整套的硬件条件；吸引一批创新型的创业企业和领军型人才在区域内集聚，最终在区域内形成一批自主知识产权的核心产品，为中关村国家自主创新示范区培育一批优秀的企业和企业家，助推海淀区、北京市生物医药产业的发展。

（三）构建“中心＋平台＋服务”完整的孵化服务体系

海淀留创园对重点留创企业的支持举措主要包括租金优惠、引导申报各级政府产业专项扶持资金、人才专项资金以及系统的创业孵化服务。经过多年的建设与发展，海淀创业园现已构建“一个中心、三个平台、六方面服务”完整的创业孵化体系，即以创业中心为核心，构建企业孵化平台、科技条件平台、创业导师平台，对企业开展创业辅导、人才引进、企业融资、成果转化、股权投资、产业促进等六方面服务。具体服务内容如表 11—2 所示：

表 11—2 海淀留创园对留创企业的服务内容

	服务项目	服务内容
创业辅导服务	创业学堂	面向入孵企业，举办经营管理、法律法规、人力资源、市场营销、金融投资、财税筹划、职业素养、产业政策、综合技能等专题培训及创业辅导，不断提升园区企业员工的职业素养和技能。每月至少 1 期。
	创业沙龙	面向入孵企业创始人，围绕国家战略性新兴产业领域最新发展态势举办主题沙龙及产业链上下游企业对接活动，旨在充分聚集和整合各类创新创业要素，帮助企业对接风险投资机构，向政府推介优秀创业项目，推动产业交流与合作。每月至少 1 期。

续表

	服务项目	服务内容
创业辅导服务	创业咨询	面向入孵创业企业提供工商注册、财税代理、法律服务、专项资金申报、知识产权、人才引进、人才培养等各类咨询服务活动，帮助企业少走弯路，提升企业创业成功率。每月至少1期。
	创业集训营	面向入孵企业创始人举办创业集训营，开展金种子企业选拔、培育。帮助企业提高管理水平，提升核心竞争力，加速企业互助合作与成长，促进创业者共同应对经营困惑、突破发展瓶颈。面向初创期企业高层集训营每季度1期，面向成长期企业高层集训营每年1期。
	创业投资问道	面向有融资需求的入孵企业，举办企业与风险投资机构一对一交流对接活动，帮助企业开辟、拓展方便、快捷的融资渠道，切实解决企业融资难问题。每月至少2期。
	创业标杆行	面向入孵企业创始人举办创业标杆行活动，分批分期组织企业考察相关产业领域标杆企业，让企业管理者在学习考察中开拓视野、寻求合作、推动企业快速健康成长。每季度至少1期。
	创业者俱乐部	面向入孵企业创始人举办各类户外活动、文化交流、主题分享活动，包括快乐三点半、创业户外行等多项活动，营造和谐、快乐的创业氛围。快乐三点半每月至少1期，周五下午举行；创业户外行每季度至少1期，周六举行。
人才服务	专业技术人才引进	每年举办“应届毕业生专场招聘会”，吸引来自北航、北理工、北科大等知名高校的应届毕业生来应聘园内企业提供的职位； 与北京市、海淀区两级人力资源和社会保障局协调沟通，帮助园内企业争取非北京生源应届毕业生引进指标，协助企业进行毕业生接收申报工作。
	高端人才服务	推荐参评(引进)国家“千人计划”、北京市“海聚工程”、中关村“高聚工程”； 负责海淀园企业博士后科研工作站的日常管理，帮助园内企业引进博士后科研人员。
企业融资服务		协助企业申报政府资金，如科技企业创新基金、科技项目择优资助、留创企业开办费等； 帮助企业与银行、风险投资机构、小额贷款公司、科技担保公司等机构对接，帮助企业进行融资。

续表

	服务项目	服务内容
科技成果转化服务		搭建产学研合作平台，建立分子生物学公共实验室，推进企业与高校和科研院所之间的合作，促进自主创新成果的转化。
股权投资服务	风投机构对接	与50多家风险投资机构建立合作关系，推进园内企业与其沟通与对接。
	“金种子”投资基金	300万元的“金种子”投资基金，以“孵化＋创投”的模式促进企业发展，带动企业继续获得外部投资机构的青睐。
产业促进服务	项目推广	对重点企业跟踪了解，通过项目推广协助企业进入产业化园区发展，实现重大项目产业化落地，打造“项目孵化—企业孵化—产业孵化”的服务链条。
	示范推广	结合自身需要，在工程改造等项目中扩大企业自主创新产品采购及示范性应用范围，缓解企业资金困难，帮助企业的产品进行市场推广。
中介服务资源		让企业实现足不出户享受服务，如工商注册、财税代理、知识产权代理、法律服务、管理咨询、广告宣传、商务服务等。

二、园区内重点留创企业对北京市发展有积极促进作用

各级政府对园区内重点留创企业的支持，使企业能够积极从事科技研究以及重点攻关项目、技术改造项目、具有广泛应用前景的新技术研发项目等，对推进北京市经济社会发展起到积极的促进作用。

案例一：北京仁光信息技术有限公司——专项支持帮助企业提升形象，创造更大价值

北京仁光信息技术有限公司成立于2014年1月，注册资本101万元，致力于大尺寸人机交互技术产品的研发。

公司创始人、总经理李泉水博士，毕业于北京大学光学专业，后赴美国田纳西大学若克斯维尔分校机械航空生物医学系进行博士后研究，2011年回国开展人机交互产品开发工作，现全面负责公司运营。研发副总经理谭登峰，毕业于北京大学，在3D打印领域获得世界第一的3D超精细结构分辨率，将世界纪录从30纳米提高到15纳米，至今仍未被突破，该成

果被科学引文索引（SCI）引用数百次；与公司创始人一起合作从事研发工作近6年时间，在光电科技领域具有较强的科研能力。

公司2014年入选北京市留学人员科技活动择优资助重点类项目，获得13万元的资助资金，主要用于公司办公场地租金。得益于人力资源和社会保障局的支持和帮助，公司拥有了自己的展厅，为客户展示仁光的优秀技术和产品，促成了多笔关键性的订单，为公司的发展打下了坚实的基础。资助项目鼓励和支持了海外留学人员回国创新，实现了智力回归；鼓励了科技创业，帮助创业企业实现技术创新和发展，促进了经济的繁荣。

截至目前，公司已申请发明专利10项，已授权2项；申请实用新型专利5项，申请软件著作权2项，申请企业注册商标2项，已授权2项；通过ISO9001和ISO14001质量体系认证。2014年度，公司实现销售额1500万元。并于同年9月签订了“交互式移动LED大屏幕及中央指挥系统”，合同总额3689万元。

案例二：北京玖佳宜科技有限公司——专项支持小微企业创业需求

北京玖佳宜科技有限公司成立于2013年9月13日，注册资本55万元，从事基于以碳量子点为示踪物建立的一种新型免疫层析快速诊断方法及试剂盒的开发研制。

创始人张伟，博士，毕业于清华大学材料系，后赴美国纽约州立大学布法罗分校化学系进行博士后研究。曾在深圳清华大学研究院工作，2008年7月被聘为国家纳米科学中心副研究员，主要研究方向包括生物矿化机理、生物材料与细胞之间相互作用、微流控芯片上的人工器官与组织工程等。

公司于2014年入选北京市回国留学人员创业启动支持计划，获资助资金10万元，主要用于知识产权的申报。获得人力资源和社会保障局资助后，公司将资金投入技术研发，开展知识产权申报，提升企业竞争力，为将来的发展奠定坚实的基础。截至目前，公司已陆续申请发明专利11项，并全部进入实质审查阶段。公司表示，人社局对他们的支持真正起到了雪中送炭的作用，对于资金少、规模小的创业公司，特别是海外留学的归国人员，这无疑是极大的肯定与莫大的鼓舞。既解决了公司的资金难题，也为企业继续开创事业点亮了明灯。公司创始人张伟说：“创业，是一条艰辛伴着欢笑的旅程，庆幸还有政府的支持与鼓励，在此深表谢意，并会继续坚定的走在创新创业的光明之路上，为祖国的医疗事业贡献自己的一分力量!”

第二节　中关村生命园留创园：全方位政策扶持+个性化服务激发园区企业活力

北京中关村生命科学园留学人员创业园（以下简称“生命园留创园”）成立于2004年3月，建设有5万平方米的办公与研究场所。经过十几年的建设和发展，逐步实现了由产业初创孵化到产业聚集发展的过程，形成了生物医药领军人才的聚集地，并获得政府及企业的高度认可，先后取得了20多项的奖励与资质。生命园留创园是北京市优秀留学人员创业园，同时为国家级科技企业孵化器、北京市战略新兴产业基地、国家级中小企业公共服务示范平台、首批北京市中小企业公共服务平台、北京市战略新兴产业孵育基地、北京市小企业创业基地等。

生命园留创园集聚的科技创新型企业，主要涉及生物及化学制药、医疗器械、诊断试剂、研发外包、科研仪器及试剂开发等领域。

生命园留创园实现了以下四大发展：一是企业项目的高度聚集，生命园入驻项目300家，形成了完整的产业链及上下游的配套服务。二是科技资源全面汇集，目前园区有3个国家级的工程中心及研究所，6个博士后工作站，3个中关村开放实验室，开放共享资源近10亿元。三是创新人才高度集中，园区现有就业人员约12000人，汇集高端人才多达83人，多位海归人才获得“科技北京百名领军人才”“高端领军人才—高级工程师”“北京市科技新星计划”等。四是科技创新成果显著，累计实现技术成果、产品200余项，创新成果显著。2014年度生命园留创园在园企业完成产值约10亿元，申请专利358项，获得授权148项。

一、支持园区留创企业的政策和举措

坐落于昌平区的生命园留创园依山傍水，环境优美。园区企业得到了来自昌平区政府和园区等多方的支持，在金融、研发、人力资源等多方面享受到了个性化的服务。

（一）昌平区政府为留创企业提供政策和金融支持

自2013年，昌平区出台的“高端人才发展政策”，为留创园、留创企业和人才的创新发展带来了新的契机。该政策主要包含：支持引进高端人才团队、激励高端人才作贡献、建立昌平区英才卡、支持博士后（青年英才）开展课题研究、支持留创人员创新创业、支持企业引进国外智力等，全方面支持留创企业及高端人才在昌平区创新创业，营造适合其发展的环境。方正医药、冠瑞金等海归人才获得了“昌平区英才卡”，可用于医疗、子女上学、综合意外险等综合服务，为留学人员回国创新创业提供了生活上的保障。此外，昌平区还为高端人才提供多种形式的服务保障，设立服务绿色通道，妥善解决引进高端人才配偶就业和子女就学，为其提供人才公寓等。

同时，为了缓解留创园及企业的资金难题。生命园留创园已连续两年获得资金支持，加强了园区公共服务平台的建设与企业的培育工作，搭建了定制化服务平台、小微企业项目孵化的服务模式，受益企业队伍逐渐扩大，反应良好。多家留创企业获得房租补贴，很大程度上缓解了租金贵的问题。

（二）整合资源促进留创企业科技创新

生命园留创园已形成具有自身特色的、完善的服务体系，他们通过为企业搭建平台、开设服务窗口等方式为企业提供优质高效的服务。生命园留创园为生物医药专业的园区建立公共技术服务平台，为企业提供专业技术服务和实验方案，并为企业提供技术服务费减免50%的优惠政策。生命园留创园累计投入2200万元购置了155台/套仪器，建立了分析检测服务平台、药物制剂服务平台、生物技术服务平台、药物筛选服务平台等技术服务平台。同时为企业提供整体方案，平台采用委托服务、项目合作开发、提供解决方案、个性化仪器租赁等方式。园区研发中心、开放式实验室汇集各类仪器设备资源约达 10 亿元人民币，年均向社会提供服务近 10 万项。

产业信息化发展迅速，生命园留创园搭建了生物医药产业信息服务平台，加速留创企业的信息接收。平台建设了“中关村生命科学园产业服务网”，整合实现科技文献检索、资源共享、产业政策查询、专业人才招聘、企业产品展示、技术转移与投融资等功能一体化，为企业提供了了解国内行业动态、政策文件的方便途径，进一步提高了留创园的服务能力和拓宽了服务的范围，及时有效地发布新闻动态。

生命园留创园推出的“孵化 + 创投”投融资服务和创业辅导模式提升了留创企业的融资能力，留创园每年定期举办“留学人员精品项目推介会”，推荐优秀留创企业进行项目路演、产品展示，会后跟踪调研，促进初创企业完成 A 轮融资。留创园与 80 多家投融资机构建立了长期联系，帮助企业与投融资机构搭建互信桥梁，辅助企业的投融资工作顺利进行。

此外，生命园留创园还搭建综合创业服务平台服务园区企业。为企业提供科技中介服务，引进北京双高人才发展中心，建立了生命园工作站，为企业办理人事代理、社会保险等事项提供便捷服务，简化工作流程节省了成本，协助企业办理工商注册、税务登记、工商年检和统计年检。为企业提供各类政策咨询，辅助留创企业申报国家各类专项资金，缓解企业初创期资金紧缺的问题。昌平区还建立了“昌平区生命科学园知识产权保护服务工作站”，为企业提供知识产权相关服务，开展有关知识产权知识的培训会，邀请专家面对面答疑解惑，全面提高企业知识产权保护意识和知识产权行为能力。

（三）针对重点留创企业提供个性化服务

案例一：北京冠瑞金生物科技有限公司——全方位创业辅导，助力企

业发展

北京冠瑞金生物科技有限公司注册于2012年，由留美博士杜静独资创办，主要致力于抗抑郁新药开发工作。2013年迁至留创园。

入园后，生命园留创园针对冠瑞公司的业务内容及团队状况为其提供了全方位创业辅导。一是为其团队提供创业培训。先后推荐企业参加中关村“中关村创新创业人才高级培训班”等相关培训10余次，丰富了主要管理人员的创业理论知识。二是帮助企业申报创新基金、留创企业开办费、创业启动资金、回国人员创业启动计划、创业企业房租补贴、凤凰工程，技术平台使用费优惠等政策资金，涉及政府部门5个，累计获得各类资金120多万元，极大缓解了其资金压力。三是积极对企业进行宣传推介，作为重点企业在项目推介会上进行融资推介，同时帮助企业与多家风投机构建立联系，最终成功帮助企业获得风投资金500万元。四是推动企业进行产业化加速，帮助企业完成了500平方米生产基地的选址工作，建立了标准厂房，企业进入快速发展阶段。

案例二：北京赛贝生物技术有限公司——定制化支持，满足企业研发需求

北京赛贝生物技术有限公司是由美国斯坦福大学医学院兰峰博士于2013年回国与团队创建的，该公司是目前国内为数不多集研发、生产、销售为一体的生物技术高新企业，主要围绕干细胞培养构建了完整的产品体系。兰峰2013年入选国家“青年千人计划”，2014年获得国家自然科学基金优秀青年基金，并入选北京市“海聚工程”。

生命园留创园针对赛贝公司初创具体情况，主要定制了以下服务，满足企业研发需求：一是在赛贝公司初创期间，考虑到其研发方向为“十二五”国家重点支持领域，辅助、推荐其申报各类资金，极大缓解了资金紧缺情况。2014年度赛贝公司先后获得北京市科技型中小企业技术创新资金、北京市留学人员科技活动项目择优资助、高层次留学人才回国资助经费、中关村金种子工程入选企业。二是根据该公司对研发条件的需求，定制化搭建了万级洁净间、细胞间等实验室，为其顺利进行科学研发做了重要的保障。

赛贝公司2014年成立了华东和华南办事处，开拓以上海和广州为中心的区域市场。新开发重编程技术服务、尿液提取试剂盒、心肌分化试剂盒等产品及服务，实现了心肌细胞的量产。已开发客户包括：北京大学、清华大学、中科院、复旦大学、深圳大学、吉林大学等高校及科研院所。2014年实现销售近300万元，2015年产品销售及服务预计实现500万元。

二、为生物医药产业发展起到了引领带动作用

近年来经济形势和市场环境的发展变化，为生物医药新兴产业提供了较大的发展空间，北京生物医药产业在这个契机下，把握机会并很快成长为极具特色的“高精尖”产业。特别是入驻生命园留创园的企业（涉及不同细分领域有基因测序、干细胞、医疗器械、诊断试剂、新药研发、CRO等），近年来借助新政策的出台、自身发展规划、留创园的辅助等因素，多家已经成为本领域的佼佼者，较为突出的企业代表为基因测序领域的贝瑞和康、迈基诺、诺禾致源公司。2015年贝瑞和康第二代基因测序体外诊断产品获得国家食品药品监督管理总局批准上市。迈基诺公司核心技术之一是自主研发的高效DNA捕获技术并进行新一代基因测序，能够进行大规模的基因研究或筛查，是国内唯一一家可以提供拥有自主知识产权的基因捕获测序试剂及服务的公司。生命园留创园内生物医药企业已经逐渐成为该领域的领军企业，引领和带动我国生物医药产业的发展。

第三节　中关村软件园留创园：助推新一代信息技术企业腾飞

北京中关村软件园留学人员创业园（北京中关村软件园孵化服务有限公司），位于国家软件产业基地——中关村软件园内，成立于2004年1月。软件园留创园是“国家软件产业基地”“国家软件出口基地”，并致力于发展为具有全球影响力的科技创新中心，是信息技术产业创新人才和创新项目的聚集地和成长摇篮。

软件园留创园重点引进支持战略性新兴产业，包括云计算、物联网、移动互联网、大数据等新一代信息技术企业，园区内聚集了联想总部（全球）、百度、腾讯总部（北京）、新浪等219家企业。

软件园留创园利用中关村科技园区的人才资源和科技资源优势，依靠各级政府相关政策，营造科学技术创新和科技成果产业化的良好氛围。截至目前，累计孵化海外人才创业企业136家，累计入选国家“千人计划”17人，北京市“海聚工程”21人，中关村“高聚工程”21人；在园高新技术企业68家；园区累计创造知识产权1537项，累计挂牌上市企业7家。2014年度在园企业共获得专利62项，软件著作权113项，注册商标92项。

一、支持园区留创企业的政策和措施

中关村软件园留创园充分发挥区位优势，针对园区企业特点，提供富有针对性的扶持政策，营造良好的创新创业环境。

（一）综合利用各级政府相关政策，创建优越的政策环境

围绕引进支持的包括云计算、物联网、移动互联网、大数据等新一代信息技术企业等在内的战略性新兴产业和人才，综合梳理利用国家、北京市、中关村科技园各项人才、产业、创新创业政策，为集聚目标人才、企业创建优惠的政策环境（见表11—3）。

表11—3　软件园留创园优惠政策

	政策内容
1	入驻企业可以享受中关村科技园区对新技术企业在所得税方面的优惠政策。新技术企业自成立之日起，第一年至第三年免征，第四年至第六年减半按7.5%征收，第七年开始按15%的税率征收所得税。
2	新创办的软件企业经认定之后，自获利年度起第一年和第二年免征企业所得税，第三年至第五年减半征收企业所得税。
3	2010年前通过认证的软件产品按17%的法定税率征收增值税后，对实际税负超过3%的部分即征即退。

续表

	政策内容
4	留学员来京创业、工作,从事技术转让、技术开发业务和与之相关的技术咨询、技术服务取得的收入,经有关部门认定,免征营业税。
5	留学人员创业、工作取得的合法收入在依法纳税后,经税务部门审核开具专用凭证后,可全部购买外汇携带或汇出国(境)外。
6	创业的留学人员在居留权、配偶及子女入北京户籍、购房及子女入学方面享受北京市政府提供的有关优惠政策。
7	优先安排入驻企业的留学人员子女入学。

(二)建设有“三库四平台”的软件开发技术支撑体系,创造优越的创业环境

构建完善的软件开发技术支撑体系,其主要由“三库四平台”组成。其中,“三库”指构件库、工具库、开放源码库;“四平台”指软件评测平台、软件质量管理平台、公共软件开发平台、软件产业综合服务和管理平台。通过建设“三库四平台”,为入园企业提供专业、优惠的服务。

(三)开发有针对性的人才企业服务项目,创建优越的服务环境

围绕引进支持的目标产业和人才,综合梳理利用国家、北京市、中关村科技园为人才、企业提供的各项服务,为集聚目标人才、企业创建优惠的服务环境(见表11—4)。

表11—4 软件园留创园各项服务

	服务内容
1	协助企业申请各种政府创业基金和创业贷款贴息、申报“火炬计划”“新产品开发计划”“成果推广计划”等。
2	协助企业办理专利申请、科技成果鉴定、企业资质认证。
3	集中提供法律事务、审计事务、会计事务、人力资源、工商注册、税务登记等代理服务。

续表

	服务内容
4	为企业提供投资、融资、重组、上市服务和企业管理咨询服务。
5	协助企业召开产品推介会、拍卖会、新闻发布会，组织项目开发招投标会，协助企业形象设计和媒体广告宣传。
6	提供完善的软件开发技术支撑体系。
7	定期组织企业参加各种人才洽谈会、项目推介会、展览会及融资洽谈会等。
8	免费为入驻企业举办各种培训班和专题讲座。

二、园区对留创企业的扶持推进企业快速发展

中关村软件园留创园积极推荐重点、优秀的留创企业和高端人才申报国家“千人计划”、北京市“海聚工程”等项目。近三年来，共推荐近30家企业申报市人力资源和社会保障局的择优资助和创业启动计划，其中有博思廷等12家企业获得了市人力资源和社会保障局的择优资助项目和创业启动项目近150万元支持。

案例一：北京博思廷科技有限公司——园区资本和托管工程助力公司实现快速发展

北京博思廷科技有限公司是2007年创立的留创高新软件企业，由归国留学人员王巍创办。公司致力于以视频分析技术为核心的智能视频监控系统研发及产业化，是国内领先的智能视频分析产品厂商。博思廷公司2012年获得北京市人力资源和社会保障局择优资助项目（8万元）支持。2014年公司从业人员50人。

在软件园留创园的推荐下，博思廷参加了中关村留学人员企业精品项目推介会。正是借助这次机会，王巍结识了中关村天使投资联盟，获得了天使投资，此后又获得了一轮风险投资。在资本的强力助推下，博思廷终于迎来了快速发展期。在2010年8月软件园基地成为海淀区知识产权托管工程首个试点单位，博思廷公司成为首批托管企业的一员。在中关村软件园创业示范基地和知识产权托管服务机构的共同帮助下，博思廷公司申请并获得了“一种基于多特征融合的车辆检测方法”等4项专利，获得

了20多项软件著作权、商标权，公司的技术产品在功能、性能、安全性、严酷环境适应性、抗干扰等方面均已得到公安部认证，各项指标在国内外均处于领先水平。同时，王巍入选第七批北京市“海聚工程”并被聘为北京市“特聘专家”。

案例二：北京谛力泰克科技有限公司：园区创业导师成功为公司导航

北京谛力泰克科技有限公司是一家于2009年9月创立的留创高新软件企业，由归国留学人员李兴斌创办。公司致力于家具三维电商及移动互联软件项目的研发及产业化，是国内领先的基于家具三维展示、销售的产品厂商。目前员工100人左右，在英国以及香港、哈尔滨、广州建立分公司，拓展国内、国际市场。

软件园留创园积极鼓励、帮助企业申请中关村留学归国人员创业扶持资金等各项政府项目资金。留创园向该企业提供知识产权、金融、财税、企业管理等创业辅导支持，在创业导师的辅导下，该公司及时调整战略方向，从提供销售展示平台向家具电商方向发展，并根据金融创业导师的建议和引荐，2013年顺利引进国内风险投资1000万元，并在2014年下半年开展了B轮融资洽谈，融资5000万元人民币。在资本的强力助推下，该公司迎来了快速发展期。在留创园的推荐下，李兴斌入选北京市第十批“海聚工程”并成为北京市特聘专家，2015年入选国家“千人计划”。

第四节　汇龙森留创园：打造科技企业孵化基地

汇龙森留创园坐落于北京经济技术开发区，于2005年依托于汇龙森国际企业孵化（北京）有限公司成立，是北京第一家民营留学人员创业园。汇龙森留创园于2006年被授予“国家高新技术创业服务中心”，同年被授予“2006年度北京市优秀科技中介机构”。

汇龙森留创园具有明显的产业聚集特点。园区吸引聚集了一大批有技术特色、拥有自主知识产权、成长性良好、发展潜力巨大的优秀企业。园区既有像康龙化成、神州细胞等育成后在开发区独立拿地自建的毕业企业，还有新博医疗、龙兴生物、傲锐东源、易美芯光、天成新脉等获得风险投资人青睐的明星在孵企业，也有像睿宇博为、凯莱天成、普禄德、艾瑞科奥等这样默默进行创新产品开发的小微型技术创新企业。截至目前，园区内有企业500多家，主要分布在生物医药、新材料、医疗器械、IT、高端制造等产业领域，这些企业的年产值可以达到200亿元人民币以上，税收可以达到10亿元人民币以上。

汇龙森留创园共培育并吸引了15名“千人计划”入选者及35名“海聚工程”入选者。其中神州细胞、康龙化成、新博医疗、易美芯光等都以“千人计划”创业者为核心聚集了一大批海外高层次技术及管理人才，在产业聚集基础上形成了高端人才的聚集。截至目前园区共培育及吸引了北京市“海聚工程”入选者创办企业14家。

一、支持园区留创企业的政策和举措

汇龙森留创园以技术、信息、智力为资源优势，充分发挥园区自主经营、高效便捷的机制优势，为园区留学人员及其企业提供多层次、多角度的各种服务，使园区在吸引海外留学人员入园创业和工作的同时，成为培育具有创新能力和国际竞争力的高新技术企业成长的摇篮。

（一）创新制定优惠政策及帮扶制度，形成良好创业环境

设立海外高层次人才发展专项资金。北京经济技术开发区高度重视海外高层次人才工作，坚持以科学发展观为指导，坚持党管人才原则，大力营造“尊重劳动、尊重知识、尊重人才、尊重创造”的氛围，为海外高层次人才来开发区创业和工作创造有利条件，不断提高为海外高层次人才服务的质量和水平。北京经济技术开发区于2010年设立了海外高层次人才发展专项资金，为区内海外高层次人才创办的企业提供房租补贴、创业支持等资金扶持，为区内海外高层次人才提供子女入学、体检、机票补贴等各类个人支持条件，有力地吸引了海外高层次人才来园区创新创业。

截至目前，园区共培养及引进了63名海外高层次人才，他们全部享受了北京经济技术开发区所制定的政策，其中近20家企业获得了该政策

所提供的房租补贴政策，极大地为企业节约了成本，绝大部分海外高层次人才享受了体检、国际机票补贴、公租房或房租补贴等个人待遇，增强了海外高层次人才的归属感，使他们有意向在开发区安居乐业。这些海外高层次人才也为企业、园区、北京经济技术开发区及北京市的技术创新作出了很大贡献。

建立走访机制。北京经济技术开发区各职能服务部门及领导经常深入企业进行实地调研，了解企业发展情况，为企业解决经营过程中的困难与问题。管委会及工委领导多次来到神州细胞，直接会同海关等部门为企业处理试剂进出口的海关检验检疫难题。2015 年，北京经济技术开发区工委及管委会领导还特别关心赵磊博士创办的企业新博医疗的早期乳腺癌诊断设备推广问题，安排北京经济技术开发区海外高层次人才中的女性人才进行乳腺癌筛查，为高层次人才进行服务的同时也对设备进行了推广。

（二）搭建产业集聚孵化平台，形成产业微集群

产业集聚孵化平台搭建。汇龙森公司非常重视园区的专业特色和产业聚集的形成，通过“国家生物产业基地中小企业公共技术服务中心”“先进材料公共技术服务平台”“国际化创新医疗产业化平台”“孵化器管理应用平台”“软件技术支撑平台”“综合商务平台”等服务载体建设和服务内容建设，为区域内特色产业的发展创造了良好的企业生态环境。目前，园区在生物医药、新材料、医疗器械 3 个产业领域具备了较强的服务支撑能力。

（三）鼓励形成产业微集群和小型产业链

园区重点产业为生物医药、新材料、医疗器械，在企业发展的过程中，发现企业与企业之间自然形成上下游产业链关系，甚至有些领域的企业在园区内就能找到自己的上游提供商和下游市场端。对于这样的小型产业链，园区十分重视，期望能聚集更多产业链中的要素，使之成为产业微集群，构成创业生态圈，从而聚集更多人才。

（四）完善园区高端人才发现、吸引、培养和服务机制

园区将大力进行海外高层次人才的发掘与吸引工作，不仅要走出去，通过到海外举办各种形式的政策宣讲、产业鼓励、创新项目挖掘等，找到创新源头，寻找到在海外高校、研究机构及企业的高端人才，鼓励有条件的高端人才回国创新创业；同时通过园区已回国的海外高端人才的人脉信息及产业信息，结合企业的实际需求，吸引海外高端人才回国。

对已经回国的海外高端人才，给予政策、服务倾斜，加以培养。在企业的服务过程中，尽力协助高端人才获得政府的各类支持，帮助他们享受到便利条件，使他们感受在国内就业创业的便利与优越条件；同时在园区内开展针对海外高端人才的倾斜性服务支持，例如将服务对象为海外高端人才的服务优先级提高，派出专员服务于海外高端人才。对海外高端人才创办的企业，给予投融资服务的优先支持，为他们推荐各层次的资金服务机构；给予技术服务的价格倾斜，园区提供的技术服务直接进行价格减免，园区外的企业则推荐参与北京市科委创新服务券的申请与使用；对园区综合商务平台提供的各类外包服务，则由园区给予补贴使企业降低成本；针对海外高端人才，开展各种资源倾斜，为他们解决工作与生活中的困难与问题。

二、园区对科技企业发展的支持推动企业快速成长

案例一：奥码拓（北京）科技有限公司——园区助力材料领域专家团队创业推广

奥码拓（北京）科技有限公司于 2010 年 5 月创立，是由王杨博士与“千人计划”“海聚工程”入选者 Wolfgang. P. Weihold 共同创办的。该企业致力于我国的材料表面工程和基于摩擦磨损行业的发展，主要目标是在国内材料学、摩擦磨损学等领域建立相应的企业标准和行业标准，使其与欧洲标准持平，同时为高等院校、科研院所、企业技术研发中心提供最新、最前沿的技术和全套一站式解决方案（包括技术方案、定制设备及检测服务），使欧洲材料检测技术、摩擦磨损技术、考古技术等本土化，

并使这些检测设备得到广泛应用。

企业的两名合伙人王杨博士及 Wolfgang. P. Weihold 博士均是材料领域内的专家。王杨 2006 年毕业于南佛罗里达大学，取得博士学位；曾参与美国国家卫生署（NIH）项目，研究合成新型的复合生物材料，开发了一种新型的聚丙烯酸酯微粒子，作为氨基酸和 ß－内酰胺的链接粒子，在此基础上，研制合成了新型的抗生素和研制生产了新型的复合生物敷贴材料。王杨曾在 Aegon. Inc 担任亚太区总经理，并因此结识 Weihold 博士。Weihold 是 Hochschule Darmstadt 大学客座教授，学术精湛，造诣精深；在过去的 20 多年中，他将概念付诸于生产实践，研发了多种表面分析测试仪器，并设计了世界上第一个便携式三维形貌仪和第一台微纳米摩擦仪，拥有诸多国内外专利。Weinhold 博士同时建立和实现了多种 IEC/ISO、DIN 测试方法，并与众多知名公司建立了相应的企业行业标准。Weinhold 博士作为材料表面分析的专家，在业内享有很高的声望。

2010 年，两人决定到中国创新创业，创业领域集中在材料表面的摩擦磨损设备研发及服务。留创园为了帮助该公司迅速成长，协助其联系清华大学摩擦学国家重点实验室，为了扩大该公司的影响力，园区在成立的新材料联盟中为该企业进行项目及市场推广，并合作成立了摩擦磨损学实验室。

2010 年至今，公司与清华大学摩擦学国家重点实验室、石油化工科学研究院、中国水利水电科学研究院、中国人民银行造币总公司等机构都有合作。经过短短几年的发展，奥码拓（北京）科技有限公司已经迅速发展成为材料表面测试设备、服务领域的领先者，2013 年该企业获得销售收入近千万元，被认定为国家高新技术企业。

案例二：北京汇智泰康医药技术有限公司——园区资金和公共服务平台为公司发展提供有力保障

汇智泰康医药技术有限公司是一家中美合资，以分析检测技术为核心能力的高新技术企业。汇智泰康致力于为生物医药研发企业和机构提供包括药物开发，药物代谢和药代动力学，生物利用度和生物等效性，临床前和临床生物样品分析等领域的技术服务。作为独立的第三方检测实验室，汇智泰康的分析检测能力还覆盖了食品和农产品、环境检测、农药和化肥、新化学物质理化检测等领域。公司以服务公众健康为目标，推动健康与卫生领域的新概念、新思路、新技术和新方法为己任，为国内外企业、政府及科研机构提供高品质、高效率的分析检测服务。

公司2010年进驻汇龙森科技园。入园后，依托汇龙森生物医药公共服务平台提供的信息推送服务和同行交流平台，公司得以及时得知行业内的各种动态，包括政府、行业机构组织的各种政策宣讲、项目交流、市场对接活动等，增进了公司与园区企业间的交流，公司的客户资源有了明显增加。

随着公司业务量的增大，自有设备运转已渐饱和，急需增加设备投入和人员投入。借助汇龙森生物医药公共实验中心分析测试平台所提供的约350万元的设备，企业得以顺利完成当年的研发任务和客户委托的订单任务，在提高客户满意度的同时也增加了公司的销售收入，公司的经济效益获得了明显提升。

结　语

当前，人才争夺战已经越来越白热化。我国引进海外人才工作也受到前所未有的重视。党的十八大提出要“广开进贤之路，广纳天下英才”，“形成激发人才创造活力、具有国际竞争力的人才制度优势，开创人人皆可成才、人人尽展其才的生动局面”。习近平总书记对人才工作作出一系列重要指示，在多种场合讲话提及要大力吸引“国际人才”“海外人才”。2013 年 10 月，习近平总书记在出席欧美同学会成立 100 周年庆祝大会时指出：“致天下之治者在人才”，强调要“充分开发利用国内国际人才资源，积极引进和用好海外人才”。在中央人才工作协调小组 2013 年工作报告上，总书记指出：“择天下英才而用之，……着力破除束缚人才发展的思想观念，推进体制机制改革和政策创新，充分激发各类人才的创造活力……”2014 年 5 月 22 日，习近平总书记出席在上海召开的外国专家座谈会时指出：“一个国家对外开放，必须首先推进人的对外开放，特别是人才的对外开放”，“要实行更加开放的人才政策，不唯地域引进人才，不求所有开发人才，不拘一格用好人才……更加积极主动地引进国外人才特别是高层次人才”，“要遵循国际人才流动规律，更好发挥企业、高校、科研机构等用人单位的主体作用，使外国人才的专长和中国发展的需要紧密契合，为外国专家施展才能、实现事业梦想提供更加广阔的舞台”。2014 年 12 月，在全国留学工作会议上，习近平总书记强调：“新形势下，留学工作要适应国家发展大势和党和国家工作大局，统筹谋划出国留学和来华留学，综合运用国际国内两种资源，培养造就更多优秀人才，努力开创留学工作新局面。”2015 年 3 月，在参加十二届全国人大三次会议上海代表团审议时指出，创新驱动实质上是人才驱动，要择天下英才而用之，实施更加积极的创新人才引进政策。2016 年 3 月，在上海代表团全体会议时又指出，要以更加开放的视野引进和集聚人才，加快集聚一批站在行业科技前沿、具有国际视野的领军人才。

2015 年 3 月，中共中央、国务院发布《中共中央、国务院关于深化体制机制改革加快实施创新驱动发展战略的若干意见》，指出要加大力度吸引海外高层次人才。今年 3 月，中共中央《关于深化人才发展体制机制改革的意见》，明确要构建具有国际竞争力的引才用才机制，实行更积极、更开放、更有效的人才引进政策，更大力度实施海外高层次人才引进计划。

当前，北京正处于产业结构调整升级的关键阶段。《北京市“十二五”时期人才发展规划》提出，“十二五”时期，北京市人才规模将由 2010 年的 350 万人增加到 510 万人，高端人才队伍达到 6000 人左右，人力资本对经济增长的贡献率达到 35%，人才贡献率达到 50%。提升北京吸引和聚集海外高层次人才的能力，已经成为建设“人文北京、科技北京、绿色北京”，推动世界城市建设的战略性选择。

《北京市国民经济和社会发展第十三个五年规划纲要》提出，推进人才发展体制改革和政策创新、形成具有国际影响力的人才制度优势。加快培育创新型人才，引进和集聚更多高端领军人才、建设世界高端人才聚集之都。要求北京继续实施“海聚工程”、加快高端人才引进。

作为集聚海外高层次人才的重要载体，“北京海外人才聚集工程”实施七年来，通过积极有效的措施，不断完善政策体系，创新体制机制，搭建创业平台，吸引了 765 名海外高层次人才来京创新创业，并通过提供全方位的服务，加强对人才创新创业的支持力度，初步营造了海外人才“来得了、待得住、用得好、流得动”的环境，激励了他们主动参与北京的建设和发展。海聚人才中大部分已经成为北京市科技创新、战略性新兴产业的组织者，对北京自主创新能力的提升、产业结构的调整和升级起到重要的作用。未来，将继续推进“海聚工程”，加快引进海外高层次人才，将有利于北京形成具有国际竞争力的人才制度优势，也有利于促进“四个中心”功能定位落实，推动京津冀协同发展。

目前北京海外高层次人才的总体规模还比较小，与纽约、伦敦、东京等世界城市高比例的国际高端人才以及较强的国际人才竞争力相比，还有不小的差距。着眼于建设中国特色世界城市的要求，北京仍需要更大规模、更高层次的海外高层次人才队伍，吸引海外高层次人才的力度以及对海外高层次人才的服务质量都需要进一步提高。未来几年，“北京海外人才聚集工程”将积极借鉴国际国内经验，提升服务水平，继续以需求为导向，以引进战略性高端人才为突破口，积极加强与国际著名人才中介机构的联系和合作，主动寻访重点人物和关键人才，以点带面，加快培育一批立足北京、具有国际竞争力的海外高层次人才，迅速形成海外高层次人才的积聚效应，更好地为北京的发展服务。

参考文献

1. 鲍烨童：《北京海聚工程6年发展实录》，《中关村》2015年第1期。

2. 北京市朝阳区人民政府：《朝阳区鼓励海外高层次人才创业和工作暂行办法》，2009年。

3. 北京市人力资源和社会保障局：《创新体制机制建设高端人才聚集之都》，《中国组织人事报》2014年10月13日第4版。

4. 北京市人民政府：《北京市鼓励海外高层次人才来京创业和工作暂行办法》《北京市促进留学人员来京创业和工作暂行办法》，2009年。

5. 北京市委组织部：《北京打造中关村人才管理改革试验区升级版》，《中国人才》，2014年第3期。

6. 北京市委组织部等：《当代科学技术发展前沿与趋势》，北京出版社2013年版。

7. 封颖等：《新兴经济体中长期科技创新政策研究——以印度为例》，《中国软科学》2014年第9期。

8. 高峰等：《21世纪初主要发达国家科技人才政策新动向》，《世界科技研究与发展》2011年第2期。

9. 潘晨光、李晓琳：《中国人事人才纪事（1949—2011）》，社会科学出版社2013年版。

10. 齐欣等：《“千人计划”越来越“枝壮果丰”》，《人民日报》（海外版）2014年6月12日。

11. 王德禄、赵慕兰、张浩：《中关村硅谷人脉网络》，清华大学出版社2012年版。

12. 王辉耀：《国际人才竞争战略》，党建读物出版社2014年版。

13. 王辉耀：《国家战略——人才改变世界》，人民出版社 2010 年版。

14. 王辉耀、刘国福、苗绿：《国际人才蓝皮书——中国国际移民报告（2015）》，社会科学文献出版社 2015 年版。

15. 王辉耀：《海归时代：中国海归精英大视野》，中央编译出版社 2005 年版。

16. 王辉耀：《当代中国海归》，中国发展出版社 2007 年版。

17. 王辉耀：《百年海归　创新中国》，人民出版社 2014 年版。

18. 王辉耀：《海外公民证与国际人才竞争》，《中国教育报》2011 年 2 月 16 日。

19. 王辉耀：《国际人才战略文集》，党建读物出版社 2015 年版。

20. 王辉耀：《人才战争》，中信出版社 2009 年版。

21. 袁方：《俊采星驰——北京海归纪实之一》，北京出版社 2010 年版。

22. 袁方：《俊采星驰——北京海归纪实之二》，北京出版社 2011 年版。

23. 袁方、朱冽烈、白湘云：《领导干部心理健康和工作压力状况研究》，《中国行政管理》2009 年第 11 期。

24. 袁方、王璞、谷向东：《领导干部心理健康与工作压力状况分析与对策》，《中国人力资源开发》2012 年第 2 期。

25. 袁方、刘伟：《公开选拔领导干部工作中存在的问题及对策》，《中国党政干部论坛》2009 年第 10 期。

26. 袁方：《基于“能岗匹配”的领导人才综合评价体系》，《中国人力资源开发》2008 年第 8 期。

27. 袁方、朱军梅：《多面 Rasch 模型：结构化面试分数合成的新方法》，《中国人力资源开发》2009 年第 8 期。

28. 袁方、谷向东、邓希泓：《基于情境判断测验的领导人才领导力状况调查研究》，《中国人力资源开发》2012 年第 12 期。

29. 叶忠海、钟祖荣、沈国权：《新编人才学通论》，党建读物出版社 2013 年版。

30. 张树良：《主要新兴经济体国家人才战略浅析》，《中国软科学》2012 年第 7 期。

31. 赵宏：《中国总部经济发展报告 2013—2014》，中国社会科学文献出版社 2014 年版。

32. 赵红州：《科学史数理分析》，河北教育出版社 2001 年版。

33. 赵永乐、沈荣华、桂昭明：《宏观人才学概论》，党建读物出版社 2013 年版。

34. 郑其绪、马抗美、罗洪铁：《微观人才学概论》，党建读物出版社 2013 年版。

35. 中共北京市朝阳区委办公室：《朝阳区关于大力推进海外学人工作的实施意见》，2009 年。

36. 中共北京市委办公厅：《关于实施北京海外人才聚集工程的意见》，2009 年。

37. 中共中央组织部人才工作局：《科学人才观 理论读本》，人民出版社 2012 年版。

38. 中共中央组织部人才工作局：《科学人才观 实践读本》，人民出版社 2012 年版。

39. 中关村科技园区管理委员会、北京市统计局、北京市创新发展研究院：《中关村指数 2014》2014 年 9 月。

40. 中关村科技园区管理委员会编：《中关村国家自主创新示范区 人才特区发展报告》。

后　　记

《北京海外人才聚集工程实施成效》在北京市海外学人工作联席会办公室策划安排下，由北京海外学人中心组织编写。本书的编辑出版工作得到了各方面的关心与支持，北京市人力社保局、市教委、市科委、市卫生计生委、中关村管委会、北京经济技术开发区、朝阳区委、海淀区委在编写过程中给予了大力支持，在此谨致谢忱！北京工业大学等用人单位及海淀留创园等留学人员创业园区为本书的编写提供了翔实的资料和最新的数据，特此表示感谢！中国人事科学研究院、党建读物出版社为本书的出版付出了辛勤的劳动，在此一并致谢！特别鸣谢中国与全球化智库的大力支持！

本书是中国人事科学研究院“人才强国研究出版工程”的其中一本。我们真诚希望能借此机会与兄弟省市就人才工作交流互鉴，各取所长。

北京市海外学人工作联席会办公室

北京海外学人中心

2015 年 10 月

图书在版编目(CIP)数据

北京海外人才聚集工程实施成效 / 中国人事科学研究院编，北京市海外学人工作联席会办公室编著. —北京 : 党建读物出版社，2016.8

（人才强国研究出版工程. 人才计划（工程）实施成效丛书）

ISBN 978 - 7 - 5099 - 0715 - 3

Ⅰ.①北… Ⅱ.①中…②北… Ⅲ.①人才政策—研究—北京市 Ⅳ.①C964.2

中国版本图书馆 CIP 数据核字(2016)第 047763 号

北京海外人才聚集工程实施成效

BEIJING HAIWAI RENCAI JUJI GONGCHENG SHISHI CHENGXIAO

中国人事科学研究院　编

北京市海外学人工作联席会办公室　编著

责任编辑：廖灵艳

特约编辑：艾风

责任校对：钱玲娣

封面设计：创造力

出版发行：党建读物出版社

地　　址：北京市西城区南横东街 6 号（邮编:100052）

网　　址：http://www.djcb71.com

电　　话：010 - 58587632/7681

经　　销：新华书店

印　　刷：北京中科印刷有限公司

印　　数：1—1000

2016 年 8 月第 1 版　2016 年 8 月第 1 次印刷

710 毫米 × 1000 毫米　16 开本　17.25 印张　250 千字

ISBN 978 - 7 - 5099 - 0715 - 3　定价：39.00 元
